U0650537

高等职业教育汽车类专业规划教材

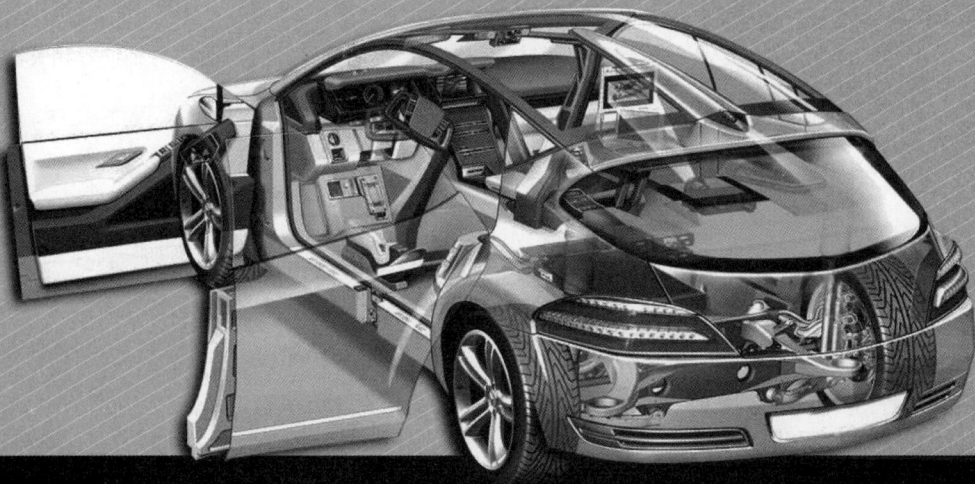

汽车底盘电控技术

QICHE DIPAN DIANKONG JISHU

吕江毅 成 林 主编

王茂美 王谷娜 隋美丽 副主编

中国铁道出版社
CHINA RAILWAY PUBLISHING HOUSE

内 容 简 介

本书根据汽车专业一体化教学的需要进行编写，在编写过程中充分考虑高职高专学生的特点，以适应社会需要为目标，突出了基础理论知识的应用和实践能力的培养，具有较强的针对性和实用性，充分体现了一体化教材的特点。

本书共5个项目，内容包括电控自动变速器、防抱死制动系统（ABS）、驱动防滑控制系统（ASR）、电子控制悬架系统、电子控制助力转向系统等。另外，每个项目最后还设有思考练习，便于学生巩固所学知识。

本书适合作为高等职业院校汽车电子技术、汽车检测与维修、汽车运用与维护等相关专业的教材，也可作为成人教育、汽车培训行业等的参考教材。

图书在版编目（CIP）数据

汽车底盘电控技术 / 吕江毅，成林主编. — 北京：
中国铁道出版社，2016.6
高等职业教育汽车类专业规划教材
ISBN 978-7-113-21768-6

Ⅰ．①汽… Ⅱ．①吕… ②成… Ⅲ．①汽车－底盘－
电气控制系统－高等职业教育－教材 Ⅳ．①U463.6

中国版本图书馆CIP数据核字（2016）第100323号

书　　名：汽车底盘电控技术	
作　　者：吕江毅　成　林　主编	

策　　划：何红艳	**读者热线**：（010）63550836
责任编辑：何红艳　彭立辉	
封面制作：白　雪	
责任校对：汤淑梅	
责任印制：郭向伟	

出版发行：中国铁道出版社（100054，北京市西城区右安门西街8号）
网　　址：http://www.51eds.com
印　　刷：三河市宏盛印务有限公司
版　　次：2016年6月第1版　　　2016年6月第1次印刷
开　　本：787 mm×1092 mm　　1/16　　**印张**：10.75　　**字数**：248 千
书　　号：ISBN 978-7-113-21768-6
定　　价：29.00 元

前　言

近年来，我国高职高专教育得到了快速的发展，成为我国高等教育的重要力量。高职高专教育的发展，需要各方面的支持和配合，其中教材建设是首要工作之一。为了更好地满足高职高专教育改革与发展的形势，结合目前汽车维修行业的需求，大力推行工学结合人才培养模式的改革，学习和落实工学结合的教育理念，强化高职高专办学特色，提高学生职业技能，提升教学质量，我们对现有的课程体系和教学方法进行了改革，探索课堂与实习地点的一体化，加大课程建设与改革的力度，融"教、学、做"为一体，紧密结合生产实际，特编写了本教材。为了达到更好的教学效果，本书采取项目教学的方法进行编写。

按照"高等职业教育汽车运用与维修专业领域技能型紧缺人才培养指导方案"要求，高职高专教育工学结合教学模式和"教、学、做"为一体的教学方法，本书采用"理实"一体的编写思路，每个项目均包含理论（相关知识）和实践（项目实施），理论部分体现汽车电控的基础性和实用技术；实践部分的诊断方法和检测数据增强了新技术和针对性（针对主流车型）。

近半个世纪以来，汽车技术的发展主要是汽车电器与电子技术的发展，汽车电子化是汽车发展的必由之路。在我国，随着汽车保有量的不断增加，维修方面的技术人才，尤其是汽车电子技术人才需求量也日益增大。同时，电子控制技术在汽车上的应用越来越多，装有多种电子产品的汽车在国内市场大量销售后，给汽车维修和保养工作带来了不少困难。作为汽车维修技术人员，要具有一定的汽车专业知识和实际技能，对汽车电子系统有较全面的了解，熟悉汽车电气设备和电子设备的不同种类与结构，掌握汽车电子系统常见故障的诊断与排除方法，能动手对电子设备进行检查、调试、故障诊断和排除。

本书共分为5个项目，包括电控自动变速器、防抱死制动系统（ABS）、驱动防滑控制系统（ASR）、电子控制悬架系统、电子控制助力转向系

Foreword

统。本书以现代汽车电子技术为核心，介绍了汽车底盘电控的作用、类型及其构造、原理；在项目实施中，按照实际检修流程，对各个电控系统的基本检查与调整、常见故障原因分析及排除等内容进行能力训练安排。通过不同项目的学习实践，可以使学生掌握各个电控系统的基本理论知识，并能排除各个电控系统的常见故障。同时，在每个项目后面附有思考练习题，测试学生的知识掌握程度。

本书在编写过程中参考了部分国内外出版的同类教材和图书，并对许多技术数据和维修方法进行了实际测量和试验验证。本书内容新颖、图文并茂，内容丰富，实用性强，适合作为高等职业院校汽车电子技术、汽车检测与维修、汽车运用与维护等相关专业的教材，也可作为成人教育、汽车培训行业等的参考教材。

本书由北京电子科技职业学院吕江毅、成林任主编，由北京电子科技职业学院王茂美、王谷娜、隋美丽任副主编。具体编写分工：成林编写项目一，王茂美编写项目二，吕江毅编写项目三，隋美丽编写项目四，王谷娜编写项目五，全书由成林统稿。

本书在编写过程中，得到各方面的热情支持，并参考了许多文献，得到了北京祥龙博瑞汽车服务（集团）有限公司、中国北方车辆有限公司、神龙汽车有限公司，以及中国汽车技术研究中心等单位的大力支持，并提出了许多宝贵的意见，在此深表感谢。本书的编写参考了大量的资料和文献，在此向原作者表示崇高的敬意。

由于编者水平所限，加之时间仓促及实践经验不足，书中存在的疏漏与不妥之处，恳请广大读者批评指正。

编　者

2016年3月于北京

目 录

Contents

目录

项目一
电控自动变速器

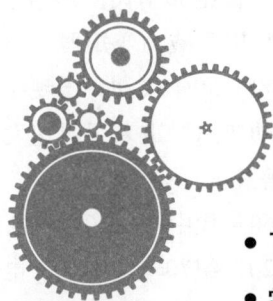

学习目标

- 了解自动变速器的发展概况、类型及特点。
- 掌握液力变矩器和行星齿轮机构的功用、结构组成及工作原理。
- 掌握自动变速器液压控制系统和电子控制系统的功用、结构组成及工作原理。
- 掌握自动变速器的拆装方法。
- 掌握自动变速器的检查与试验方法。

项目描述 ⚙

　　一辆2014款宝来自动变速器经检修后被装到整车上，结果发动机不能转动，而拆下自动变速器，发现发动机曲轴飞轮转动灵活自如，服务经理要求对该自动变速器进行分析和检测，必要时可进行分解、组装及检查试验，要求记录检测数据，写出工作报告。

项目分析 ⚙

　　要了解自动变速器的发展概况、类型及特点，理解液力变矩器和行星齿轮机构的功用、结构组成及工作原理，可根据自动变速器故障现象制订相应的诊断流程，依据诊断流程来逐项检测，查找故障原因，并排除故障。

相关知识 ⚙

一、自动变速器发展概况

　　汽车自动变速器的研究和应用可以追溯到20世纪30年代。1939年，美国通用汽车公司首先在其生产的奥兹莫比尔（Oldsmobile）轿车上装用了液力变矩器——行星齿轮组成的液力变速器，可谓现代自动变速器的雏形。20世纪40年代末50年代初，出现了根据车速和节气门开度自动控制换挡的液力控制换挡自动变速器，使自动变速器进入了迅速发展时期。到1975年，自动变速器在重型汽车及公共汽车上的应用已相当普及。

　　自动变速器采用电子控制系统始于20世纪60年代中期。20世纪法国雷诺（Renault）公司于1968年率先在自动变速器上使用了电子元件。20世纪70年代中期，电子控制技术开始应用于汽车变速器，日本丰田汽车公司首先研制成功了世界上第一台电子控制变速装置，并在1976年实现了批量生产。但由于这种电子控制自动变速器在控制精度和自由度方面效果并不十分理想，因此，包括日本在内的许多国家又把精力转向计算机控制变速器的研究和开发，以计算机为控制核心的电子控制自动变速器迅速发展。

　　自1981年起，美国、日本等国家的一些汽车公司相继开发出各种微机控制的自动变速系统，如电子控制液力变矩式自动变速器、电子控制多级齿轮变速器等。电子控制自动变速器的真正飞跃发展是在1982年，这一年丰田公司将微机技术应用于电子控制变速器系统，实现了自动变速器的智能控制，首先应用于豪华型皇冠牌轿车上。电子控制自动变速器有最佳的换挡规律，换挡精确性好，具有良好的燃料经济性、动力性，降低污染。随后，德国Bosch公司于1983年成功研制了发动机和自动变速器共用的电子控制单元。

　　电控自动变速器可实现与发动机最佳匹配，并可获得最佳的经济性、动力性、安全性，达到降低发动机排气污染的目的。因此，电子控制变速器广泛用于轿车、客车、大型公共汽车、越野车及重型牵引车上，并且装车率迅速提高，尤其在美、日、德等国生产的轿车上，采用电子控制器的比例越来越高。

　　国产轿车中采用自动变速器最早的车型当属中国第一汽车集团公司生产的红旗CA770型三排座高级轿车，该型轿车在1965—1980年间共生产了1 283辆，其所装用的自动变速器在结构上与美国克莱斯勒汽车公司生产的Power Flite自动变速器相似。一汽大众1998年底在国内首家推出批量生产的装有电控自动变速器的轿车捷达AT，该车采用德国大众（VW）原厂生产的第三代95型01M电控4挡自动变速器。神龙汽车公司亦于1999年初展示了其装备自动变速器的富康988轿车。这种电控4挡自动变速器由法国的雪铁龙和雷诺公司共同研制，在意大利生产，1998年6月开始应用。近年来，随着我国轿车工业的快速发展，各轿车制造企业都推出了装有自动变速器的车型，国产轿车普遍装用自动变速器的时代已经到来。

二、自动变速器的类型

在自动变速器的发展过程中出现了多种结构形式。自动变速器的驱动方式、挡位数、变速齿轮的结构类型、变矩器的结构类型及换挡控制形式等都有不同之处。下面就不同的分类方法加以概括。

（一）按变速器换挡操作的形式分类

按变速器换挡操作是否全自动化，分为半自动变速器和全自动变速器两大类。

1. 半自动变速器

半自动变速器的换挡操作仍需手动。有两种类型：一种是自动离合器-手动换挡变速器的组合形式，因此也被称之为自动离合器式变速器；另一种是具有自动变速功能的液力变矩器式变速器，换挡用离合器-辅助手动变速器组合形式，被称之为选择式自动变速器。半自动变速器实际上是自动变速器发展过程中的一个过渡形式，目前汽车上已很少采用。

2. 全自动变速器

全自动变速器简称自动变速器，是无须离合器操作和换挡（加减挡）操作的液力传动变速器。全自动变速器是现代自动变速器普遍采用的结构形式。

（二）按自动换挡的控制方式分类

按自动换挡的控制方式，分为液力控制式自动变速器和电子控制式自动变速器。

1. 液力控制式自动变速器

液力控制式自动变速器换挡控制方式是通过机械手段将节气门开度和车速参数转化为压力控制信号，使阀板中各控制阀按照设定的换挡规律控制换挡执行机构动作，实现自动换挡。液力控制换挡过程如图1-1所示。

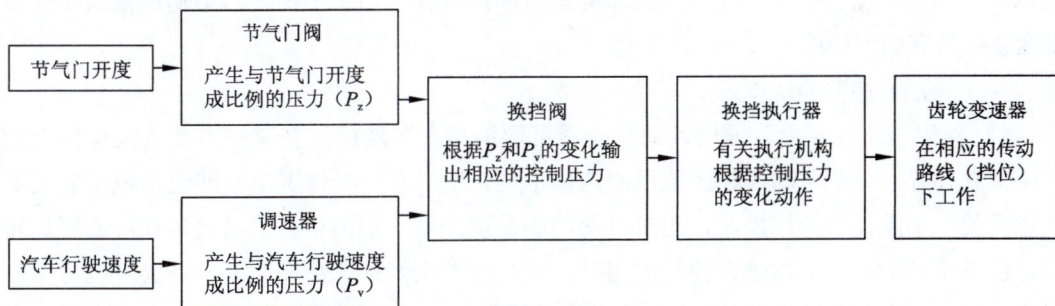

图1-1　液力控制式自动变速器的换挡过程

2. 电子控制式自动变速器

电子控制式自动变速器通过各种传感器将发动机转速、节气门开度、车速、发动机温度、自动变速器液压油温度等参数转变为电信号，输入自动变速器计算机，计算机根据这些电信号确定变速器换挡控制信号。计算机输出的换挡信号控制相应的换挡电磁阀动作，并通过换挡阀产生相应的压力控制信号，使有关的换挡执行机构动作，实现自动换挡。电子控制式自动变速器的换挡过程如图1-2所示。

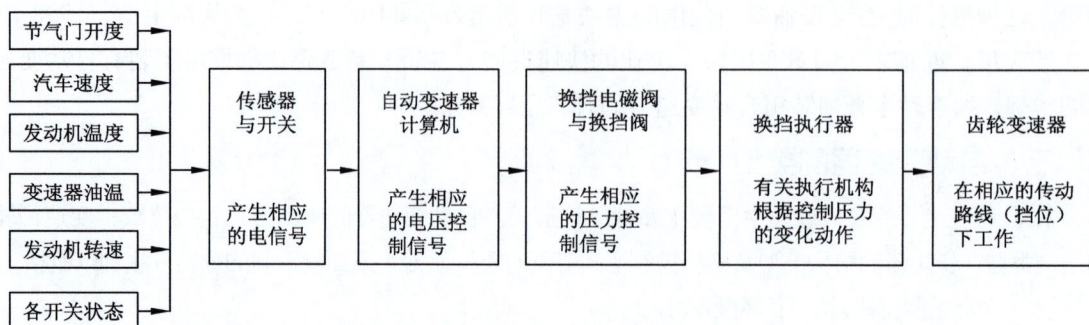

图1-2 电子控制式自动变速器的换挡过程

（三）按动力传递的方式分类

按动力传递的方式，分为液力式、气压式、电磁式和机械式等4种不同形式的自动变速器。液力式又可分为动压式（液力偶合式和液力变矩式）和静压式两种。目前普遍采用的是液力动压式自动变速器。

（四）按自动变速器前进挡位的多少分类

按自动变速器前进挡位，分为2挡、3挡、4挡自动变速器。现在的自动变速器一般为4前进挡，第4或6前进挡。

（五）按齿轮变速器部分的结构类型分类

按自动变速器齿轮变速器部分的结构不同，分为普通齿轮（平行轴）式和行星齿轮式两种。由于行星齿轮变速器结构紧凑，又能获得较大的传动比，因此目前的自动变速器普遍采用行星齿轮结构形式。

三、自动变速器的特点

现代汽车自动变速器普遍采用的是液力变矩器与行星齿轮式变速器组合而成的液力全自动变速器，换挡自动控制形式有纯液压式和电子控制式两种。相比于传统的手动机械式变速器，自动变速器具有如下特点。

（一）自动变速器的优点

（1）操作简化且省力。采用自动变速器可取消离合器踏板及变速杆，使驾驶操作大大简化。由于它设置了一个自动换挡区范围的选择手柄，所以在一般情况下，即使在城市交通繁忙的街道行驶，不需任何换挡操作，而由自动控制系统控制自动换挡甚至当遇到红灯需要短暂停驶时，也可不移动手柄。驾驶人控制车速时，就只需控制好加速踏板即可，必要时也可用制动踏板予以配合。其操纵简单省力，大大降低了对驾驶人员操作水平的要求。

（2）提高了行车安全，降低了劳动强度。由于简化了驾驶操作，使得驾驶人可以把注意力集中于观察交通情况，掌握好运行方向和车速，因此可以极大地提高运行安全性。

（3）提高了乘坐舒适性。车辆的乘坐舒适性取决于许多因素，例如汽车的悬挂系统、发动机的振动与噪声，以及换挡过程的平顺性等。由于自动变速器能把发动机的转速控制在一定范围内，无急剧的变化，有利于减弱发动机的振动和噪声。自动变速器经过专门的控制系统，可以得到很平稳的换挡过程和减少换挡次数，因此可以提高汽车行驶的平稳性，可有效地改善乘坐舒适性。

（4）延长了机件的使用寿命。由于自动变速器大多数采用液力元件，可消除和吸收传动装置的动载荷，而且由于自动换挡，减少了换挡时产生的冲击与动载荷，因此一般可使传动零件的使用寿命延长2～3倍。据统计，在恶劣的运行条件下，装用自动变速器的汽车，其传动轴上的最大扭矩振幅只相当于手动机械变速器的20%～40%。原地起步时的扭矩峰值只相当于手动机械变速器的50%～70%。因此也可使发动机的使用寿命提高1.5～2.0倍。

（5）改善了汽车的动力性能。改善车辆动力性能其表现在提高起步加速性、提高功率利用率和平均车速等方面。自动变速器由液力变矩器，使其能够自动换挡，从而使起步加速性得到极大提高。由于自动换挡过程中传动系统传递的功率不中断，而且没有手动换挡时减少供油的操作，再加上自动换挡在时机控制上能保证发动机功率得以充分利用，所以自动换挡可以得到很好的加速性能，而且提高了平均行驶速度。试验资料表明，装用自动变速器的汽车其起步加速到20 km／h所需的时间，比手动机械变速器要少20%，而加速到40 km/h时，要少10%。

（6）减少对空气的污染。由于手动变速器在换挡过程中常伴有供油量的急剧变化，发动机转速的变化较大，导致燃烧过程变坏，使废气中有害成分的含量增加。当使用自动变速器时，由于液力传动和自动换挡技术，能把发动机限制在污染较小的转速范围内工作，从而减少了发动机排气中有害物质的含量。

（二）自动变速器主要缺点

自动变速器具有很多优点，但也有一定的缺点和局限性。其主要缺点是：结构比较复杂、制造精度要求较高，因此，成本高。此外，大多数自动变速器因装有液力元件，传动效率较低。一般液力传动的传动效率，最高只能达到86%～90%，比机械传动效率要低8%～12%。当然，如果自动变速器与发动机匹配得好，或采用变矩器闭锁等措施，也可使燃料消耗比采用手动机械变速器少。

此外，自动变速器由于结构复杂，因此其故障分析和维修等方面，都要求有较高的技术水平。

四、电控自动变速器的结构与工作原理

（一）液力变矩器

液力变矩器是自动变速器的核心组成部分之一，位于自动变速器的最前端，安装在发动机的飞轮上，利用液力传递动力，具有一定的减速增扭功能，并能实现无级变速。

1. 液力变矩器的结构和工作原理

液力变矩器主要由泵轮、涡轮、导轮组成，如图1-3所示。上述3个元件安装在完全充满自动变速器液（ATF）的密封变矩器壳体内，壳体通过驱动盘与曲轴相连。当发动机运转时，将带动泵轮一同旋转，泵轮内的ATF依靠离心力向外喷出，其喷射速度随发动机转速的提高而升高。高速喷出ATF冲击静止的涡轮使其转动。导轮叶片截住离开涡轮的ATF，改变其方向，使其冲击泵轮的叶片背部，给泵轮一个额外的"助推力"，使得液力变矩器能有效地增大涡轮的输出转矩。

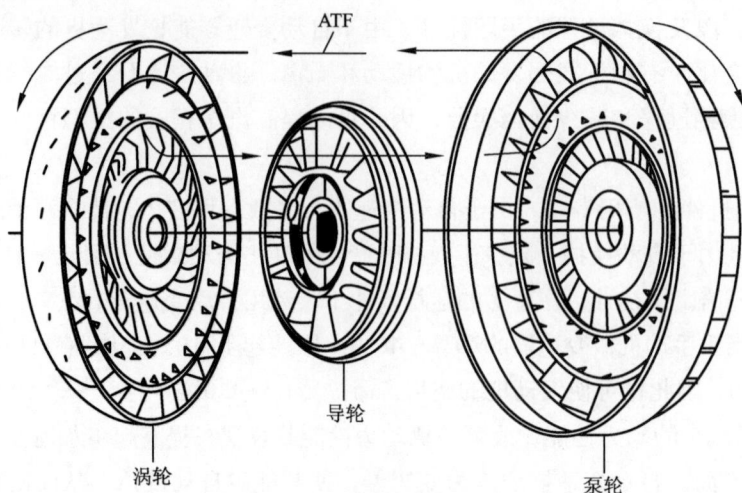

图1-3 液力变矩器组成

导轮

涡轮

泵轮

ATF

液力变矩器的原理就像给两个对置的电风扇添加了一个空气管道（见图1-4），空气通过空气管道从没有电源的电风扇回流到有电源的电风扇，从而增加了有电源电风扇吹出的气流。导轮就起到了这种空气管道的作用，增加了从泵轮流出ATF的动能。实际上ATF以循环的方式流过液力变矩器，在其内部形成一条首尾相接的环行螺旋流线，如图1-5所示。

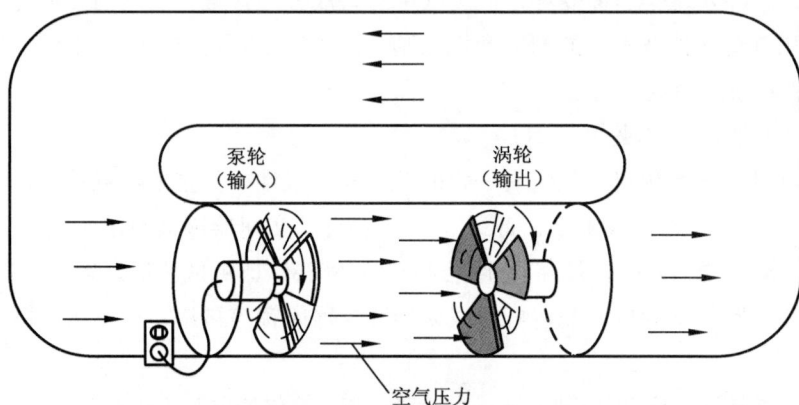

泵轮（输入）

涡轮（输出）

空气压力

图1-4 液力变矩器原理

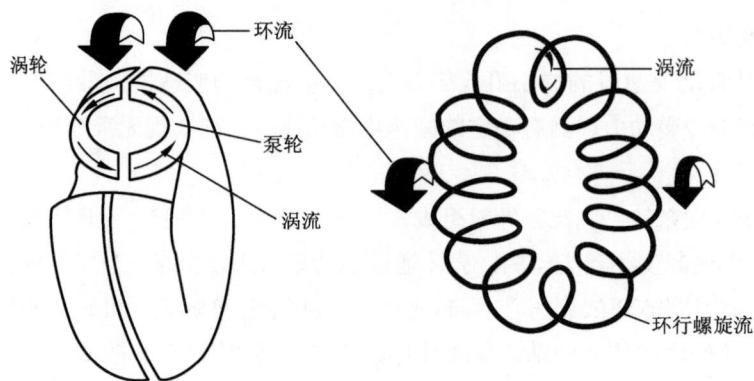

涡轮

环流

泵轮

涡流

涡流

环行螺旋流

图1-5 ATF流过液力变矩器的方式

由此可知，泵轮将发动机的机械能转变为ATF的动能，涡轮将ATF的动能转变为涡轮轴上的机械能，而导轮改变ATF的流动方向，从而达到增矩的作用。

2. 液力变矩器的性能分析

液力变矩器的性能一般用其特性曲线来描述。液力变矩器的特性曲线反映的是当发动机转速和转矩一定（即泵轮转速n_B和转矩M_B一定）时，液力变矩器的转矩比（K）、转速比（i）和传动效率（η）三者之间的变化关系。图1-6为车用液力变矩器的特性曲线。

（1）转速比（速比）i。涡轮转速n_W与泵轮转速n_B之比为液力变矩器的转速比，一般以i来表示，即

$$i = \frac{n_W}{n_B} \leqslant 1$$

转速比说明液力变矩器输出转速降低的倍数，用来描述液力变矩器的工况。

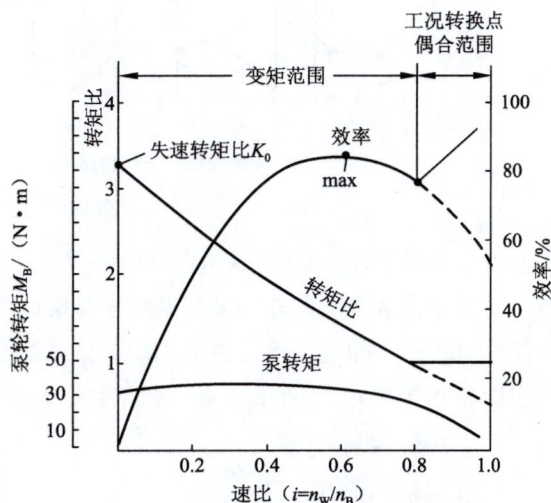

图1-6　车用液力变矩器的特性曲线

（2）转矩比（变矩系数）K。涡轮输出转矩M_W与泵轮输入转矩M_B之比为液力变矩器的转矩比，用K来表示，即

$$K = \frac{M_W}{M_B}$$

转矩比说明变矩器输出转矩增大的倍数，它随变矩器转速比而变化。

从图1-6中可以看出，液力变矩器的运作分为两个工作区域：当$i < 0.8$（$K > 1$）时，为变矩器的变矩区，在变矩区转矩成倍放大，当传动比i为零时，即在涡轮转轮停转时，转矩比K达到最大；当$i \geqslant 0.8$（$K \leqslant 1$）时，为变矩器的偶合区，只是传送转矩而并无转矩放大。$K=1$的速比点是这两个区域的转换点，亦称为"偶合点"。

（3）传动效率η。涡轮输出功率N_W与泵轮输入功率N_B之比为变矩器的传动效率，用η表示。即

$$\eta = \frac{N_W}{N_B} = \frac{M_W n_W}{M_B n_B} K$$

传动效率说明变矩器输出轴上所获得的功率比输入功率小的倍数。液力变矩器的传动效率是随传动比而变化的抛物线，其最高效率η_{max}在$i=0.6$时获得，一般为80%～86%。

若液力变矩器中的导轮在工作时始终固定，则自偶合点起在大速比的偶合范围内，转矩比曲线变成$K<1$，且传动效率急剧下降（如图1-6中的虚线）。这是由于固定不动的导轮，在速比较小的范围内，能起到增大转矩的作用，因为此时由循环流动的速度A和圆周流动的速度B所合成工作液按速度C流向导轮前部，经固定不动的导轮后改变了液流方向冲向泵轮的背面〔见图1-7（a）〕，产生增矩作用。但在速比较大的工作范围内，工作液的合成速度C将流向导轮的背面，固定不动的导轮使工作液产生涡流，将阻碍涡轮的旋转〔见图1-7（b）〕，降低其传动效率。其解决的办法就是在导轮上增设单向离合器。

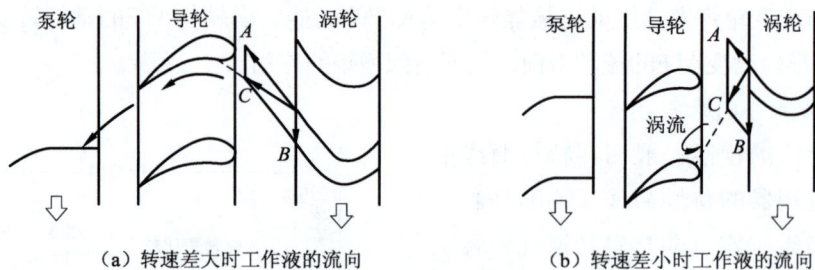

（a）转速差大时工作液的流向　　　　　　（b）转速差小时工作液的流向

图1-7　工作液的流向

3. 导轮增设单向离合器用以提高传动效率

导轮单向离合器的作用是使其所连接的两个元件间只能相对地向一个方向转动，而无法朝相反方向转动，即它按受力关系不同，自动地实现锁定不动或分离自由旋转两种状态。其常见的结构类型有楔块式（见图1-8）和滚柱式（见图1-9）两种。

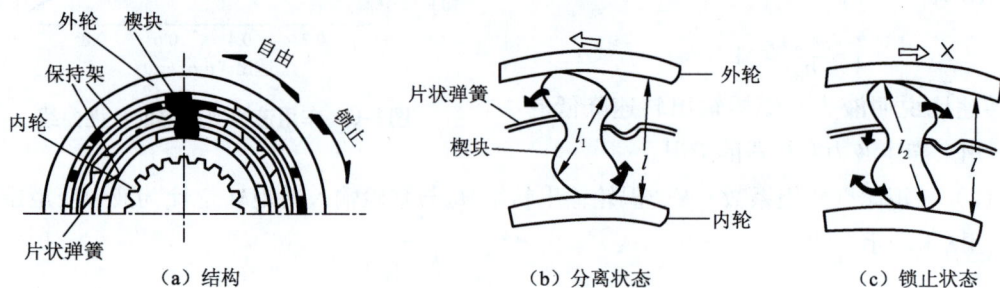

（a）结构　　　　　　　（b）分离状态　　　　　　（c）锁止状态

图1-8　楔块式单向离合器的结构和工作原理

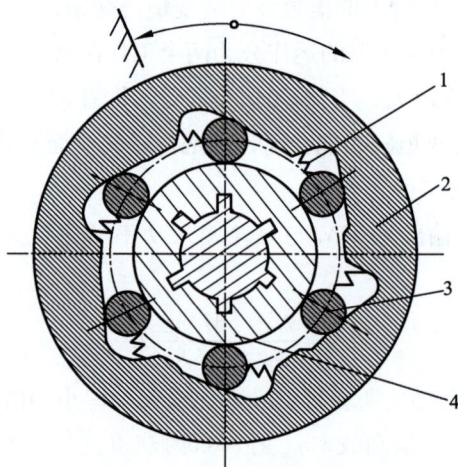

图1-9　滚柱式单向离合器结构

1—叠片弹簧；2—外座圈；3—滚柱；4—内座圈

设置单向离合器后，当速比较小，泵轮与涡轮转速差较大时，沿涡轮叶片流动的工作液速度（涡流速度）A亦大，速度A在涡轮旋转速度（环流速度）B的影响下方向发生偏移，工作液实际上按速度C的方向流向导轮，冲击导轮叶片的正面，使导轮与泵轮有反向转动趋势，但由于导轮被单向离合器锁住不转动。因此，液体经固定导轮的叶片使流向改变，冲击到泵轮的背面，增强泵轮转动，产生增矩作用，如图1-10（a）所示。

当速比较大，泵轮与涡轮转速差较小时，同涡轮转轮一起同方向转动的液体速度B就升高。另一方面，流经泵轮及涡轮转轮的液体速度A则降低，工作液按速度C的方向流向导轮，冲击导轮叶片的背面，使导轮叶片对液流起阻挡作用。在这种情况下，单向离合器使导轮与泵轮同方向自由转动，从而使液流顺利流回至泵轮，如图1-10（b）所示。此时，变矩器不产生增矩作用，其功能同普通液力偶合器一样，传动效率为图1-6中斜直线所示，性能大幅度改善。

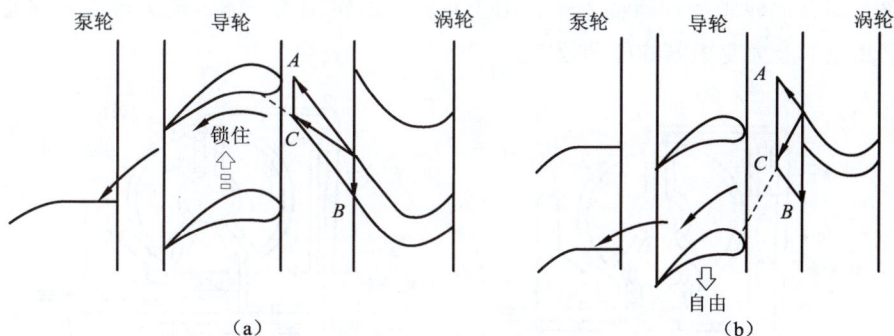

图1-10 单向离合器原理

4. 采用锁止离合器提高液力变矩器高速比工况下的传动效率

从图1-6车用液力变矩器的特性曲线中可以看出，当速比较高，进入偶合工作区时，变矩器没有增矩作用，几乎以1∶1的比例将来自发动机的输入转矩传送至变速器。但在泵轮与涡轮之间存在着至少4%～5%的转速差。所以，变矩器并不是将发动机动力100%地传送至变速器，而是有能量损失。为防止这种现象发生，也为了降低油耗，液力变矩器采用了锁止离合器。当车速在大约60 km/h或以上时，锁止离合器会通过机械方式将泵轮与涡轮相连接，使发动机产生的动力100%地传送至变速器。

液力变矩器的锁止离合器位于涡轮的前端，装在涡轮轮毂上（见图1-11），由锁止活塞、减振盘和涡轮传动板等组成。锁止活塞和减振盘用键连接，可前后移动；减振盘和涡轮传动板通过减振弹簧固定，能衰减在离合器接合时的扭转振动；在变矩器壳体或变矩器锁止活塞上粘有一种摩擦材料，用以防止离合器接合时打滑。

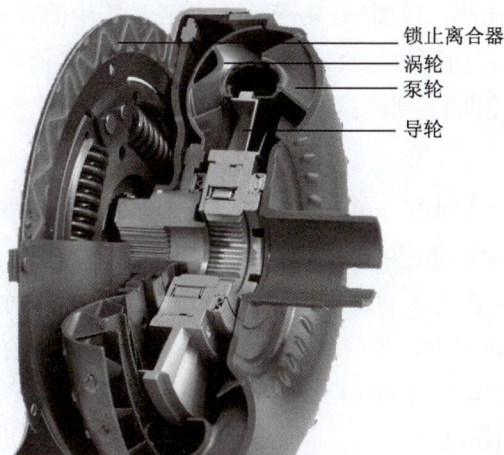

图1-11 液力变矩器的锁止离合器

锁止离合器的接合及分离由变矩器中的液压油的流向决定。当车辆低速行驶时，由液压控制系统控制工作液流至锁止活塞的前端，使锁止活塞向后移动［见图1-12（a）］，故锁止离合器分离。当车辆转入中、高速（通常60 km/h）行驶时，由液压控制系统控制工作液流至锁止离合器的后端。使锁止活塞向前移动［见图1-12（b）］，这样，变矩器壳体就受到锁止活塞挤压，从而使锁止离合器及前盖一起转动，即锁止离合器接合。动力直接由发动机、驱动盘、前盖、锁止离合器、涡轮到变速器输入轴。由于泵轮与涡轮锁为一体，动力传递无须通过液体，从而提高了高速下液力变矩器的传动效率。

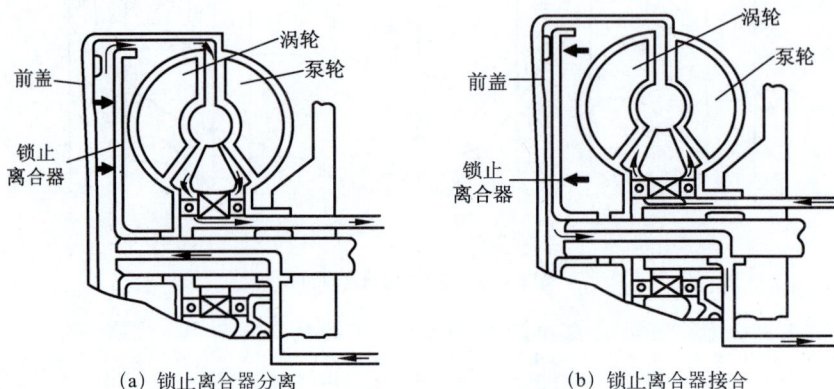

(a) 锁止离合器分离　　　　　　　　　(b) 锁止离合器接合

图1-12　锁止离合器工作过程

（二）齿轮变速传动装置

1. 齿轮机构

自动变速器的齿轮变速传动装置主要由齿轮机构和换挡执行元件组成。自动变速器的齿轮机构主要由行星齿轮机构和平行轴齿轮机构组成，目前多采用行星齿轮机构。

（1）单排行星齿轮机构

①结构：图1-13所示为单排行星齿轮机构。它主要由太阳轮、行星齿轮、行星架和齿圈组成，其中行星齿轮通常有3～6个，沿行星架圆周均匀布置。行星齿轮一方面可绕自己的轴线回转，另一方面又可随着行星架一起绕其固定轴线旋转，既有自转又有公转。

②变速原理及传动比：设图1-13所示行星齿轮机构中的太阳轮、齿圈、行星架的转速分别为n_1、n_2、n_3，太阳轮、齿圈的齿数分别为z_1、z_2，齿圈与太阳轮的齿数比为α。根据能量守恒定律，可得单一行星齿轮机构一般运动规律特性方程式：

$$n_1 + n_2 - (1+\alpha)n_3 = 0$$

式中：$\alpha = \dfrac{z_1}{z_2} > 1$。由上式可知，单一行星齿轮机构有两个自由度，因此它不能直接用于变速传动。为了组成具有确定传动比的齿轮机构，应将行星齿轮机构中的太阳轮、齿圈和行星架三个基本构件中的一个强制固定不动或使其运动受到一定的约束（称为制动），再将另外两个中的一个作为主动件与输入轴相连，另一个作为从动件与输出轴相连；或将某两个基本元件相互连接一起旋转，从而获得确定的传动比，实现动力传递。

（2）复合行星齿轮机构

由于单排行星齿轮机构不能满足汽车行驶中速比范围的要求，为了增加自动变速器的速比范围，常将两组或多组单排行星齿轮机构组合为复合行星齿轮机构，用以满足汽车行驶中需要的速比范围。目前，常见的复合行星齿轮机构有辛普森式行星齿轮机构和拉维娜式行星齿轮机构，如图1-14所示。

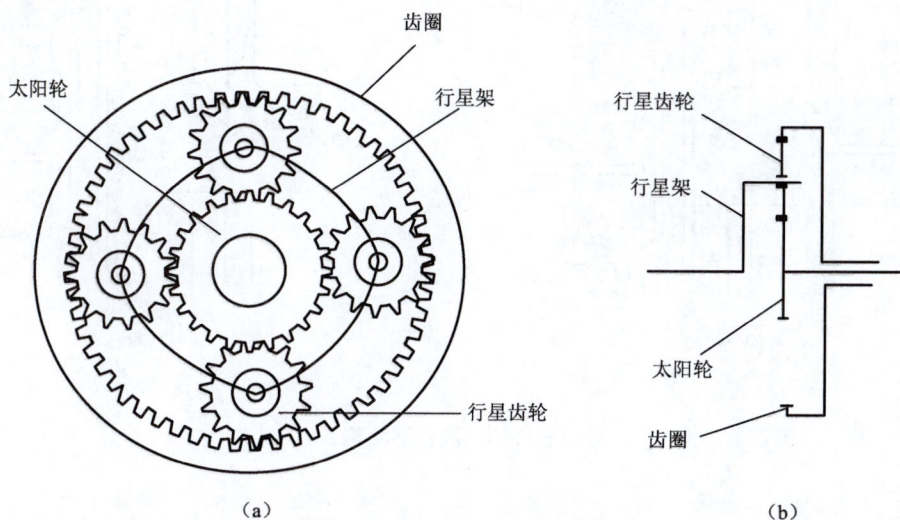

（a） （b）

图1-13 单排行星齿轮机构

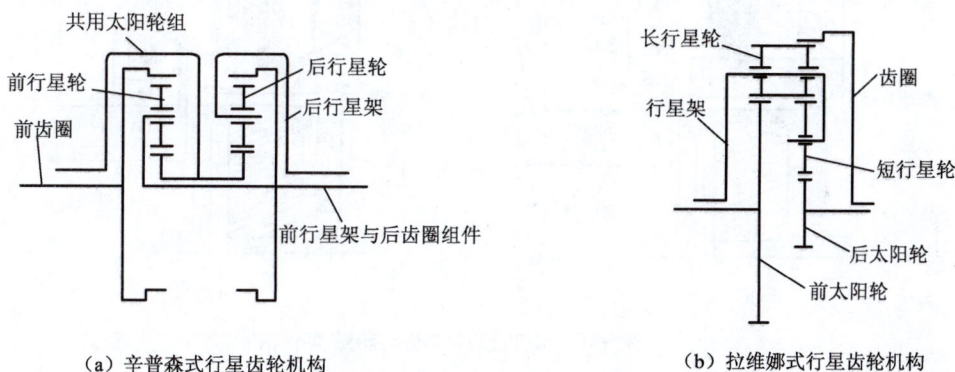

（a）辛普森式行星齿轮机构 （b）拉维娜式行星齿轮机构

图1-14 复合行星齿轮机构

2. 换挡执行元件

（1）离合器

离合器的作用是将输入或输出轴与行星齿轮机构中某个基本元件连接起来，或将行星齿轮机构中某两个基本元件连接在一起，使之成为一个整体转动，以传递动力。

现代自动变速器中所使用的离合器多为湿式多片式离合器，它通常由离合器鼓、离合器活塞、回位弹簧、一组钢片、一组摩擦片、花键毂等组成，如图1-15所示。

（2）制动器

制动器的作用是约束行星齿轮机构中某个基本构件，使其不能运动，以获得必要的传动比。目前最常见的是湿式多片式制动器和带式制动器两种。

①湿式多片制动器：其结构与离合器结构相似，由制动器活塞、回位弹簧、活塞缸、摩擦片、钢片等组成，如图1-16所示。

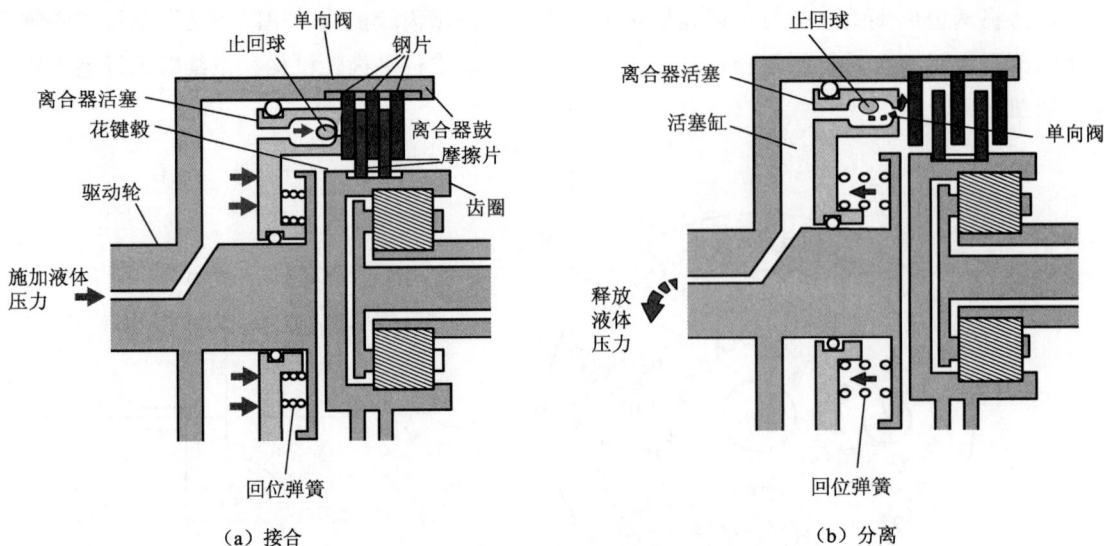

图1-15 离合器结构

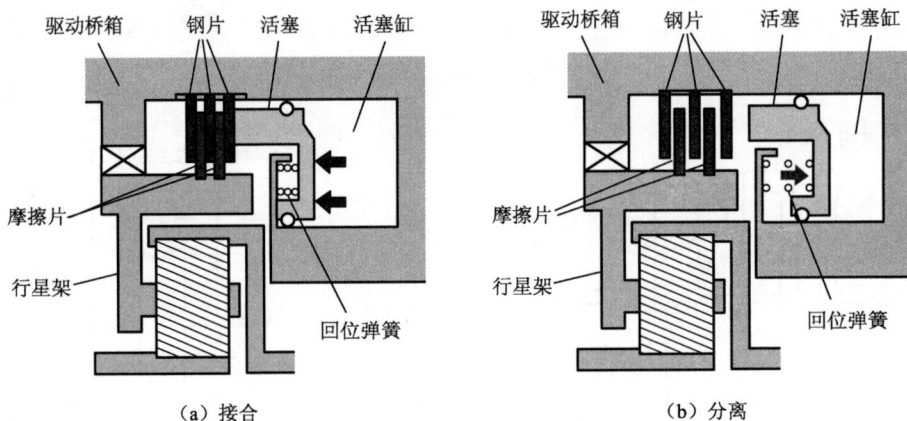

图1-16 湿式多片式制动器结构

②带式制动器：利用围绕在制动器鼓周围的制动带收缩而产生制动效果，它由制动带和伺服机构组成。

制动带的内侧涂有摩擦材料，以产生较大的摩擦力，帮助夹紧离合器鼓或制动器鼓。制动带的一端固定或支撑在间隙调整装置上，另一端由伺服机构中的活塞杆或推杆驱动。制动器的伺服机构用来控制制动带的工作。它主要由变速器壳体、活塞、活塞杆（或推杆）、弹簧等组成，如图1-17所示。伺服机构有直接作用式和间接作用式两种类型。

（3）单向离合器

单向离合器的作用是单向锁止行星齿轮机构中某个基本元件的旋转。它只能沿一个方向传送转矩，其结构有楔块式和滚柱式两种（如前所述）。通常液力变矩器采用滚柱式，而行星齿轮变速器采用楔块式。

单向离合器无须附加的液压或机械操纵装置，结构简单，且灵敏度高，可瞬间锁止或解除锁止，提高了换挡时机的准确性。

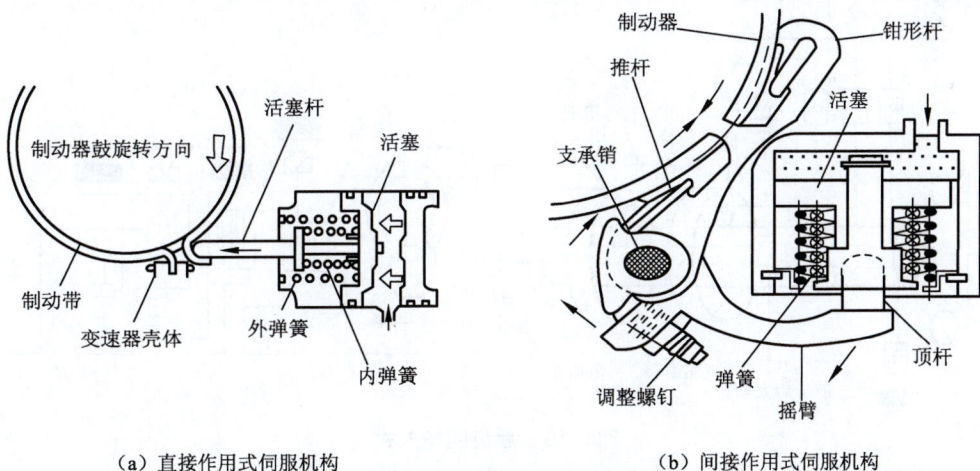

（a）直接作用式伺服机构　　　　　　　（b）间接作用式伺服机构

图1-17　带式制动器

　　由于单向离合器在任何时候都只允许单向转动，因此在输出轴转速大于输入轴转速时，单向离合器旋转，动力不能从驱动轮传至发动机，避免了发动机制动。在降挡时还可避免换挡冲击。但若单向离合器打滑，将完全丧失工作效能；若单向离合器卡滞，所负责的挡位还有，但会造成异响和烧蚀；而单向离合器一旦装反，会造成严重故障。

3. 行星齿轮式传动装置

（1）三速辛普森式行星齿轮传动装置

　　辛普森式行星齿轮传动装置由辛普森式行星齿轮机构和换挡执行元件组成。辛普森式行星齿轮机构是由共用一个太阳轮的两组行星齿轮、2个齿圈和2个行星架组成的双排行星齿轮机构。它是应用最为广泛的一种复合式行星齿轮机构，可以提供3个前进挡和1个倒挡。其前后排行星齿轮机构的尺寸或齿轮的齿数不必一定相同。其尺寸和齿轮的齿数决定了辛普森式行星齿轮机构所实现的实际传动比。辛普森式行星齿轮机构的排列方式有两种：前齿圈输入式（见图1-18）和后齿圈输入式（见图1-19）。

　　在三速辛普森式行星齿轮传动装置的执行元件有2个离合器、3个制动器和2个单向离合器。它们的名称及作用如表1-1所示。

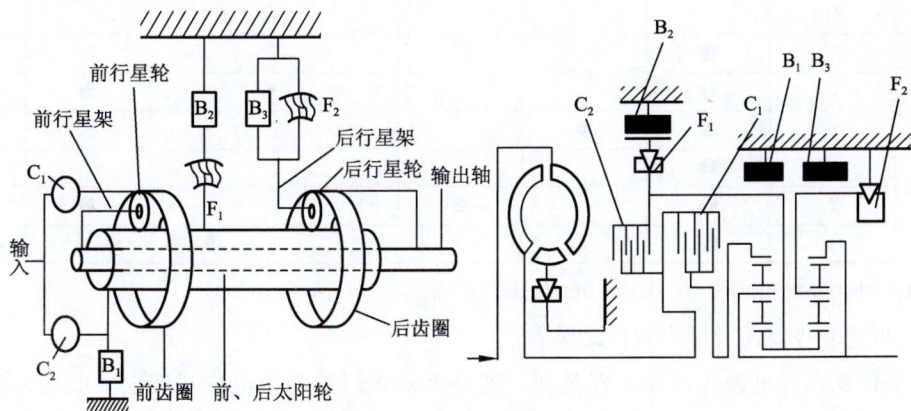

图1-18　前齿圈输入式

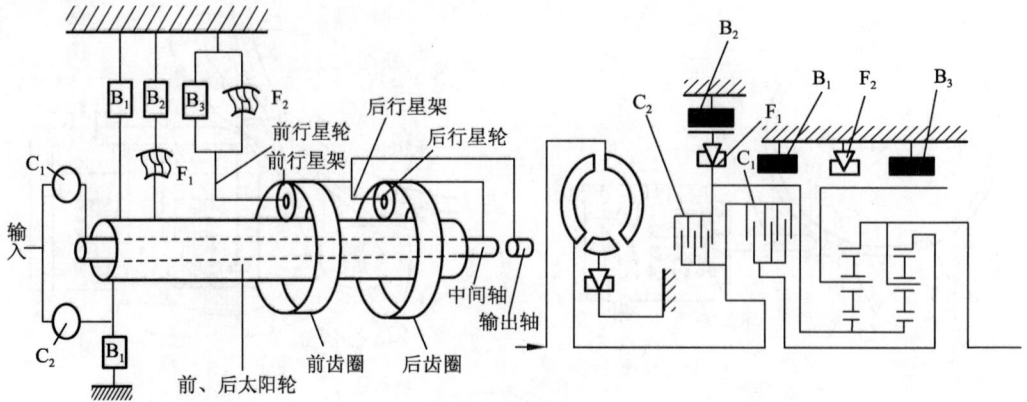

图1-19 后齿圈输入式

表1-1 三速辛普森式行星齿轮传动装置换挡执行元件名称及作用

元件代号	名称	作用
C_1	前进挡离合器	将前（或后）齿圈与动力输入轴连接起来，使前（或后）齿圈成为主动元件。它在所有前进挡都接合
C_2	高挡、倒挡离合器	将太阳轮与动力输入轴连接起来，使太阳轮成为主动元件。它只在3挡（直接挡）或倒挡时接合
B_1	2挡滑行制动器	将公用太阳轮与变速器壳体连接使其固定。它只在变速器变速杆位于2（S）挡时工作
B_2	2挡制动器	通过固定单向离合器F_1可以阻止太阳轮逆时针转动。它只在2挡时工作
B_3	低、倒挡制动器	将后（或前）行星架与变速器壳体连接使其固定，可以阻止前行星架转动。它只在倒挡或变速杆位于1（L）挡时工作
F_1	2挡单向离合器	在其外圈被制动器B_1固定时，可以阻止太阳轮逆时针转动
F_2	1挡单向离合器	可以阻止后（或前）行星架逆时针转动。它只在1挡时工作

三速辛普森式行星齿轮传动装置换挡执行元件工作情况如表1-2所示。

表1-2 三速辛普森式行星齿轮传动装置换挡执行元件工作情况表

变速杆位置	挡位	换挡执行元件						
		C_1	C_2	B_1	B_2	B_3	F_1	F_2
P	停车挡					●		
R	倒挡		●			●		
N	空挡							
D	1	●						●
	2	●			●		●	
	3	●	●					
2（S）	1	●						●
	2	●		●			●	
1（L）	1	●				●		●

注：●代表换挡执行元件处于工作状态，比如P挡只有B_3工作。

（2）四速辛普森式行星齿轮传动装置

四速辛普森式行星齿轮传动装置是在三速辛普森式行星齿轮机构基础上发展起来的。它有两种类型：

①在三速辛普森式行星齿轮机构添置一个行星齿轮组（即超速挡行星齿轮机构），成为由

三组行星齿轮机构组成的四速辛普森式行星齿轮传动装置。

②仍采用两组行星齿轮机构，但改变了行星齿轮机构的连接关系，增加了换挡执行元件的数量，使其成为采用两组行星齿轮机构就可获得带超速挡的四速行星齿轮传动装置。由于两组行星齿轮机构不再共用太阳轮，故称其为辛普森改进型，如图1-20所示。

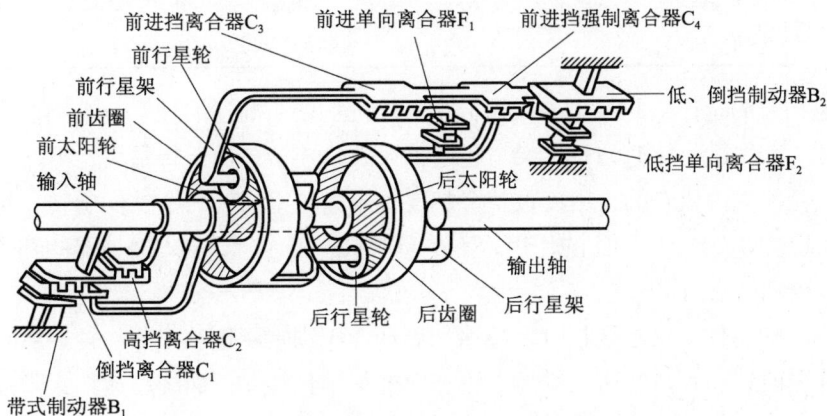

图1-20　辛普森改进型行星齿轮传动装置

四速辛普森式行星齿轮传动装置所增加的超速行星齿轮组可安装在三速行星齿轮机构的后部（多用于FF型车，即发动机前置前轮驱动型车）或前部（多用于FR型车，即发动机前置后轮驱动型车），如图1-21所示。

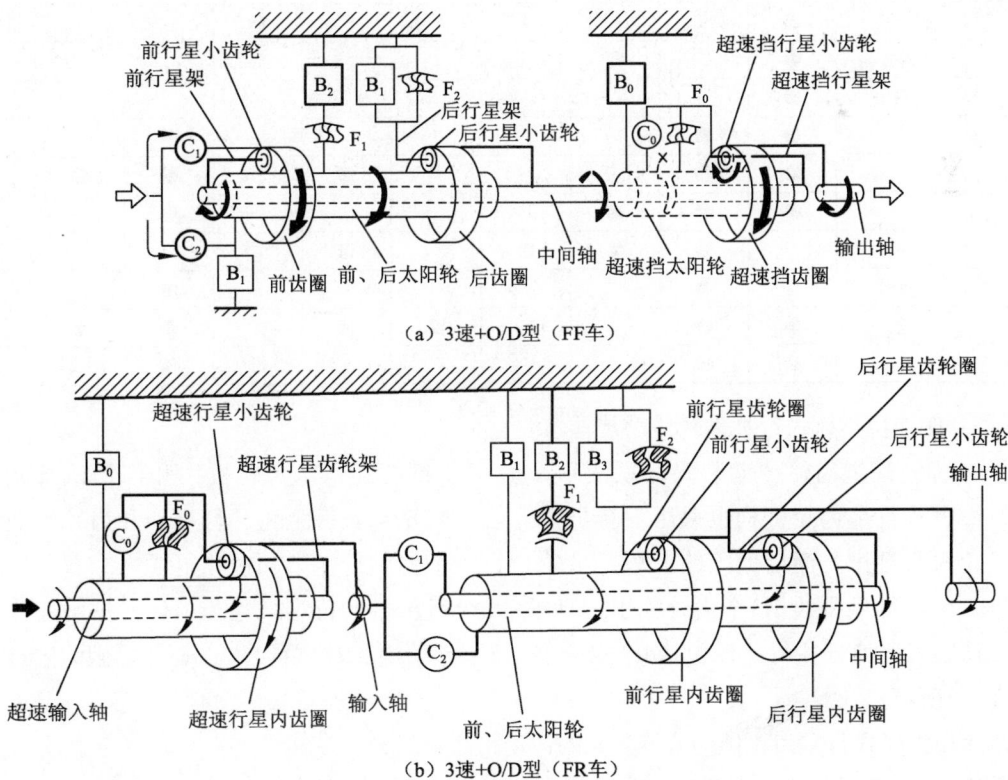

（a）3速+O/D型（FF车）

（b）3速+O/D型（FR车）

图1-21　超速行星齿轮组安装位置

超速行星齿轮机构换挡执行元件的名称及作用如表1-3所示。

表1-3　超速行星齿轮机构换挡执行元件的名称及作用

元件代号	名　称	作　用
C_0	超速挡离合器	连接超速挡太阳轮与超速挡行星架。除超速挡外均工作
B_0	超速挡制动器	固定超速挡太阳轮，只在超速挡工作
F_0	超速挡单向离合器	防止超速挡行星架相对超速挡太阳轮逆时针转动

不在超速挡时的运作：此时辛普森式行星齿轮机构处于前述的任意行车挡位。超速行星齿轮组的离合器C_0工作，使超速挡行星架与超速挡太阳轮连接，由于行星齿轮组的任意两个元件的连接使第三元件失去原有的自由度，整个超速行星齿轮组成为一个整体旋转，超速行星齿轮组的传动比为1，不起改变传动比的作用。不在超速状态工作时，自动变速器的挡位由原三速辛普森式行星齿轮机构来确定。

在超速挡时的运作：在超速挡时，超速挡制动器B_0锁定超速挡太阳齿轮。所以，当超速挡行星架顺时针方向转动时，超速挡行星齿轮一面绕其轴自转，一面绕超速挡太阳齿轮顺时针方向公转。带动超速挡齿轮快于超速挡行星架顺时针方向转动。

四速辛普森式行星齿轮传动装置换挡执行元件工作情况如表1-4所示。

表1-4　四速辛普森式行星齿轮传动装置换挡执行元件工作情况

变速杆位置	挡位	换挡执行元件									
		C_0	C_1	C_2	B_0	B_1	B_2	B_3	F_0	F_1	F_2
P	停车挡	●						●			
R	倒挡	●		●				●			
N	空挡	●									
D	1	●	●						●		●
	2	●	●				●		●	●	
	3	●	●	●					●		
	4		●	●	●		●				
2 (S)	1	●	●						●		●
	2	●	●			●			●		
1 (L)	1	●	●					●	●		●

（3）四速拉维娜式行星齿轮传动装置

拉维娜式行星齿轮传动装置（见图1-22）由拉维娜式行星齿轮机构和换挡执行元件组成。拉维娜式行星齿轮机构也采用双行星排：前太阳轮、长行星轮、行星架和齿轮组成一个单行星轮式行星排；而后太阳轮、短行星轮、长行星轮、行星架和齿轮组成一个双行星轮式行星排。前后行星排共用1个齿轮输出，且前后2个行星排的行星架连为一体。拉维娜式行星齿轮传动装置的换挡执行元件包括4个离合器、2个制动器和2个单向离合器，它们的名称及作用如表1-5所示。

四速拉维娜式行星齿轮传动装置各挡的传动路线分析：

① D1挡：前进挡离合器C_1接合，前进挡单向离合器F_2锁止，将输入轴与后太阳轮连接，1

挡单向离合器F_1锁止，将行星架固定。传动路线为：输入轴→离合器C_1→单向离合器F_2→后太阳轮→短行星轮→长行星轮→齿圈→输出轴。

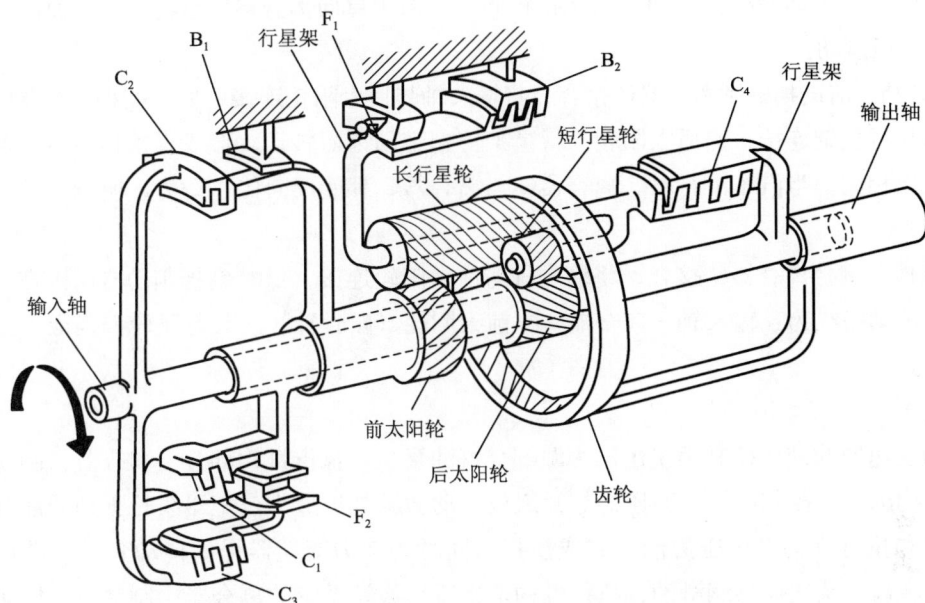

图1-22 四速拉维娜式行星齿轮4挡传动装置

表1-5 拉维娜式行星齿轮传动装置换挡执行元件名称及作用

元件代号	名　　称	作　　用
C_1	前进挡离合器	通过前进挡单向离合器F_2将输入轴与后（小）太阳轮连接
C_2	倒挡离合器	将输入轴与前（大）太阳轮连接
C_3	前进挡强制离合器	将输入轴与后（小）太阳轮连接
C_4	高挡离合器	将输入轴与行星架连接
B_1	2、4挡制动器	用于固定前（大）太阳轮
B_2	低、倒挡制动器	用于固定行星架
F_1	1挡单向离合器	1挡时阻止行星架逆时针转动
F_2	前进挡单向离合器	防止后（小）太阳轮超越输入轴转动

　② D2挡：前进挡离合器C_1接合，前进挡单向离合器F_2锁止，将输入轴与后太阳轮连接，2、4挡制动制动器B_1接合，前太阳轮被固定。传动路线为：输入轴→离合器C_1→单向离合器F_2→后太阳轮→短行星轮→长行星轮（前太阳轮固定，使行星架运动确定）→齿圈→输出轴。

　③ D3挡：前进挡离合器C_1接合，前进挡单向离合器F_2锁止，将输入轴与后太阳轮连接；高挡离合器C_4接合，将输入轴与行星架连接，这样后太阳轮与行星架同步转动，使得齿圈随其一起同步转动，形成直接挡。

　④ D4挡：高挡离合器C_4接合，将输入轴与行星架连接；2、4挡制动器B_1工作，前太阳轮被固定。传动路线为：输入轴→离合器C_4→行星架→长行星轮→齿圈→输出轴。

　⑤ L1挡：前进挡强制离合器C_3接合，将输入轴与后太阳轮连接；低、倒挡制动器B_2接合，行星架固定，传动路线和传动比与D_1挡相同。但由于单向离合器F_2不起作用，制动器B_2又代替

了单向离合器F$_1$的工作，从而使汽车滑行时可以用发动机制动。

⑥ L2挡：前进挡强制离合器C$_3$接合，将输入轴与后太阳轮连接；2、4挡制动器B$_1$接合，前太阳轮被固定，传动路线和传动比与D$_2$挡相同。但由于单向离合器F$_2$不起作用，使汽车滑行时可以用发动机制动。

⑦ L3挡：前进挡强制离合器C$_3$接合，将输入轴与后太阳轮连接；低、高挡离合器C$_4$接合，将输入轴与行星架连接，使后太阳轮与行星架一起带动齿圈转动，形成直接挡。传动路线与传动比与D$_3$挡相同。当汽车滑行时，离合器C$_3$与离合器C$_4$都能反向传递动力，所以有发动机的制动作用。

⑧ R挡：倒挡离合器C$_2$接合，将输入轴与前太阳轮连接，低、倒挡制动器B$_2$接合，行星架被固定。传动路线为：输入轴→离合器C$_2$→前太阳轮（顺时针）→长行星轮→齿圈（逆时针）→输出轴。

（三）液压控制系统

自动变速器的液压控制系统由动力源部分（油泵）、执行机构部分（离合器、制动器等）和控制机构部分（控制阀体、蓄压器等）组成。动力源是被液力变矩器泵轮驱动的油泵，它向控制机构和执行机构供应压力油以完成换挡，同时为液力变矩器提供传动介质并进行冷却补偿，向行星齿轮系统提供润滑油；执行机构是指行星齿轮系统的离合器、制动器；控制机构的作用是在汽车行驶过程中接收换挡信号，控制执行机构的动作，使变速器得到不同挡位。有关离合器、制动器在前已述，故此处重点介绍油泵和控制机构等的结构和工作原理。

1. 油泵

油泵一般位于液力变矩器和行星齿轮传动装置之间，由液力变矩器外壳驱动。常用的油泵有3种类型：齿轮泵、转子泵和叶片泵，如图1-23所示。

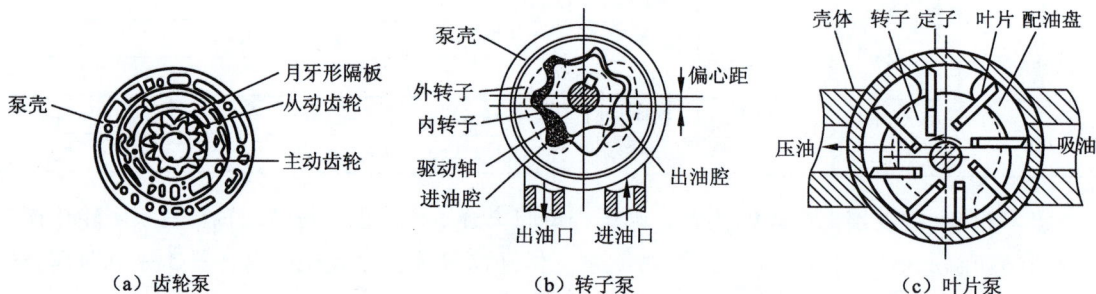

（a）齿轮泵　　　　（b）转子泵　　　　（c）叶片泵

图1-23　油泵

自动变速器常用的是内啮合的齿轮泵，图1-24为齿轮泵的典型结构。较小的外齿轮是主动齿轮安装在较大的内齿轮中，外齿轮是从动齿轮偏心地安装在泵体中，在内外齿轮之间安装一个月牙形的隔板，将内外齿轮之间的容积分为两部分，因此这种泵俗称月牙泵。油泵主动齿轮由变矩器驱动，在齿轮转动时，月牙形隔板一侧的容积因齿轮退出啮合而增大进油腔，另一侧容积因齿轮进入啮合而减小是出油腔。在进油腔产生一定的真空将自动变速器油吸入油泵内，油液充满齿槽在齿轮转动时被带入月牙形隔板的另一侧，在出油腔内因齿轮进入啮合，齿轮之间的间隙减小，容积减小使油液压力增加从出油口排出进入液压回路。由于主动齿轮转动一圈油泵输出的油量是固定的，因此齿轮泵是一种定量油泵。

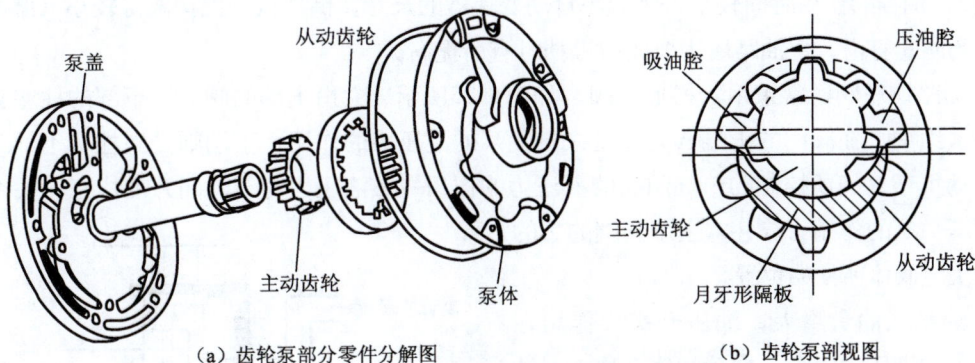

图1-24　齿轮泵的典型结构

（a）齿轮泵部分零件分解图　　　　（b）齿轮泵剖视图

　　由于油泵由变矩器驱动，其转速与发动机转速完全相同，则油泵的输出油量和压力实际上在很大的范围内变化，在某些转速下机油泵的输出压力可能高于变速器工作需要的压力，这时除了油泵消耗的发动机功率会增加以外，过高的油压还会引起系统的渗漏。为避免这种现象的出现，在自动变速器的主油道上设置限压阀。

　　使用油泵时应注意以下几点：

　　（1）发动机不工作时，油泵也不工作，变速器内无控制油压，故无法采用推车方式起动发动机。

　　（2）当车辆出现故障而被其他车辆拖动时，由于发动机不工作，油泵无法运转，变速器内没有润滑油的循环流动，离合器和制动器片会出现严重磨损。因此，必须将拖动的速度控制在30 km/h以内，拖动距离不能超过50 km。

　　（3）当变速器齿轮系统有故障或严重漏油时，在拖动车辆时应将驱动轮脱离地面或拆掉传动轴。

　　2.　主油路调压阀

　　因油泵由发动机直接驱动，故其理论泵油量与发动机转速成正比，液压油由油泵输出后进入主油路系统，从而使主油路系统压力发生变化。发动机高速时，泵油量多，主油路压力高，引起换挡冲击及泵油消耗功率增大；发动机低速时，泵油量少，主油路压力低，引起制动器、离合器打滑。

　　为防止上述两种现象发生，油泵的泵油量应在发动机处于怠速时即可满足自动变速器各部分所需，而在发动机转速增加时利用主油路系统中的主油路调压阀来调节压力，让多余的液压油返回油底壳，使主油路系统的压力稳定在一定的范围之内。同时，主油路调压阀应能满足主油路系统在不同工况、不同挡位时，具有不同油压的要求。

　　主油路调压阀的作用主要体现在以下三方面：

　　（1）节气门开度较小时，自动变速器所传递的扭矩较小，离合器、制动器不易打滑，主油路压力可以降低；而当节气门开度较大时，因传递的扭矩较大，为防止离合器、制动器打滑，主油路压力要升高。

（2）汽车低速挡行驶时，所传递的扭矩较大，主油路压力要高；而在高速挡行驶时，所传递的扭矩较小，可降低主油路油压，以减小油泵运行阻力。

（3）倒挡的使用时间较少，为减小自动变速器的尺寸，倒挡执行机构做得较小（摩擦片数少），为防止打滑，主油路压力要比前进挡时有所提高。

主油路调压阀通常采用阶梯形滑阀，如图1-25所示。它由上部的阀芯、下部的柱塞套筒及调压弹簧组成。在阀门的上端A处，受来自油泵的液压力的作用；下端则受到柱塞下部C处的来自发动机节气门所控制的节气门阀的液压力的作用（该液压力与节气门开度成正比关系），以及调压弹簧的作用力。柱塞上下两端的力的平衡，决定阀体所处的位置。

若油泵泵油量增大，油压升高，作用在A处向下的液压力增大，推动阀体下移，出油口打开，液压泵输出的部分油液排回油底壳，使主油路压力调整到规定值。当节气门开度大时，发动机转速增加，油泵产生液压力也升高，A处向下的液压力增大，但此时受节气门控制的节气门阀油压也增大，使得在C处向上的作用力也增大，于是主油路调压阀继续保持平衡，满足了节气门开度大时对主油路油压增大的要求。

倒挡时，手控阀打开另一条油路，将压力油引入主油路调压阀柱塞的B腔，使作用在下端向上的油压力增大，阀芯上移，出油口变小，主油路压力增高，从而满足了倒挡时油压较前进挡有所增大的要求。

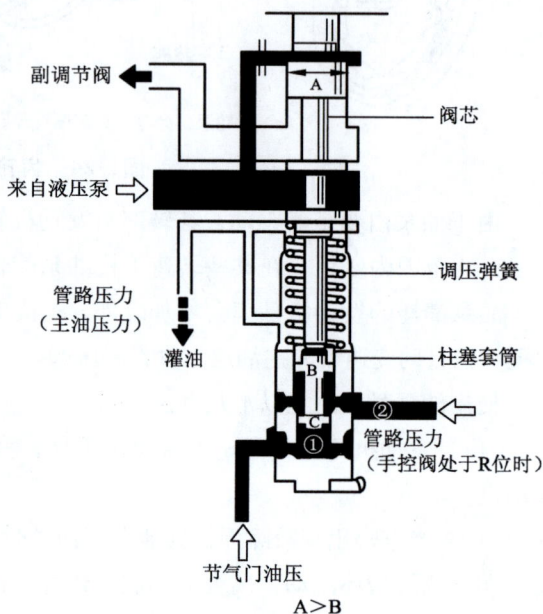

图1-25　主油路调压阀结构及工作原理

3. 手动阀

手动阀是由变速杆控制的多路换向阀。它位于控制系统的阀板总成中，经机械传动机构和自动变速器的变速杆连接。由驾驶人手工操作，用于控制自动变速器的工作状态。

驾驶人通过变速杆拨动手动阀，当变速杆位于不同位置时，手动阀也随之移至相应的位置，使进入手动阀的主油路与不同的控制油路接通，或直接将主油路压力油送入相应的换挡执行元件（如前进离合器、倒挡离合器等），并使不参加工作的控制油路与泄油孔接通，这些油路中的压力油泄空，从而使控制系统及自动变速器处于不同挡位的工作状态。

图1-26为自动变速器手动阀，图1-27为变速杆与手动阀的连接。

当手柄置于前进（D）位置时，对三挡自动变速器而言，变速可根据换挡信号在1至3挡之间自动变换；对四挡自动变速器而言，变速器则可根据换挡信号在1至4挡之间自动变换。当手柄置于前进挡2位（或S位）时，自动变速器只能在1至2挡间自动变速换。

当手柄置于前进低挡1位（或L位）时，自动变速器被限制在1挡工作。手动阀还提供倒挡（R位）、空挡（N位）、停车挡（P位）等功能。

在阀体上有多条油道，一条油道与主油路相连，其余为出油道，分别通至D、S、L、P和R挡位相应的滑阀或直接通往换挡执行元件。

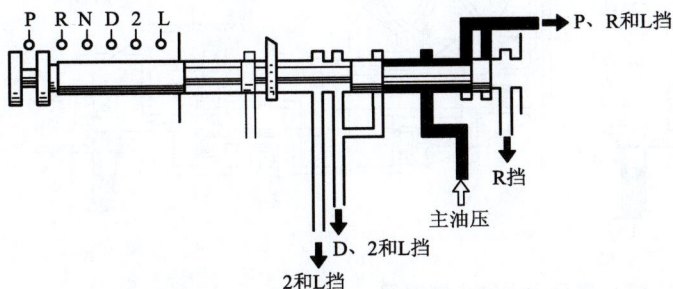

图1-26 自动变速器手动阀

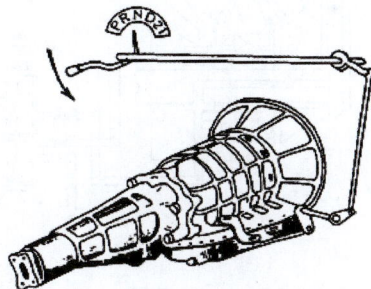

图1-27 变速杆与手动阀的连接

4. 换挡阀

换挡阀是一种由弹簧和液压力作用的方向控制阀，当自动变速器为电控时，它由电磁阀控制作用其一端的主油压与其另一端的弹簧力的平衡状况，自动切换通往执行元件油路来完成换挡。因为每个换挡阀只有两个工作位置，只能在两个挡位之间切换，故对四挡变速器而言，要有3个换挡阀。

图1-28为电控式自动变速器换挡阀的工作原理图。换挡电磁阀通过开启或关闭换挡阀控制油路的泄油孔来控制换挡阀的工作。主油压经电磁阀后，通至换挡阀的上端。当换挡电磁阀开启时，泄油孔打开，没有主油压作用在换挡阀上端，换挡阀在下端弹簧力的作用下处于上端；当换挡电磁阀关闭时，泄油孔关闭，主油压作用在换挡阀上端，使换挡阀克服弹簧力下移，从而改变油路，实现挡位变换。

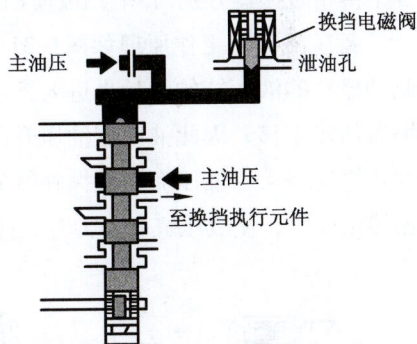

图1-28 电控式自动变速器换挡阀的工作原理图

5. 锁止信号阀和锁止继动阀

变矩器内锁止离合器的工作是由锁止信号阀和锁止继动阀一同控制的。

锁止信号阀上方作用着速控阀油压。在车速较低时，速控阀油压低，锁止信号阀阀芯在弹簧的作用力作用下处于图1-29（a）中上端位置，将通向锁止继动阀下端的主油路切断，从而使锁止继动阀在上端弹簧的作用力及主油路油压的作用下，保持在图1-29（a）所示中的下方位置。

变矩器中锁止离合器压盘左侧的油腔与来自第二调节阀的进油道相通，压盘两侧无压差，锁止离合器处于分离状态，发动机动力完全由液力变矩器来传递［见图1-29（a）］。

当汽车以超速挡行驶，且车速及相应的速控阀油压升高到一定数值时，锁止信号阀阀芯下端的速控阀油压推动阀芯至图1-29（b）中下方位置，使来自超速挡油路的主油路压力油进入锁止继动阀的下端，并推动锁止继动阀阀芯上移至上方位置。锁止离合器压盘左侧的油腔与泄油口相通，压盘右侧压力使压盘左移与主动盘（变矩器壳体）接合，锁止离合器接合，发动机动力经锁止离合器直接传递［见图1-29（b）］。

(a) (b)

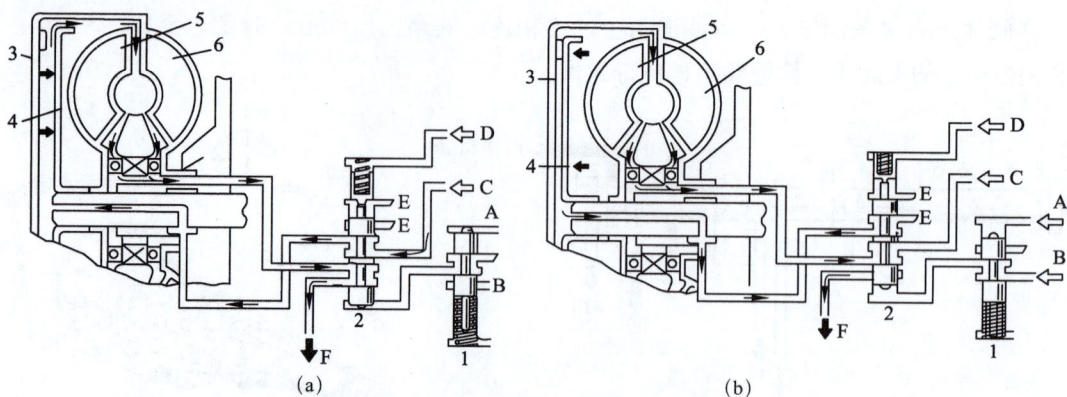

图1-29 锁止信号阀和锁止继动阀

1—锁止信号阀；2—锁止继动阀；3—变矩器壳；4—锁止离合器；5—涡轮；6—泵轮
A—来自调速器；B—来自超速挡油路；C—来自变矩器阀；D—来自主油路；E—泄油口；F—至冷却器

6. 蓄压减振器

蓄压减振器也称储能减振器。常见的蓄压减振器由减振活塞和减振弹簧组成。图1-30中的3个蓄压减振器分别与3个挡位换挡执行元件的油路相通，对应在各挡起作用。

蓄压减振器工作原理如图1-31所示，当自动变速器换挡时，主油路压力油进入离合器（或制动器）的液压缸的同时也进入蓄压减振器。压力油进入的初期，油压不是很高，不能推动减振器活塞下移，因此液压缸油压升高快，这样便于离合器，制动器迅速消除自由间隙。此后，油压迅速增大，油压克服减振弹簧的弹力将减振活塞下移，容积增大，油路部分压力油进入减振器工作腔，使液压缸内压力升高速度减缓，离合器、制动器接合柔和，减小换挡冲击。

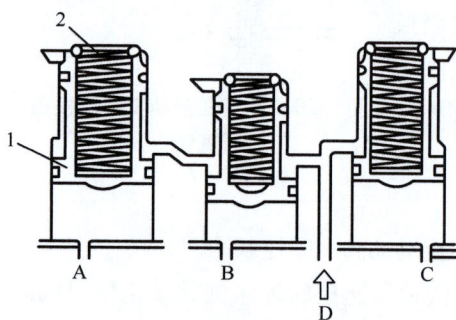

图1-30 蓄压减振器

1—减振活塞；2—减振弹簧；
A、B、C—通换挡执行元件油路；D—节气门油路

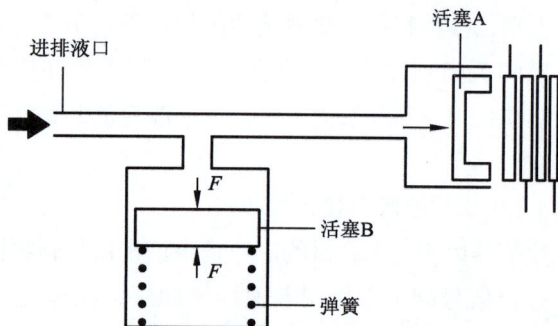

图1-31 蓄压减振器工作原理

通常，在减振活塞上方还作用有节气门油压（也称减振器背压），D油路。在节气门开度较大时，它能适当降低蓄压减振器的减振能力，加快换挡过程，防止大扭矩传递时执行元件打滑，以满足汽车在各种行驶条件下对换挡过程的不同要求。

（四）电子控制系统

1. 电子控制系统的组成和基本工作原理

自动变速器的电子控制系统由输入部分（即传感器/开关）、电子控制单元（即ECT的ECU）和执行器（即电磁阀）等组成，如图1-32所示。

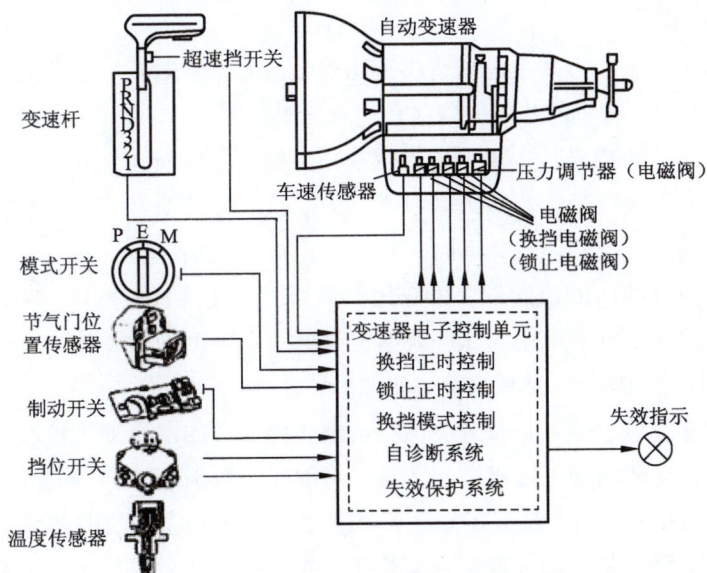

图1-32　电子控制自动变速器

自动变速器的电子控制系统根据各传感器和开关获得车辆和节气门开度等信号，并将此类信号输入ECT（电控液压自动变速器）的ECU（电子控制单元），与ECU中存储的数据进行比较，经ECU处理后，输出最适合于发动机及变速器行驶条件的换挡指令给电磁阀，利用电磁阀控制液压换挡阀移动，切换换挡执行元件（离合器和制动器）的油路，实现换挡时机的精确控制。

2.　电控系统的输入装置

自动变速器电子控制系统的输入部分包括多个传感器和开关，常用的有节气门位置传感器、车速传感器、温度传感器、超速挡开关、模式开关、挡位开关、制动开关等。

（1）节气门位置传感器

节气门位置传感器是将节气门开启角度转换为电压信号送至电子控制单元，作为决定换挡点和变矩器锁止时机的基本信号之一。它安装在发动机节气门体上并与节气门联动。

节气门位置传感器采用输出型，其结构、外形及线路连接如图1-33所示。

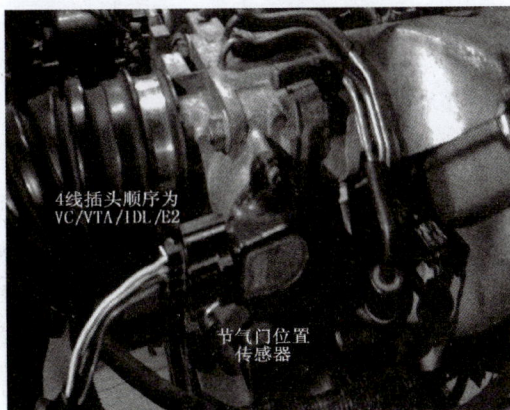

（a）外形及结构

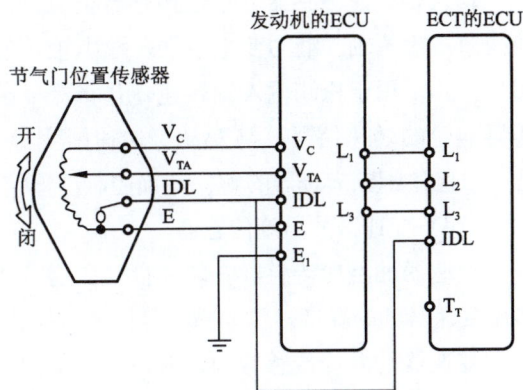

（b）线路连接

图1-33　节气门位置传感器结构、外形及线路连接

（2）车速传感器

车速传感器用于产生信号频率与车速成正比的电信号，并输入给自动变速器的ECU，作为确定换挡点和变矩器锁止时机的基本依据之一。

①电磁感应式车速传感器：主要由永久磁铁和电磁感应线圈两部分组成，用于检测自动变速器输出轴转速。它安装在变速器输出轴附近，为了获取感应信号，须靠近装在输出轴上的停车锁止齿轮或感应转子。当输出轴转动时，停车锁止齿轮或感应转子的凸齿不断地靠近和离开车速传感器，使感应线圈内的磁通量发生变化，从而产生交流感应电压（见图1-34）。车速越高，输出轴转速就越高，感应电压的脉冲频率也就越高。ECU则按照单位时间内感应出的电压脉冲频率数。计算输出轴转速，然后换算成车速。

②笛簧开关式车速传感器：笛簧开关由小玻璃管内安装的两个细长触点构成，触点由铁、镍等磁性材料制成。受玻璃管外磁极控制，触点可因互相吸引而闭合，也可由于互相排斥而断开，从而形成触点的开关作用。笛簧开关置于车速表的转子附近（见图1-35），当车速表软轴旋转时磁铁也旋转，N、S磁极则靠近或离开笛簧开关的触点。当N、S极接近笛簧开关时，上、下两触点变为同一极性的磁极，互相排斥，开关断开。因为所用磁铁一般是4极的，所以当软轴转1圈，就会输出4个脉冲。

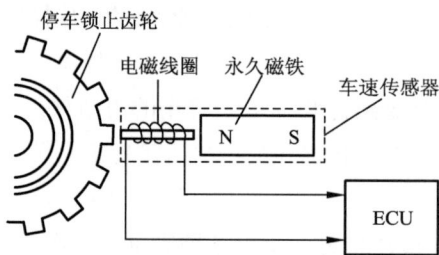

图1-34 电磁感应式车速传感器

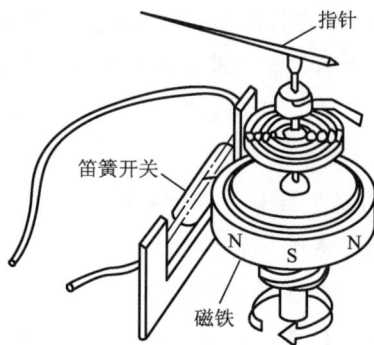

图1-35 笛簧开关式车速传感器

（3）输入轴转速传感器

输入轴转速传感器与车速传感器类似，也是一种电磁感应式转速传感器。它安装在行星齿轮变速器输入轴（液力变矩器涡轮输出轴）附近或与输出轴连接的离合器鼓附近的壳体上（见图1-36），用于检测输入轴转速，并将信号送入ECU，以便精确地控制换挡过程。它还作为变矩器涡轮的转速信号，与发动机转速即变矩器泵轮转速信号进行比较，计算出变矩器的转速比，以优化闭锁离合器的解、闭锁控制过程，减小换挡冲击，改善汽车的行驶平顺性。

（4）变速器油温度传感器

变速器油温度传感器安装在自动变速器油底壳内或液压阀阀板上，用于连续监控自动变速器中变速器油的温度，作为微计算机进行换挡控制、油压控制、闭锁离合器控制的依据。

变速器油温度传感器内部有一热敏电阻（见图1-37）。它是依靠热敏电阻阻值随温度变化而变化这一特性来检测油温的。通常使用具有负温度系数的热敏电阻，温度越高时，电阻值越小。微计算机就是根据其电阻值的变化计算出变速器油的温度。

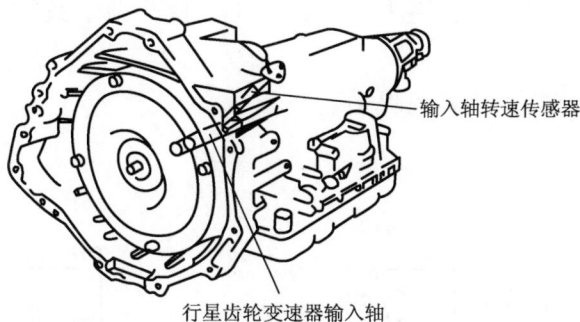

图1-36　输入轴转速传感器安装位置

图1-37　变速器油温度传感器热敏电阻

（5）超速挡开关

超速挡开关通常安装在自动变速器选挡变速杆上（见图1-38），由驾驶人自主选择是否需要超速挡。当该开关打开时，超速挡电磁阀通电，作用在3-4挡换挡阀阀芯上端的压力油卸荷。此时，只要变速器选挡变速杆处于D位，作用在3-4挡换挡阀下端的油压随着车速的提高到足够高，就可以将3-4挡换挡阀推至4挡位置（即超速挡）。而该开关关闭时，超速挡电磁阀断电，主油压作用在3-4换挡阀阀芯上端，使阀芯不能移动到4挡位置。此时，无论车速怎样高，自动变速器最多只能升至3挡。

在驾驶室仪表盘上，有"O/D OFF"指示灯显示超速挡开关的状态。当超速挡开关打开时，"O/D OFF"指示灯熄灭；而当超速挡开关关闭时，"O/D OFF"指示灯随之亮起。

（6）模式开关

模式开关又称程序开关，用于选择自动变速器的控制模式，即选择自动变速器的换挡规律，以满足不同路况的使用要求。换挡规律不同，提供的换挡点也不同。图1-39所示为一安装在变速杆旁的模式开关。一些车型的模式开关有动力模式（PRW）和常规模式（NORM）两种驾驶模式供选择。而有的车型还有经济模式（ECONO）、运动模式（SPORT）、雪地模式（SNOW）、手动模式（MANUL）供选择。

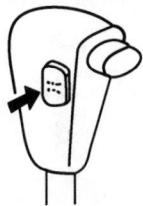

图1-38　超速挡开关安装位置

图1-39　模式开关

（7）空挡起动开关

空挡起动开关装在变速器壳体的手动阀臂轴或变速杆上，由变速杆进行控制，故有时也被称为挡位开关（见图1-40）。其作用如下：

①指示变速杆位置，将选位信息传给自动变速器控制单元。

②控制倒挡信号灯的开启。

③控制起动继电器线圈电路的功能。

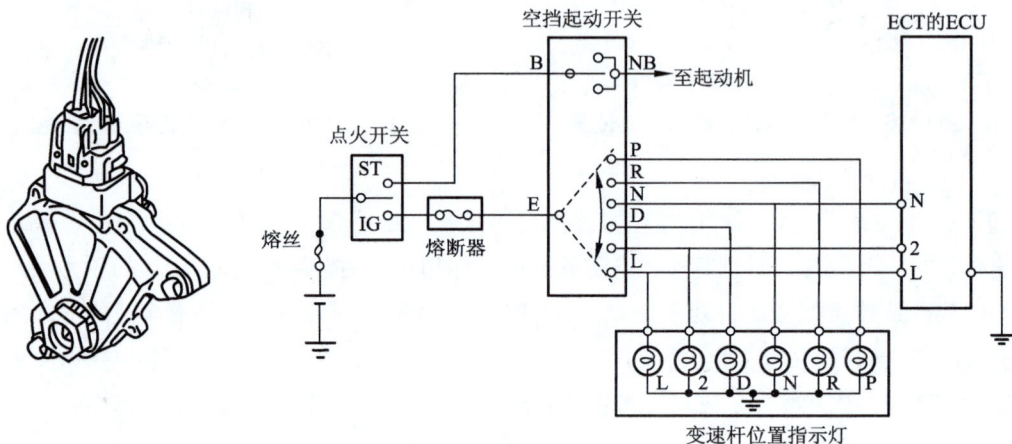

图1-40　空挡起动开关

发动机只有当变速杆在位置P或N时才能起动。当空挡起动开关探测到变速杆位置处于P或N位时，将信号传给起动机继电器，使点火开关能工作。同时，在挂前进挡时中断起动机，即制止起动机在汽车进入行驶状态后啮合，并锁住变速杆。

（8）强制降挡开关

强制降挡开关（见图1-41）用来检测加速踏板打开的程度。当加速踏板超过节气门全开位置时，强制降挡开关接通，并向电控单元输送信号，这时电控单元按其内存设置的程序控制换挡，并使变速器降一个挡位，以提高汽车的加速性能。

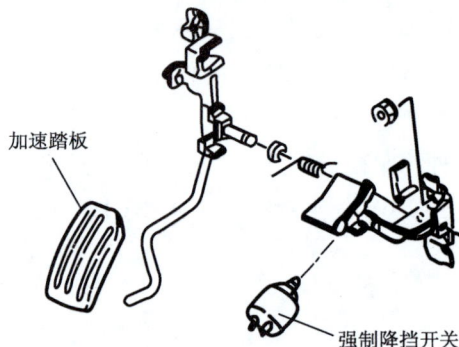

图1-41　强制降挡开关

（9）制动灯开关

制动灯开关（见图1-42）用以判断制动踏板是否被踩下。当制动踏板被踩下时，制动灯开关输送信号给电控液压自动变速器的电控单元，电控单元便取消锁止离合器的结合，保证车辆的稳定行驶。

该开关安装在制动踏板支架上。当制动踏板踩下时，该开关传送一个信号至ECU，通知ECU制动器已经使用。

3. 电控系统的执行器

电控自动变速器用电磁阀作为控制系统的执行器。通过它们控制液压系统中的换挡阀，以使离合器、制动器等执行组件工作，从而实现自动换挡和变矩器闭锁。

（1）开关式电磁阀

开关式电磁阀的作用是开启和关闭变速器油路，可用于控制换挡阀及液力变矩器的闭锁离合器锁止阀。

开关式电磁阀由铁芯、线圈、骨架、限流钢球等组成（见图1-43）。它只有两种工作状态：全开或全关。当线圈不通电时，阀芯被油压推开，打开泄油孔，该油路的压力油经电磁阀卸荷，油路压力为零；当线圈通电时，电磁力使铁芯下移，关闭泄油孔，油路压力上升。

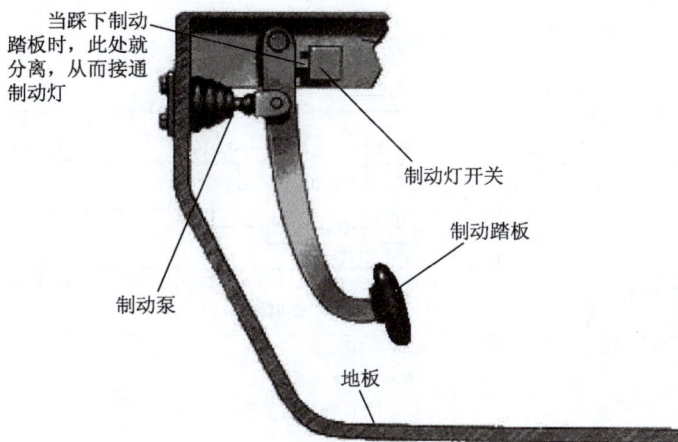

图1-42　制动灯开关

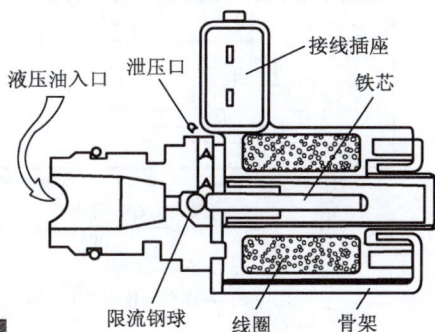

图1-43　开关式电磁阀组成

（2）脉冲式电磁阀

脉冲式电磁阀的结构与开关式电磁阀基本相似，也是由电磁线圈、限流钢球等组成（见图1-44）。其作用是控制油路中油压的大小。与开关式电磁阀不同之处在于，控制脉冲式电磁阀工作的电信号不是恒定不变的电压信号，而是一个频率固定的脉冲电信号。电磁阀在脉冲电信号的作用下不断反复地开启和关闭泄油孔，计算机通过改变每个脉冲周期［见图1-45（a）］内电流接通和断开的时间比例（占空比）［见图1-45（b）］，而达到控制油路压力的目的。占空比越大，经电磁阀泄出的变速器油就越多，油路压力就越低；反之，占空比越小，油路压力就越高。

4. 自动变速器ECU的控制功能

（1）换挡正时控制

换挡正时控制即换挡点（变速点）控制，它是ECT的ECU最基本的控制功能。在ECT中，挡位（速比）自动进行切换的点称为换挡点，换挡点由节气门开度和车速决定。换挡（升挡或降挡）车速与节气门开度的关系通常称为换挡规律。图1-46所示为换挡手柄处于D位时常规与动力驾驶模式的换挡规律图。

当换挡手柄在前进挡位D，且节气门开度相同时，动力型换挡规律的各挡升挡车速以及降挡车速都要比常规（或经济）型换挡规律的升挡及降挡车速高，这样升挡车速越高，加速动力性越好，降挡时亦然；反之，升挡车速越低则燃油经济性就越好。

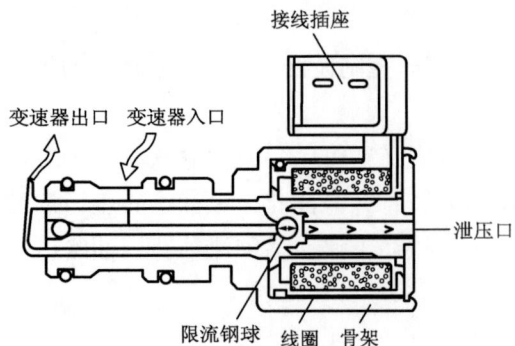

图1-44 脉冲式电磁阀的组成

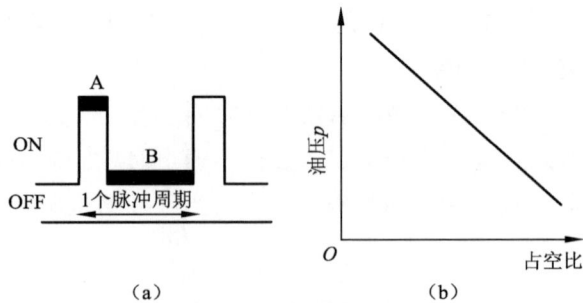

图1-45 脉冲周期与占空比

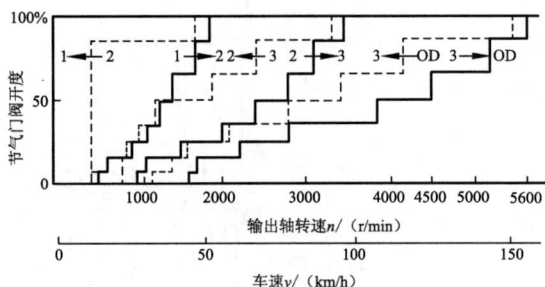

（a）常规驾驶模式换挡规律图　　　　　（b）动力驾驶模式换挡规律图

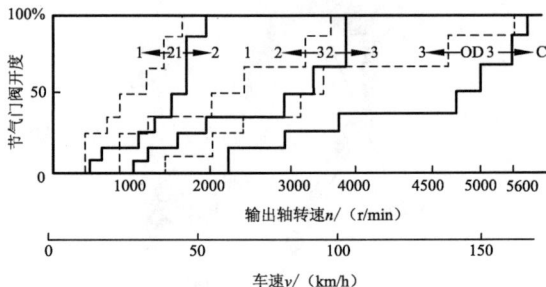

图1-46 换挡手柄处于D位时常规与动力驾驶模式的换挡规律

（2）变矩器离合器锁止正时控制

根据锁止电磁阀的接通或断开，锁止信号阀（或锁止控制阀、锁止继电器阀）变换作用于变矩器上的液压油路，使锁止离合器接合或分离。锁止系统工作时，在升挡或降挡期间ECU会把锁止电磁阀电路暂时切断，以减轻换挡冲击。此外，制动开关接通；节气门位置传感器的IDL（怠速触点）触点接通（节气门全闭）；冷却水温低于70 ℃；巡航控制计算机系统正在工作，实际车速低于其预置车速，但高于10 km/h。只要发生上述4种情况之一，ECU都将切断锁止电磁阀电路，强制锁止离合器分离。ECT的ECU不仅可利用锁止电磁阀来控制锁止正时，还可利用电磁阀来调节锁止离合器液压，从而使锁止离合器平顺地接合和分离。

（3）发动机转矩控制

当发动机和ECT的ECU根据接收的各种信号判定变速器需要换挡变速时，会暂时使发动机点火时间滞后点火延迟，使发动机转矩下降以使离合器接合平缓，换挡平顺。

（4）自诊断功能

当速度传感器、电磁阀等发生故障时，ECU通过O/D OFF指示灯的闪烁输出故障码以指示故障发生的部位。当ECU监测和识别出上述元件有故障时，便将相应的故障码存储在存储器中，由于有备用电源，即使发动机熄火也不会消失。所以，在故障排除后要通过消除故障码的专门程序才能将故障码从存储器中抹掉。

（5）失效安全保护功能

若换挡（1号或2号）电磁阀失灵时，ECT的ECU将继续控制正常电磁阀工作，使一些换挡仍能进行，车辆能继续行驶。当换挡（1、2号）电磁阀都失灵时，可通过变速杆换挡。例如，丰田A140E自动变速器，当变速杆移到前进挡低（L）、2（S）位和D位时．变速器将分别在1挡、3挡和超速（OD）挡工作。另外，在正常情况下，ECT的ECU利用主速度传感器（No.2）信号进行控制，当主速度传感器失灵时，则利用辅助速度传感器（No.1）信号。

项目实施

步骤一 自动变速器分解和组装

一、分解自动变速器机油冷却器和加油管

拆装自动变速器机油冷却器和加油管，如图1-47所示。零部件名称如下：

1——空心螺栓，35 N•m。

2——圆形密封圈，必须更换。

3——自动变速器机油冷却器。

4——圆形密封圈，必须更换。

5——变速器壳体。

6——圆形密封圈，必须更换。

7——圆形密封圈，必须更换。

8——油塞。

9——端盖。检查自动变速器油面高度后，用于紧固油塞，必须更换。

10——自动变速器机油加油管。

11——圆形密封圈，必须更换。

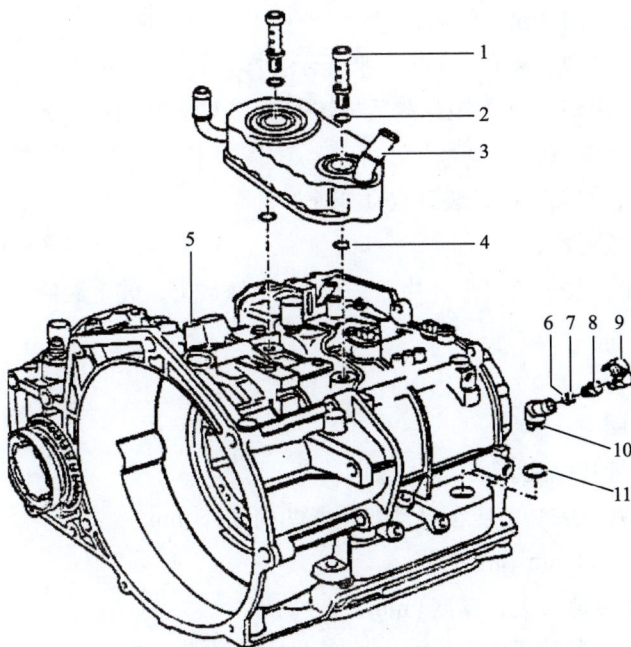

图1-47 自动变速器机油冷却器和加油管分解图

二、分解和组装行星齿轮系统

分解和组装行星轮系统示意图，如图1-48所示。

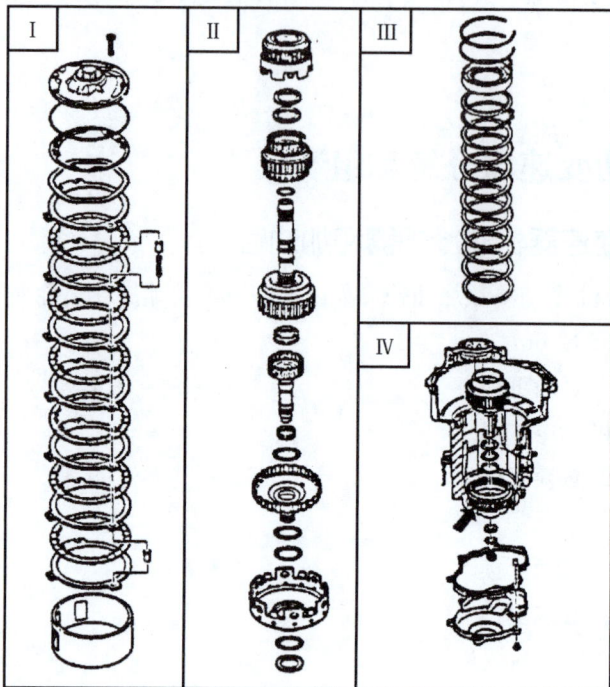

I—拆装自动变速器油泵到隔离管；II—拆装倒挡离合器C₂到大太阳轮；
III—拆装单向离合器和倒挡制动器B₁；IV—拆装行星齿轮架

图1-48　行星齿轮系示意图

（一）拆装自动变速器油泵到隔离管

拆装自动变速器油泵到隔离管，如图1-49所示。零部件名称如下：

1——螺栓，7个。用8 N·m力矩拧紧后再转90°，再拧90°时可分几次进行。

2——带自动变速器油泵。

3——圆形密封圈，必须更换。装到自动变速器油泵上。

4——密封垫，必须更换。

5——弹簧盖，6个。装上第一个外片后，插入3个弹簧盖。装上最后一个外片前，先安上3个弹簧盖。

6——弹簧，3个。

7——波形弹簧垫圈。

8——外片，确定外片厚度。

9——内片，新内片在安装前应在自动变速器油内浸15 min。

10——外片，必须用2 mm厚的外片。

11——外片，装到隔离管上，厚度3 mm。

12——制动毂；用于制动器B₂的片组，长度为：5个内片，68.6 mm；6个内片，64.9 mm。安装时应使槽进入单向离合器的楔内。

13——装有离合器的变速器壳体。

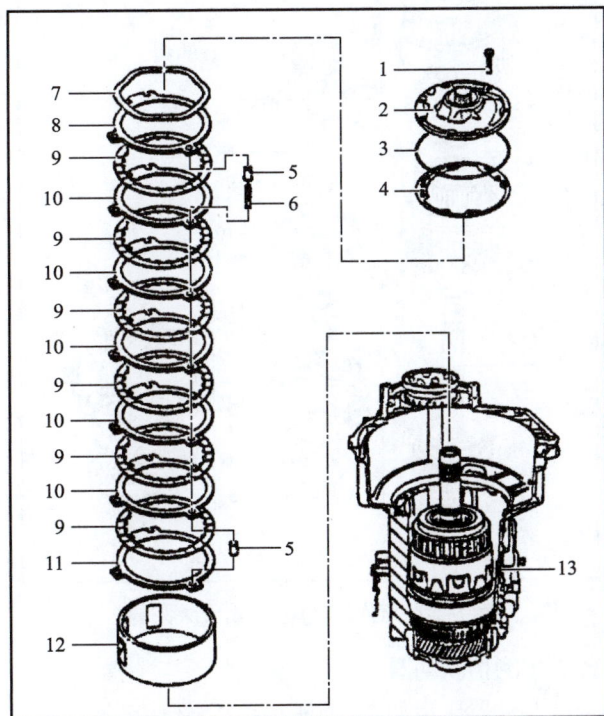

图1-49 自动变速器油泵到隔离管

（二）拆装倒挡离合器C_2到大太阳轮

拆装倒挡离合器C_2到大太阳轮，如图1-50所示。零部件名称如下：

1——倒挡离合器C_2。

2——调整垫圈。确定厚度，调整离合器C_1和C_2之间间隙。可装1个或2个调整垫圈。

3——1-3挡离合器C_1。

4——圆形密封圈，必须更换。

5——带蜗轮轴的4挡离合器K_3。

6——带垫圈的推力滚针轴承，推力滚针轴承连接小输入轴。

7——输入轴（小）。

8——滚针轴承。

9——推力滚针轴承。

10——小输入轴（大）。

11——推力滚针轴承。

12——推力滚针轴承垫圈，带台肩。

13——太阳轮（大）。

14——推力滚针轴承。

15——推力滚针轴承垫圈。

16——变速器壳体；带有已装好的单向离合器和弹性挡圈。

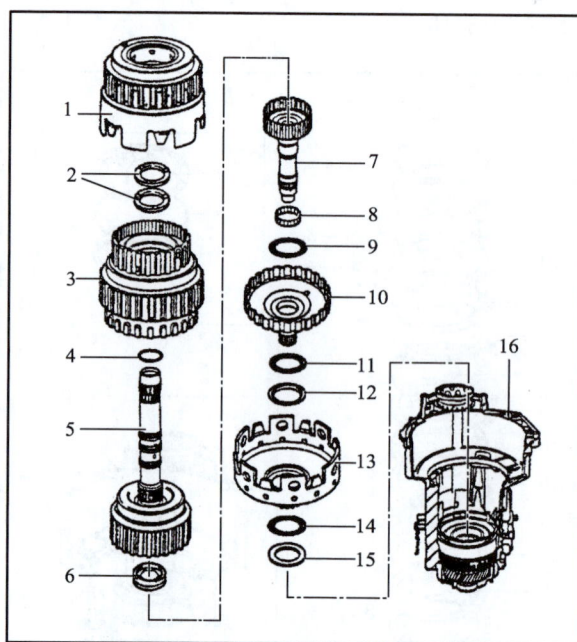

图1-50　倒挡离合器C_2到大太阳轮

（三）拆装单向离合器和倒挡制动器B_1

拆装单向离合器和倒挡制动器B_1，如图1-51所示。零部件名称如下：

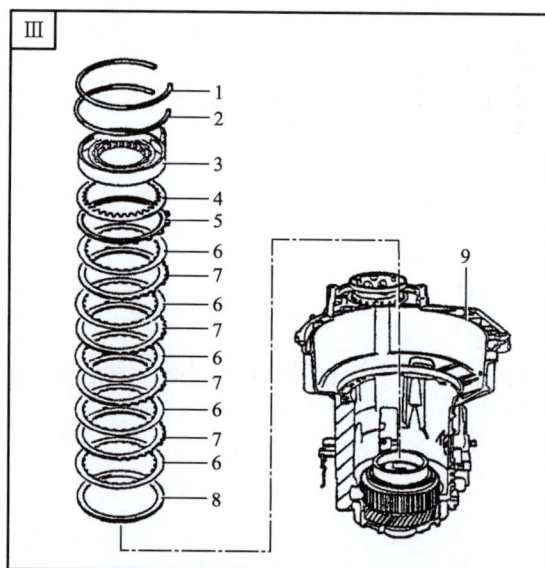

图1-51　单向离合器和倒挡制动器B_1

1——弹性挡圈，用于隔离管。

2——弹性挡圈，用于单向离合器。

3——单向离合器，拆卸单向离合器前，应先拆下滑阀箱和密封塞。

4——碟形弹簧，凸起面朝向单向离合器。

5——压盘，扁平面朝向制动片。按所装内片数量不同，厚度也不同。4个内片，13.5 mm；

5个内片，10.5 mm。

6——内片。安装前应浸入自动变速器油15 min。

7——外片。

8——调整垫圈。确定厚度勿调整倒挡制动器B_1。

9——变速器壳体；装有行星齿轮支架。

（四）拆装行星齿轮支架及带主动齿轮和端盖的变速器壳体

拆装行星齿轮支架及带主动齿轮和端盖的变速器壳体，如图1-52所示。零部件名称如下：

1——行星齿轮支架。

2——圆形密封圈，必须更换，装在行星齿轮支架内。

3——推力滚针轴承垫圈。

4——推力滚针轴承。

5——推力滚针轴承垫圈；光滑面装入主动齿轮。

6——变速器壳体；带主动齿轮。

7——主动齿轮；分解行星齿轮系时不拆下。

8——行星齿轮支架调整垫片。

9——垫圈。

10——螺栓，30 N·m，用于小输入轴。

11——隔套，7个，牢固装到密封垫内。

12——密封垫，必须更换。

13——端盖。

14——螺栓，8 N·m。

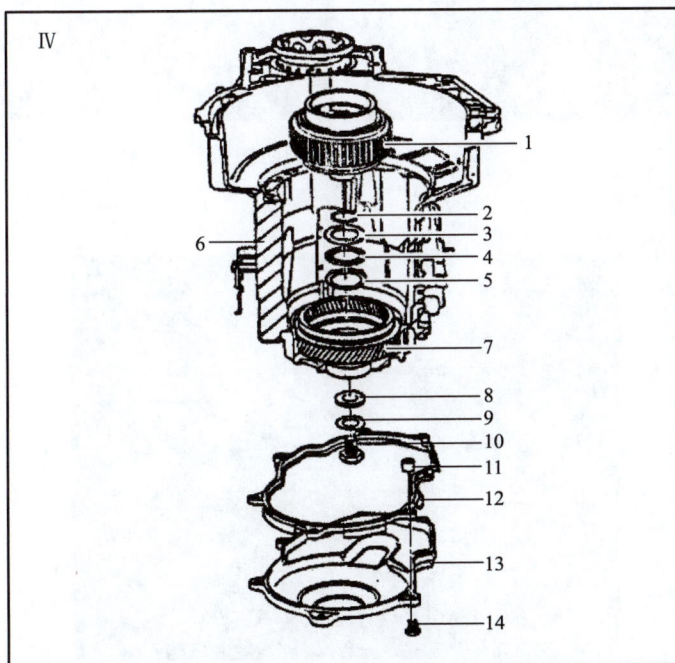

图1-52　行星齿轮支架及带主动齿轮和端盖的变速器壳体

三、自动变速器实物分解

（1）拆下变速器壳体上带密封垫的端盖，如图1-53所示。

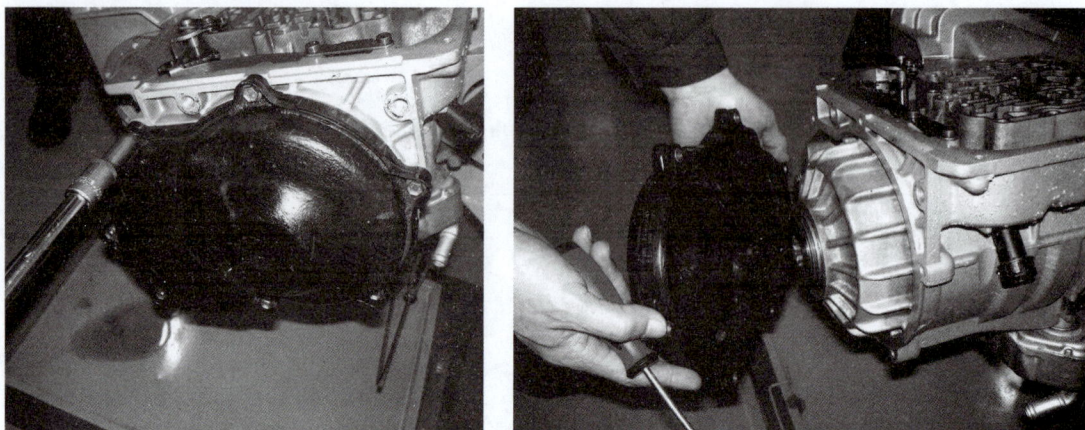

图1-53　拆变速器壳体上带密封垫的端盖

（2）拆下油底壳防护板，如图1-54所示。

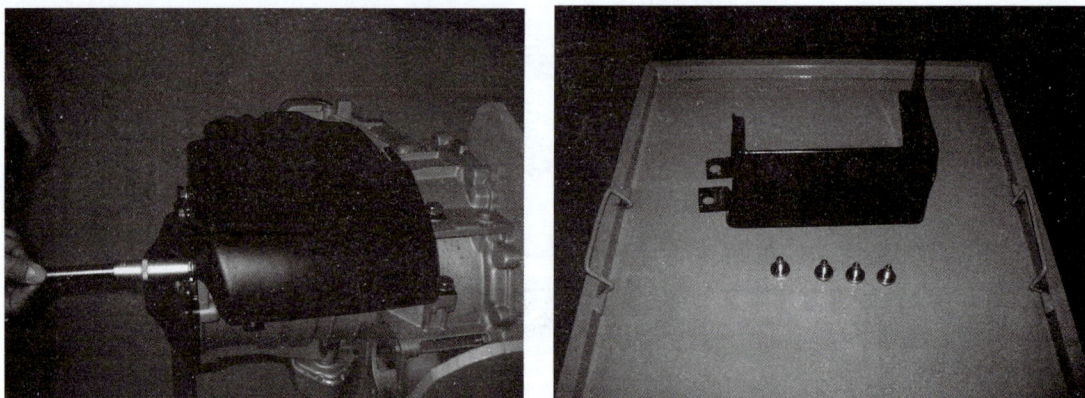

图1-54　拆油底壳防护板

（3）拆下油底壳，如图1-55所示。

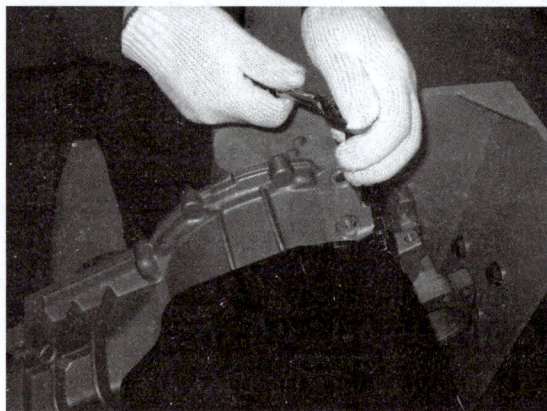

图1-55　拆油底壳

（4）拆下自动变速器油滤网，如图1-56所示。

图1-56　拆自动变速器油滤网

（5）拆下带传输线的滑阀箱，如图1-57所示。

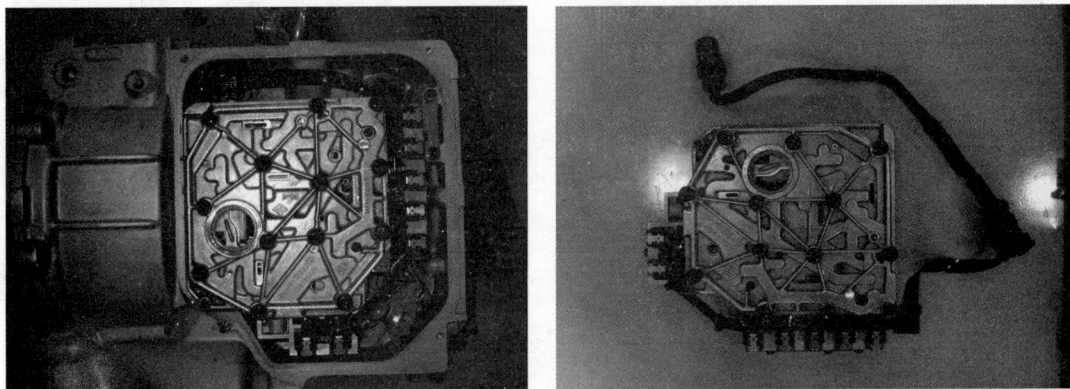

图1-57　拆带传输线的滑阀箱

（6）拆下自动变速器油泵螺栓，如图1-58所示。

图1-58　拆自动变速器油泵螺栓

（7）将螺栓A(M8)拧入自动变速器油泵螺栓孔内，均匀拧入螺栓，可将自动变速器油泵从变速器壳体中压出，如图1-59所示。

图1-59　将螺栓拧入自动变速器油泵螺栓孔

（8）将带有隔离管、B$_2$制动片、弹簧和弹簧盖的所有离合器拔出，如图1-60所示。

图1-60　拔出离合器

（9）将螺丝刀插入大太阳轮的孔内，以松开和紧固小输入轴螺栓，如图1-61所示。

图1-61　螺丝刀插入大太阳轮孔内

（10）松开小输入轴螺栓，如图1-62所示。

（11）拆下小输入轴上的螺栓并调整垫圈（行星齿轮支架的推力滚针轴承留在变速器／主动齿轮内，如图1-63所示。

图1-62　松开小输入轴螺栓

图1-63　拆下小输入轴上的螺栓并调整垫圈

（12）拔下小输入轴，如图1-64所示。

（13）拔出大输入轴，如图1-65所示。

图1-64　拆小输入轴

图1-65　拔出大输入轴

（14）拔出大太阳轮，如见图1-66所示。

（15）拆卸单向离合器前，应先拆下自动变速器转速传感器，拆下隔离管弹性挡圈a和单向离合器弹性挡圈b，如图1-67所示。

图1-66　拔出大太阳轮

图1-67　拆隔离管弹性挡圈a和单向离合器弹性挡圈b

（16）从自动变速器壳体上拔下在定位楔上的单向离合器。拔下带碟形弹簧的行星齿轮支架，如图1-68所示。

图1-68　拔下单向离合器及行星齿轮支架

（17）拆下倒挡制动器B₁的摩擦片，如图1-69所示。

图1-69　拆摩擦片

说明：分解行星齿轮系统不需要拆下主动齿轮,齿圈也不需要拆下，至此分解工作结束，如图1-70所示。

图1-70　行星齿轮系统分解结束图

四、自动变速器实物组装

用自动变速器油清洗自动变速器壳体内部及零部件，在装配过程中不能戴手套，不能用棉布丝擦拭零部件，安装步骤与拆卸时相反。

（1）安装前后行星排组件，如图1-71所示。

（2）安装倒挡制动器（B_1）并安装卡簧，如图1-72所示。

图1-71　安装前后行星排组件

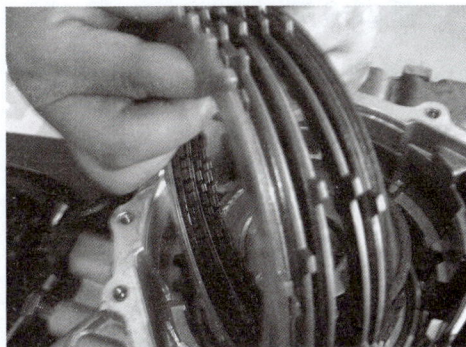

图1-72　安装倒挡制动器（B_1）

（3）安装后太阳轮组件，如图1-73所示。

（4）安装2挡制动器摩擦片及钢片（B_2），并安装卡簧，如图1-74所示。

图1-73　安装后太阳轮组件

图1-74　安装2挡制动器摩擦片及钢片（B_2）

（5）安装B_2制动器活塞组件、碟形弹簧，并安装卡簧，如图1-75所示。

（6）安装超速挡及倒挡离合器组件，如图1-76所示。

图1-75　安装制动器活塞组件、碟形弹簧及卡簧

图1-76　超速挡及倒挡离合器组件

（7）安装后端盖，涂抹适量密封胶。

（8）安装输入轴和减速离合器组件。

（9）其余零部件的安装与拆卸时顺序相反。

步骤二　自动变速器的检查与试验

一、基本检查

在诊断自动变速器之前，应首先执行以下过程：检查变速器油高度和油质；检查和调整节气门拉索（线）；检查和调整选挡杆位置；检查和调整挡位开关；发动机怠速检查和变速器漏油检查等。

（一）变速器油的油面高度检查和油质检查

1. 油面高度检查方法

（1）行驶被检车辆，使发动机和变速器达到正常工作温度（50～80 ℃）。

（2）将汽车停放在水平地面上，并拉紧驻车制动杆。将选挡杆拨至P挡位置后起动发动机。

（3）使发动机保持怠速运转。踩住制动踏板，将选挡杆拨至倒挡（R）、前进挡（D）、前进低挡（S、L或2、1）等位置，并在每个挡位上停留几秒，使液力变矩器和所有换挡执行元件中都充满液压油。

（4）将选挡杆拨至P位置。

（5）从加油管内拔出自动变速器油尺，将擦干的油尺全部插入加油管后再拔出，检查油尺上的油面高度应在HOT范围内，如图1-77所示。

若油位高度不满足要求，应及时加油或放油。对没有放油螺塞的进口自动变速器来讲，少量放油时，可从加油管处向外吸。

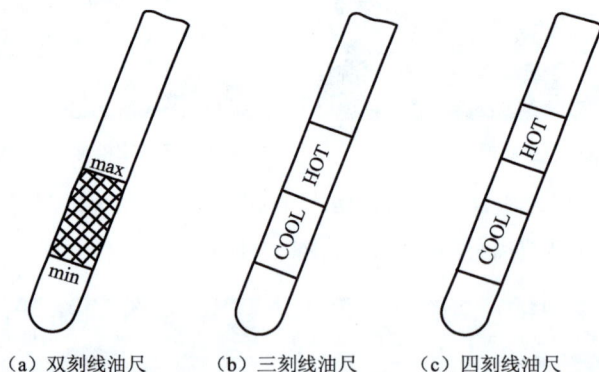

　　（a）双刻线油尺　　　　（b）三刻线油尺　　　　（c）四刻线油尺

图1-77　自动变速器油尺

2. 油质检查方法

检查油位的同时要注意检查油液品质。判断油液品质可以从颜色、气味和是否含有杂质等方面入手。

检查方法：将油尺上的液压油滴在干净的白纸上，检查液压油颜色、气味和杂质情况。正常变速器油的颜色应当是鲜红色，但是某些DexronⅡ型变速器油在使用初期颜色会变暗，这是正常现象。如果呈棕色或黑色，说明油液中含有烧蚀的摩擦材料等大量杂质。若油液呈粉红色或白色，表明发动机散热器的油冷却器出现泄漏冷却液的故障。

合格的变速器油应该有类似新的机油的气味。烧焦的味道意味着执行元件打滑或自动变速器过热。如果有清漆味，则说明油液氧化或变质。若油液带有泡沫，可能是由于油泵进油道渗入空气而造成的。一旦变速器油液出现上述现象中的任何一种，就应该立即更换。

（二）节气门拉索和节气门阀的检查与调整

1. 节气门拉索的检查和调整

检查拉索连接是否正常，有无损坏，固定是否可靠，与车体上的固定部分是否弯曲，拉锁金属丝是否有折断等现象。检查固定在节气门体支架上的节气门拉索端头的拉索套和拉索上的限位块之间的距离A，其标准距离为$0 \sim 1$ mm。如果距离不符合标准，应根据厂家提供的调整方法进行调整。即使是同年生产的同型号自动变速器，如果与不同缸数的发动机配合使用，其节气门拉索的调整方式也会有所不同。一般节气门拉索是通过调整螺母对其拉线长度进行调节（见图1-78）：

（1）将加速踏板踩到底，检查节气门是否处于全开位置。如果不是，应利用调整螺母调整拉线长度，直至符合要求为止。

（2）在节气门全开的情况下松开调整螺母，调整拉索套端部的位置，使其与限位标记之间存在1 mm的标准距离，然后拧紧调整螺母。

2. 真空控制式节气门阀的调整

在奔驰和马自达等车型上自动变速器节气门阀采用真空控制式，如图1-79所示。它装有一个真空膜盒，膜盒通过一个真空管与进气管相连。当进气管真空度随节气门开度变化而发生变化时，膜盒的膜片伸缩，膜片通过拉杆拉动节气门阀移动，以使油压随节气门开度的变化而变化。对这种装置应着重检查真空管和膜盒是否有泄漏。

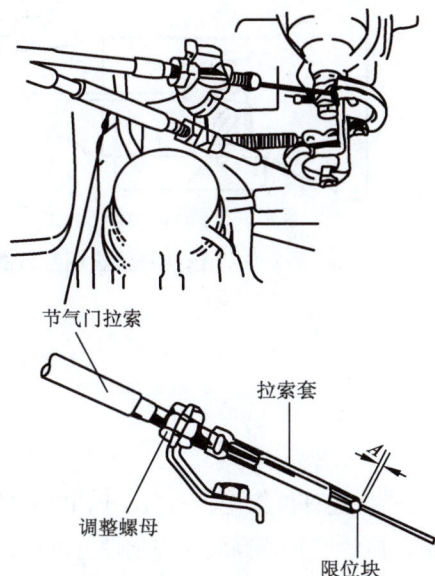

图1-78　节气门拉索调整方式

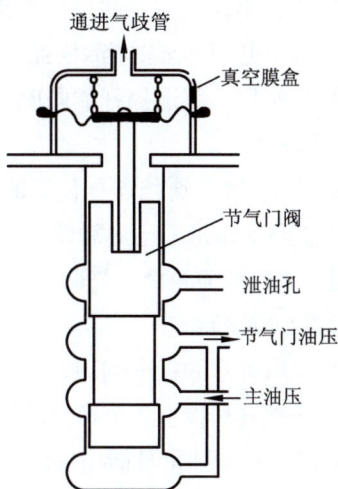

图1-79　真空控制式节气门阀

调整奔驰轿车自动变速器节气门阀真空控制装置时，应将橡胶盖打开，取出孔内一个钥匙状的调整片，顺时针方向或逆时针方向调整膜盒内的调整螺母，通过改变作用在膜盒上真空度的大小，来达到改变油压的目的。

真空膜盒泄漏时，会使变速器内的油液吸入进气管参与混合气的燃烧，造成发动机工作不良的故障。检查时，可用真空枪检查膜片是否泄漏。

（三）选挡连杆位置的检查与调整

当选挡连杆位于不同位置时，手控制阀通过控制液压系统的工作回路，使自动变速器处于相应的工作状态。如图1-80所示，位于选挡连杆与控制阀体总成之间的这套机械装置就是手控连杆机构。

手控连杆机构传动间隙过大或锁止元件严重磨损，会造成手控制阀与选挡杆工作不协调，引发各种故障。故需加以检查和调整，检查和调整的重点部位是手控连杆机构位于变速器壳体外的部分。

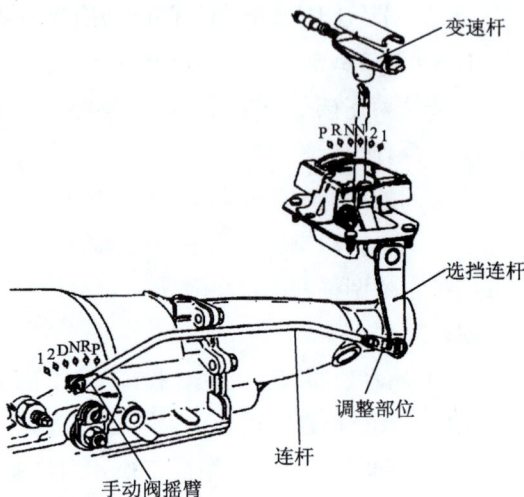

图1-80　手控连杆机构

1. 选挡连杆位置的检查

（1）用千斤顶或举升机将汽车顶起。

（2）将选挡连杆推至P挡位置，然后转动驱动轴。如果驱动轴无法转动，说明手控连杆机构工作可靠；如果驱动轴可以转动，表明手控连杆机构需要按以下步骤进行调整。

2. 选挡连杆位置的调整

（1）将选挡连杆与自动变速器手动阀之间的连杆处的调整部位放松。将选挡连杆拨至空挡位置，如图1-81所示。

（2）先将手动阀摇臂向后拨至极限位置（P挡位置），然后再回退两格至空挡N位置。

（3）稍稍用力将选挡杆靠向R位方向，然后拧紧连杆上的螺母。

（4）重复"1.选挡连杆位置的检查"中的步骤（2），检查驱动轴是否已可靠锁止。

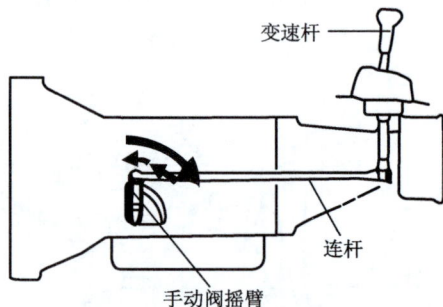

图1-81　选挡杆位置调整方式

（四）挡位开关的检查与调整

1. 挡位开关的检查

（1）采取可靠的行车制动。

（2）选挡连杆拨至各个挡位，检查挡位指示灯与选挡连杆位置是否一致，P挡位和N挡位时发动机能否起动、R挡位时倒挡灯是否亮起。若有不符，应松开挡位开关的固定螺钉进行调整。

2. 挡位开关的调整

（1）对在自动变速器的挡位开关外壳上刻有基准线的，调整时应将基准线和手动阀摇臂轴上的槽口对齐，如图1-82（a）所示。

（2）对在自动变速器的挡位开关上开有一个定位孔的，调整时应使摇臂上的定位孔和挡位开关上的定位孔对准，如图1-82（b）所示。

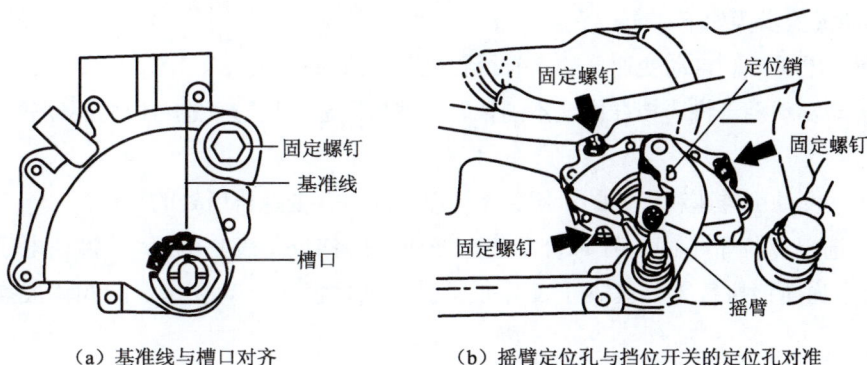

（a）基准线与槽口对齐　　　（b）摇臂定位孔与挡位开关的定位孔对准

图1-82　挡位开关的调整方式

（五）发动机怠速检查

不同型号发动机的怠速转速各不相同。怠速过高会造成换挡冲击，当汽车换至前进挡时，车辆出现"蠕动"现象。如果怠速过低，当选挡变速杆从N挡位换到其他位置时，车身将产生振动，甚至造成发动机熄火，因此必须检查发动机怠速是否正常。

发动机怠速检查一般步骤：安装发动机转速表（无转速仪表时）；将自动变速器变速杆置于P或N位置，起动发动机；检查发动机怠速转速应符合厂家要求（通常装有自动变速器的汽车发动机怠速为750 r/min）。若怠速过高或过低应予以调整。

（六）自动变速器漏油检查

液压控制系统的各连接部位上都有油封和密封垫，这些部位是常见发生漏油的地方。液压系统漏油会引起油路压力下降，油位下降是换挡打滑和延迟的常见原因。

常见的漏油部位：有油封或密封垫圈的部位、有接头的部位、零件损坏的部位等。造成外部泄漏的原因主要是上述部位的密封、连接元件老化、松脱或损坏，也有可能是加油过量。进行漏油检查时，要找出漏油的具体部位，及时更换或加固。

二、手动换挡试验

自动变速器在进行基本检查时无故障，但运行中仍存在故障。为了确定故障存在的部位，区分故障是由机械、液压系统引起，还是由电子控制系统引起的，可以进行手动换挡试验。这是在读取故障码和完成变速器基本检查后进行的试验。

所谓手动换挡试验就是将电控自动变速器所有换挡电磁阀的线束插接器全部脱开，此时自动变速器ECU不能通过换挡电磁阀来控制换挡，自动变速器的挡位只取决于选挡杆的位置。通过手动换挡试验可以确定故障发生在控制电路还是变速器内部机械或液压系统故障。不同车型的电子控制自动变速器在脱开换挡电磁阀线束插接器后的挡位和选挡杆的关系不完全相同。例如，丰田轿车的电子控制自动变速器在手动换挡试验时，选挡杆位置和挡位的关系如表1-6所示。

表1-6　丰田自动变速器手动换挡试验时选挡杆位置和挡位的关系

选挡杆位置	P	R	N	D	2	L
挡位	停车挡	倒挡	空挡	前进挡	3挡	1挡

手动换挡试验步骤如下：

（1）脱开电子控制自动变速器的所有换挡电磁阀线束插头。

（2）起动发动机，将选挡杆拨至不同位置，然后做道路试验（也可以将驱动轮悬空，进行台架试验）。

（3）观察发动机转速和车速的对应关系，以判断自动变速器所处的挡位。

（4）若选挡杆位于不同位置时自动变速器所处的挡位与表1-6相同，说明电子控制自动变速器的阀体及换挡执行零件基本上工作正常。否则，说明自动变速器的阀体或换挡执行元件有故障。

（5）试验结束后，接上电磁阀线束插头。

（6）清除计算机中的故障码，防止因脱开电磁线束插头而产生的故障码保存在计算机中，影响自动变速器的故障自诊断工作。

三、自动变速器试验

（一）失速试验

换挡杆置于D或R位置时，踩下制动踏板不动并完全踩下加速踏板时，发动机处于最大转矩工况，而此时自动变速器的输出轴及输入轴均静止不动，即液力变矩器的涡轮不动，只有液力变矩器壳及泵轮随发动机一同转动。此工况称为发动机失速工况，此时发动机的转速称为失速转速，此种试验称为失速试验。

1. 试验目的

通过测试发动机在失速状态下能达到的最高转速，检查发动机的总体性能和变速器执行元件的工作性能。做失速试验之前，要先找到执行元件在不同挡位下的工作情况表，用以分析试验结果。

2. 准备工作

（1）让汽车行驶至发动机和自动变速器均达到正常工作温度。

（2）检查汽车的脚制动和手制动，确认其性能良好。

（3）检查自动变速器液压油高度，应正常。

3. 失速试验步骤（见图1-83）

（1）将汽车停放在宽阔的水平地面上，前后车轮用三角木块塞住。

（2）拉紧驻车制动杆，左脚用力踩住制动踏板。

（3）起动发动机，将换挡杆拨入D位。

（4）在左脚踩紧制动踏板的同时，用右脚将加速踏板踩到底，在发动机转速不再升高时，迅速读取此时的发动机转速。读取发动机转速后，立即松开加速踏板。注意时间一般不能超过5 s。

（5）将换挡杆拨入P位或N位，让发动机怠速运转1 min，以防止液压油因温度过高而变质。

（6）将换挡杆拨入其他挡位（R、S、L或2、1），做同样的试验。

（7）对照厂家提供的标准失速范围分析试验结果。

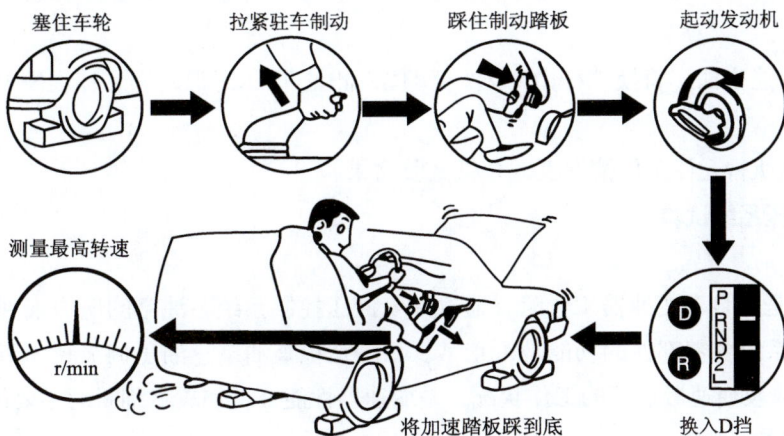

图1-83　失速试验步骤

（二）时滞试验

在怠速状态将换挡杆从N位置换入D位或R位瞬间，液压控制系统发生作用，动力经行星齿轮、传动装置到达驱动轮时，存在一定的时差，称为时滞。时差大小取决于自动变速器油路油压高低、油路密封情况、离合器和制动器磨损情况。测量自动变速器时差大小的试验称为时滞试验。

1. 试验目的

测出自动变速器换挡的时滞时间，根据时滞时间的长短来判断主油路油压及换挡执行元件的工作是否正常。

2. 时滞试验方法（见图1-84）

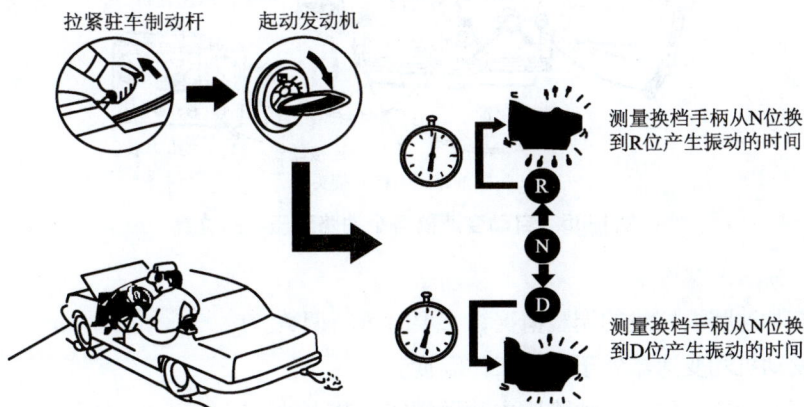

图1-84　时滞试验方法

（1）让汽车行驶，使发动机和自动变速器达到正常工作温度（50～80℃）。

（2）将汽车停放在水平地面上，拉紧驻车制动杆。

（3）起动发动机，检查发动机怠速，使发动机保持怠速运转。

（4）将自动变速器换挡杆从N位拨至D位，用秒表测量从拨动换挡杆开始到感觉振动为止所需的时间，该时间称为N-D时滞时间。标准N-D时滞时间不应超过1.2 s。

（5）将换挡杆拨至N位，让发动机怠速运转1 min后，再做一次同样的试验。做3次试验，取平均值。

（6）按上述方法，将换挡杆由N位拨至R位，测量N-R时滞时间。标准N-R时滞时间不应超过1.5 s。

（7）根据执行元件工作情况表，分析试验结果。

（三）液压系统试验

1. 试验目的

油压测试是在自动变速器工作时，通过测量液压控制系统各油路的压力来判断液压控制系统及电子控制系统各零部件的功能是否正常。目的是检查油泵、油压调节阀、节气门阀、油压电磁阀、调速器及变速器油等的工作状况，是变速器性能分析和故障判断的主要依据。

2. 油压测试的准备工作

（1）行驶汽车，让发动机及自动变速器达到正常工作温度。

（2）将车辆停放在水平地面上，检查发动机怠速和自动变速器液压油的油面高度。若不正常，应予以调整。

（3）准备一个量程为2 MPa的压力表，找出自动变速器各个油路测压孔的位置，如图1-85所示。

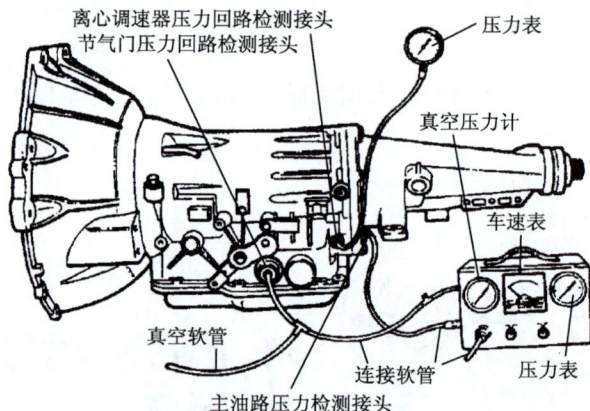

图1-85 自动变速器各个油路测压孔的位置

3. 主油路油压测试方法

（1）检查加速踏板拉线的调整情况，必要时重新调整。

（2）使发动机和变速器处于正常工作温度。

（3）拆下变速器壳体上的油路压力测试螺塞，装上油压表。注意：软管接头螺纹部分的尺寸和类型应与检测接头一致，可以轻松地用手旋入若干圈，再用扳手将它拧紧。安装时要尽量让连接软管远离旋转元件和发动机排气系统。

（4）用三角木塞塞住前、后轮。

（5）将驻车制动杆拉到底（制动）。

（6）起动发动机，并检查发动机怠速。

（7）使发动机保持怠速运转，将制动踏板踩到底。

（8）将选挡杆推至D位，读取压力值。

（9）将加速踏板踩到底，测量在发动机失速情况下的油压。

（10）用同样的方法测量R位的工作压力。如果测量值低于规定范围，应检查并调整节气门连杆机构，然后将上述试验重做一遍。

4. 速控油压测试方法

（1）拆下自动变速器壳体上的调速器测压孔螺塞，接上油压表。

（2）用举升机将汽车举升起来，使驱动轮悬空。

（3）起动发动机。

（4）将选挡杆拨至前进挡D位。

（5）松开驻车制动杆，缓慢地踩下加速踏板，让驱动轮转动。

（6）读取不同车速下的调速器油压。

（7）将测试结果与标准值进行比较。

（四）道路试验

1. 道路试验的目的

对自动变速器各项性能的综合性测试，以确定自动变速器工作是否正常及其故障部位。自动变速器内部的各离合器、制动器是否打滑；换挡手柄在各位置时换挡点的速度是否正确；换挡时车辆的平顺性，行驶时自动变速器内有无异常响声；各种行驶模式时车辆的行驶性能；液力变矩器的锁止离合器工作状况和发动机制动作用等。

2. 试验前的准备

（1）发动机、底盘等各总成或系统的技术状态完好，自动变速器已通过基本检查，车辆以中低速行驶约10min，使发动机和自动变速器都达到正常工作温度（50～80℃）。

（2）将超速挡开关置于ON位置（O/D OFF指示灯熄灭），并将模式开关置于常规模式。

3. 道路试验的方法

（1）升挡检查。将变速杆拨至前进挡D位，踩下加速踏板，节气门保持在1/2开度左右，让汽车起步加速，检查自动变速器的升挡况。升挡时，发动机转速瞬时下降，同时车身有轻微的撞动感。正常情况下，起步后随着车速的升高，试验者应能感觉到自动变速器顺利地逐级由一挡升二挡、二挡升三挡、三挡升四挡（超速挡）。如果自动变速器不能升入高速挡，表明控制系统或换挡执行元件有故障。

（2）升挡车速检查。将变速杆拨至前进挡D位，踩下加速踏板，并使节气门保持在某一固定开度，让汽车起步并加速，当察觉到自动变速器升挡时，记下升挡车速。一般四挡自动变速器由一挡升二挡的升挡车速为25~35 km/h，二挡升至三挡的升挡车速为55~70 km/h。三挡升至四挡的升挡车速为90~120 km/h。只要升挡车速基本保持在上述范围内，而且试车行驶中加速良好，无明显的换挡冲击，就可认为其升挡车速正常。若升挡车速过低（即升挡过早）或升挡车速过高（即升挡过迟），可能是控制系统或换挡执行机构的故障所致，则应重点检查节气门位置传感器、车速传感器、主油路调压阀、节气门阀拉索和控制阀中的节气门调压阀或速控阀。

（3）升挡时发动机转速的检查。将变速杆拨至前进挡D位置。踩下加速踏板，使节气门保持某一固定开度（如50%），让汽车起步并加速，当观察到自动变速器升挡时，记下发动机转速表值。通常汽车由起步加速直至升入高速挡的整个行驶过程中，发动机转速将低于3 000 r/min。通常在加速至即将升挡时，发动机转速可达到2 500～3 000 r/min。在刚升挡后的短时间内发动机转速将下降至2 000 r/min左右。

如果在整个行驶过程中发动机转速始终过低，加速至升挡时仍低于2 000 r/min，说明升挡时间过早或发动机动力不足；如果在行驶过程中发动机转速始终偏高，升挡前后的转速2 500～3 000 r/min之间，而且换挡冲击明显，说明换挡时间过迟；如果在行驶过程中发动机转速过高，经常高于3000r/min，在加速时达至4 000~5 000 r/min，甚至更高，则说明自动变速器的换挡执行元件（离合器或制动器）严重打滑，应拆检自动变速器。

（4）换挡质量检查。将变速杆拨至前进挡D位，踩下加速踏板，使节气门保持某一固定开度（如50%），让汽车起步并加速，当观察到自动变速器升挡时，感觉换挡时有无冲击感。正常换挡时，自动变速器有微弱的冲击感。如果感觉换挡冲动过大．表明自动变速器的控制系统或换挡执行机构有故障，其原因可能是主油路油压过高或换挡执行机构打滑。

（5）锁止离合器工作状态的检查。将变速杆拨至前进挡D位置，踩下加速踏板，保持节气门开度低于1/2的位置，让汽车起步并加速到超速挡，以高于80 km/h的车速行驶，使变矩器进入锁止状态，快速将加速踏板踩下至2/3开度，同时检查发动机转速的变化情况。如果发动机转速没有太大变化，表明锁止离合器处于接合状态；若发动机转速升高很多，则表明锁止离合器没有接合，其原因是锁止控制系统有故障。

（6）发动机制动检查。将变速杆拨至前进挡（S、L或2、1）位置，在汽车以S（或2）挡或L（或1）挡行驶时，突然松开加速踏板。如果车速立即随之下降，表明有发动机制动作用，否则表明控制系统或前进强制离合器有故障。

（7）强制降挡功能的检查。将变速杆拨至前进挡D位置，保持节气门开度为1/3左右，以二挡、三挡或超速挡行驶，突然将加速踏板完全踩到底，检查自动变速器是否被强制降低一个挡位。在强制降挡时，发动机转速会突然升高至4 000 r/min左右，并随着加速升挡，转速逐渐下降。如果没有出现强制降挡，表明强制降挡功能失效；如果强制降挡时发动机转速过高，并在升挡时出现换挡冲击，表明换挡执行机构打滑，应分解维修自动变速器。

四、故障诊断表

许多安装自动变速器的汽车在出厂时带有故障诊断表，可利用该表进行故障分析。故障诊断表列出了最常见的自动变速器故障，并给出有可能造成故障的每个原因及相应检修程序，有助于迅速检查和排除。但是一般情况下，不能仅以此为根据盲目拆解变速器，还要通过正确检修程序进行验证，以免判断错误，引发新的故障。在对电控自动变速器进行检修时，可能出现诊断代码正常，故障仍然存在的现象。在这种情况下，若故障诊断表给出了详细检查内容，可以按给定程序进行检查。

（一）故障现象描述

请描述该车的故障现象＿＿＿＿＿＿＿＿＿＿＿＿＿＿＿＿＿＿＿＿＿＿＿＿＿＿＿＿＿＿＿＿＿

（二）分析故障原因

你认为该车出现此故障可能的原因有_____

_____

_____

_____

（三）确定诊断流程

根据由简单到复杂的原则，通过小组讨论，确定诊断流程。

制定的诊断流程是：_____

_____

_____

_____

_____

_____

_____

（四）检测过程

按照制定的诊断流程逐项进行检测，记录各步骤的数据，并对数据进行分析，确定故障原因，进行修复或更换。

检测过程记录如下：_____

_____

_____

_____

_____

_____

_____

_____

_____

_____

（五）诊断结果描述

诊断结果描述为：_____

_____

_____

_____

_____

_____

_____

_____

_____

思考练习

填空题

1. 自动变速器的换挡可通过_____或_____来操纵。

2. 传动比等于_____齿轮的齿数除以_____齿轮的齿数。

3. 自动变速器的油泵工作是被变矩器的_____驱动，只要_____转，油泵就会转动。

4. 现代AT的变矩器由_____、_____、_____、_____和壳体等组成。

5. 在前驱汽车中，变速器和驱动桥组成一个单独的整体，叫作_____。

6. 如果行星齿轮机构中任意两元件以_____和_____转动，则第三元件与前二者一起同速转动，而形成_____挡。

7. 当一个小齿轮驱动一个大齿轮时，转矩_____而转速_____。

8. 如果多片式离合器是把行星齿轮机构的_____，这时多片式离合器就成为等速传动。

9. 在行星齿系中，如果齿圈固定和以_____为主动件，_____为从动件，则可以形成减速挡。

10. 油泵一般有3种类型：_____式、_____式和_____式。其中_____式是最普遍的。

判断题

1. 泵轮安装在液力变矩器的后端，它是液力变矩器的输出元件。（   ）

2. 向工作机输出机械能并使工作液体动量矩发生变化的叶轮称为涡轮。（   ）

3. 泵轮与涡轮在工作的时候其旋转方向是反向旋转。（   ）

4. 导轮的工作存在两种状态，当涡流大时，即转速差大时，导轮被固定；当涡流小时，导轮开始旋转，液力变矩器不同于液力偶合器。（   ）

5. 锁止离合器的作用就是减小功率损失。（   ）

6. 若单排行星齿轮机构三元件中的两元件被连接在一起转动，则第三元件必然不转动。（   ）

7. 若所有元件均不受约束，则行星齿轮机构失去传动作用。（   ）

8. 离合器是以机械方式控制行星齿轮机构元件的旋转。（　　　）

9. 制动器是以液压方式控制行星齿轮机构元件的旋转。（　　　）

10. 单向离合器是以机械方式控制行星齿轮机构元件的旋转。（　　　）

选择题

1. 液力变矩器的锁止电磁阀的作用是当车速升到一定值后，控制油液能把（　　　）锁为一体。

    A. 泵轮和导轮　　　　　　　　　　B. 泵轮和涡轮

    C. 泵轮和单向离合器　　　　　　　D. 涡轮和导轮

2. 在辛普森行星齿轮系中，当齿圈固定，太阳齿作主动件，可获得的传动比为（　　　）。

    A. >2　　　　　B. =2　　　　　　　C. <2　　　　　　　D. <1

3. 在行星齿系机构中，只有当（　　　）时，才能获得倒挡。

    A. 行星架制动，齿圈主动　　　　　B. 行星架主动，太阳齿制动

    C. 齿圈制动，太阳齿主动　　　　　D. 太阳齿主动，行星架制动

4. 在单行星齿排中，如果有锁止元件并且行星架位输出轴，其输出结果必定是（　　　）。

    A. 等速等转矩　　　　　　　　　　B. 增速减转矩

    C. 减速增转矩,但方向相同　　　　　D. 减速增转矩，但方向相反

5. 避免自动变速器产生频繁换挡的简单方法是（　　　）。

    A. 保持节气门踏板不变，把换挡手柄改换到高速挡

    B. 保持节气门踏板不变，把换挡手柄改换到低速挡

    C. 保持原有挡位，踩下节气门踏板

    D. 保持原有挡位，抬起节气门踏板

6. 当讨论前轮驱动汽车时，技师甲说差速器一般是变速驱动桥的一部分；技师乙说半轴从变速驱动桥边延伸到驱动轮。（　　　）正确。

    A. 甲正确　　　　　　　　　　　　B. 乙正确

    C. 两人均正确　　　　　　　　　　D. 两人均不正确

7. 当讨论在事故已经发生应做什么时，技师甲说应立即确定事故原因；技师乙说应立即采取措施防止进一步伤害或损坏。（　　　）正确。

    A. 甲正确　　　　　　　　　　　　B. 乙正确

    C. 两人均正确　　　　　　　　　　D. 两人均不正确

8. 自动变速器的油泵,是被（　　　）驱动的。

    A. 变矩器外壳　　　　　　　　　　B. 导轮间接

    C. 从泵轮抛向涡轮的油流　　　　　D. 单向离合器

9. 前驱车辆的变速驱动桥中，没有包括的部件是（　　　）。

    A. 差速器　　　　B. 主减速器　　　　　C. 自动变速器　　　　D. 分动器

10. 在行星齿系机构中,单行星齿排总共能提供（　　　）种不同的传动比。

    A. 3　　　　　B. 5　　　　　　　　C. 6　　　　　　　　D. 7

项目二
防抱死制动系统 (ABS)

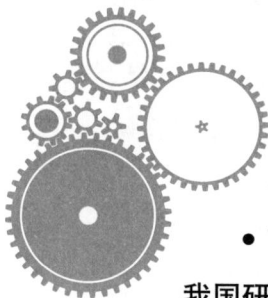

学习目标

- 了解汽车防抱死制动系统（ABS）的发展及我国研究 ABS 的现状。

- 掌握汽车制动时，路面附着系数与滑移率的关系。

- 了解汽车 ABS 的作用。

- 掌握轮速传感器的作用及工作原理，掌握液压控制系统的工作过程，掌握 ABS ECU 的控制过程。

- 掌握汽车 ABS 的常规制动、保压过程、降压过程及升压过程。

- 掌握 ABS 的控制方式。

- 能够识读 ABS 电路图，会使用车辆维修手册。

- 能够依据 ABS 故障现象分析故障原因。

- 能够制订合理的故障诊断流程。

- 能够依据维修手册和电路图排除 ABS 故障并对系统进行相应调整。

项目描述 ⚙️

一辆丰田花冠车主反映，ABS故障灯常亮，服务经理要求对该车ABS电路进行分析和检测，查出故障原因并进行修复；要求记录检测数据，写出工作报告。

项目分析 ⚙️

认识ABS的作用、结构总成，理解ABS的工作原理，能够识读ABS的电路图；根据ABS的故障现象来制订相应的诊断流程，理清诊断思路，依据流程逐项诊断、检测，查找故障原因，最后排除故障，并对ABS系统进行相应检测及调整。

相关知识 ⚙️

一、汽车防抱死制动系统（ABS）概述

防抱死制动技术在20世纪30年代由英国人霍纳摩尔研制并申请了专利，但由于受当时科技水平的限制，该装置的控制精度较低、成本高，因而在汽车上未能得到广泛应用。1950年，世界上第一台汽车防抱死制动系统（ABS）研制成功，首先应用在飞机上。德国波许公司（Bosch）是汽车防抱死制动系统的发明、研制单位，60年代就开始开发工作，于1978年正式生产出ABS I型汽车防抱死制动系统，1984年推出ABS II型，1986年开始生产ABS III型。该公司80年代末期已达年产ABS II型100万套。

20世纪80年代后期，欧、美、日等发达国家或地区在汽车上广泛装用防抱死制动系统。世界上著名的防抱死制动装置生产厂家有德国的波许公司、美国的达科迪（Delco）公司、本迪可斯（Bendix）、日本的电装公司等。

1987年，欧共体颁布一项法规，要求从1991年起，欧共体所有成员国生产的所有新车型均需装备防抱死制动系统，同时规定凡载重16 t以上的货车必须装备ABS，并且禁止无此装置的汽车进口。日本规定，从1991年起，总质量超过13 t的牵引车，总质量超过10 t的运送危险品的拖车、在高速公路上行驶的大客车都必须安装ABS。

目前，国际上ABS在汽车上的应用越来越广泛，已成为绝大多数类型汽车的标准装备。北美和西欧的各类客车和轻型货车ABS的装备率已达90%以上，轿车ABS的装备率在60%左右，运送危险品的货车ABS的装备率为100%。

我国对汽车防抱死制动装置的研究和使用起步较晚，东风汽车公司从20世纪80年代初开始研究防抱死制动装置，90年代一汽集团与美国海尔凯斯共同制造货车用防抱死制动装置。1998年，上海大众汽车制造厂生产的上海桑塔纳2000Gsi型上装用了由美国ITT提供的防抱死制动系统。

现在我国有许多单位和企业从事ABS的研制工作，如东风汽车公司、重庆公路研究所、北京理工大学、清华大学、上海汽车制动系统有限公司和山东重汽集团等。其中，山东重汽集团引进国际先进技术进行研究已取得了一些进展。重庆公路研究所研制的适用于中型汽车的气制

动FKX-ACI型ABS已通过国家级技术鉴定，但各种制动情况的适应性还有待提高。清华大学研制的适用于轻型和小型汽车的液压ABS，北京理工大学和上海汽车制动系统有限公司致力于轿车的液压ABS的研究，已分别取得初步成果。

但是，国内此项技术发展起步较晚，在软硬件方面都与国外有一定差距，在发展方向上首先就是要缩小差距。国内开发的ABS的种类有一通道、二通道和四通道六通道等。发展ABS的同时，着手开发TCS（牵引力控制系统）乃至VDC（车辆动态控制系统），追赶世界先进技术潮流。在传感器技术方面，可在原来基础上开发和改进传感器，如零频率响应轮速传感器、横摆动角速度传感器等；在电磁阀方面，应进一步提高电磁阀的响应速度，并防止卡阀现象的出现。进一步开发适应复杂情况的控制软件，能够对汽车瞬态运动状况进行精确定量分析、计算和控制。逐步采用16位CPU或32位芯片，并使整个电子控制系统从分散到集成，减少控制系统的体积和质量。

国内ABS整体竞争力较低，要抵御外来的竞争压力，还需要大力发展和提高。

二、汽车防抱死制动系统（ABS）的理论基础

（一）汽车的制动性

汽车在行驶过程中，强制减速以至停车且维持行驶方向稳定性的能力的主要评价指标包括制动效能、制动时的方向稳定性。

（1）制动效能：汽车在行驶中，强制减速以至停车的能力。基本评价指标：制动距离、制动减速度、制动时间。

（2）制动时的方向稳定性：汽车在制动时仍能按指定方向的轨迹行驶，即不发生跑偏、侧滑，以及失去转向能力。

（二）汽车制动时车轮受力分析

汽车制动时受力分析情况如图2-1所示。

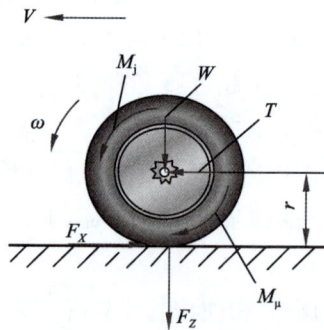

图2-1 汽车制动时车轮受力分析

V—车速；ω—车轮旋转角速度；M_j—惯性力矩；M_μ—制动阻力矩；W—车轮法向载荷；
F_Z—地面法向反力；T—车轴对车轮的推力；F_X—地面制动力；r—车轮半径

1. 制动器制动力 F_μ

制动器制动力是指制动蹄与制动鼓（盘）压紧时形成的摩擦力矩M_μ通过车轮作用于地面的切向力F_μ。

2．地面制动力F_X

制动时地面对车轮的切向反作用力F_X。

（1）附着力F_ϕ轮能与路面附着情况即为附着力。

（2）地面制动力F_μ、制动器制动力F_X及附着力F_ϕ之间的关系，如图2-2所示。

（三）硬路面上附着系数ϕ与滑移率S的关系

1．制动过程中车轮的3种运动状态

第一阶段：纯滚动，路面印痕与胎面花纹基本一致，如图2-3所示。

$$车速V = 轮速V_\omega$$

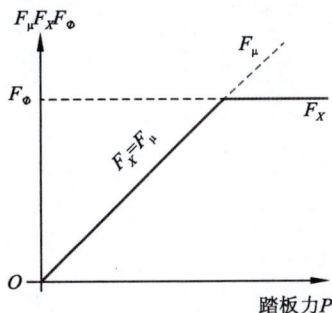

图2-2 F_μ、F_X及F_ϕ之间关系

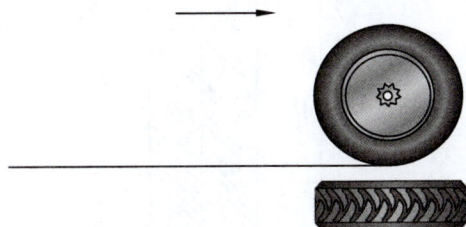

图2-3 纯滚动

第二阶段：边滚边滑，路面印痕可以辨认出轮胎花纹，但花纹逐渐模糊，如图2-4所示。

$$车速V > 轮速V_\omega$$

第三阶段：抱死拖滑，路面印痕粗黑，如图2-5所示。

$$轮速V_\omega = 0$$

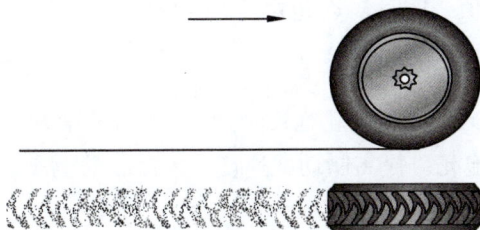

图2-4 边滚边滑

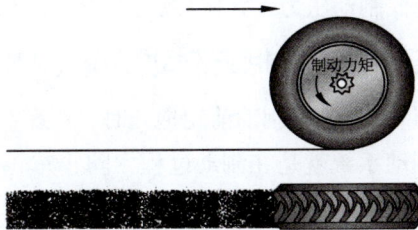

图2-5 抱死拖滑

若需增大F_X，必须增大F_μ。F_μ取决于附着系数ϕ，ϕ又受滑移率S的影响。

2．滑移率S

定义：

$$S=[(V-V_\omega)/V] \times 100\%$$
$$=[(V-r\omega)/V] \times 100\%$$

其中：V——车速；

$\quad V_\omega$——轮速；

$\quad r$——车轮半径；

$\quad \omega$——车轮角速度。

分析结论：

（1）$S<20\%$为制动稳定区域；

（2）$S>20\%$为制动非稳定区域。

将车轮滑移率 S 控制在20%左右，便可获取最大的纵向附着系数和较大的横向附着系数，是最理想的控制效果，如图2-6所示。

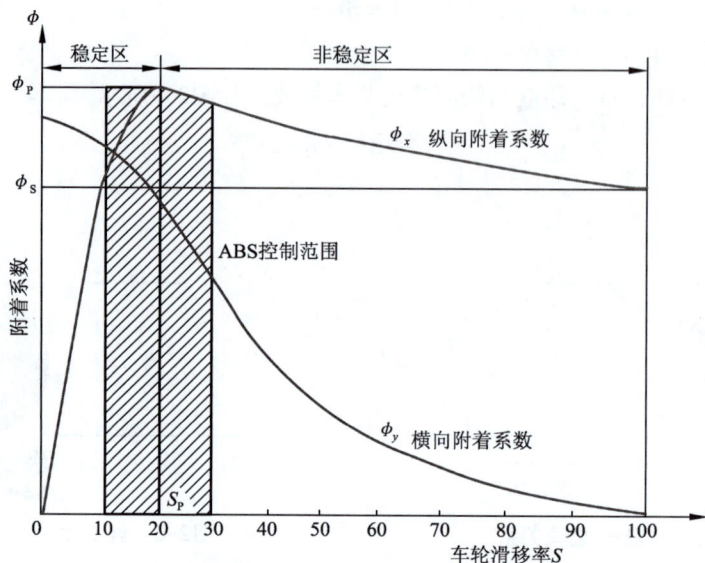

图2-6　干燥硬实路面附着系数与滑移率的关系

ϕ—附着系数；ϕ_p—峰值附着系数；ϕ_s—滑动附着系数；S_p—ϕ值最大时的滑移率

（四）理想的制动控制过程

制动开始时，制动压力骤升，使滑移率S达到S_p即ϕ_B达最大值的时间最短。当达到S_p后，即适当降低制动压力，并使S保持在S_p，ϕ_B保持最大值；同时，ϕ_y也保持较大值。

三、汽车防抱死制动系统（ABS）的作用

（1）当汽车制动前轮抱死时，汽车会失去转向能力，后轮抱死时会造成汽车急转甩尾。防抱死制动系统就是在制动过程中防止车轮被制动抱死，提高制动减速度、缩短制动距离，能有效地提高汽车的方向稳定性和转向操纵能力，保证汽车的行驶安全。

（2）防抱死制动系统对汽车性能的影响主要表现在减少制动距离、保持转向操纵能力、提高行驶方向稳定性，以及减少轮胎的磨损方面。

（3）ABS的作用就是控制实际制动过程接近于理想制动过程。

四、汽车防抱死制动系统（ABS）的组成

通常，ABS是在普通制动系统的基础上加装车轮速度传感器、ABS电控单元、制动压力调节装置及制动控制电路等组成的，如图2-7所示。车轮速度传感器的作用是检测车轮转速，并转换为电信号输入ECU；电控单元ECU的作用是接收传感器信号，判断车轮的滑移情况，向ABS执行机构发出指令，调节制动分泵的制动压力；ABS执行机构是ECU的执行元件，它根据ECU的指令，自动调节制动分泵的制动压力。

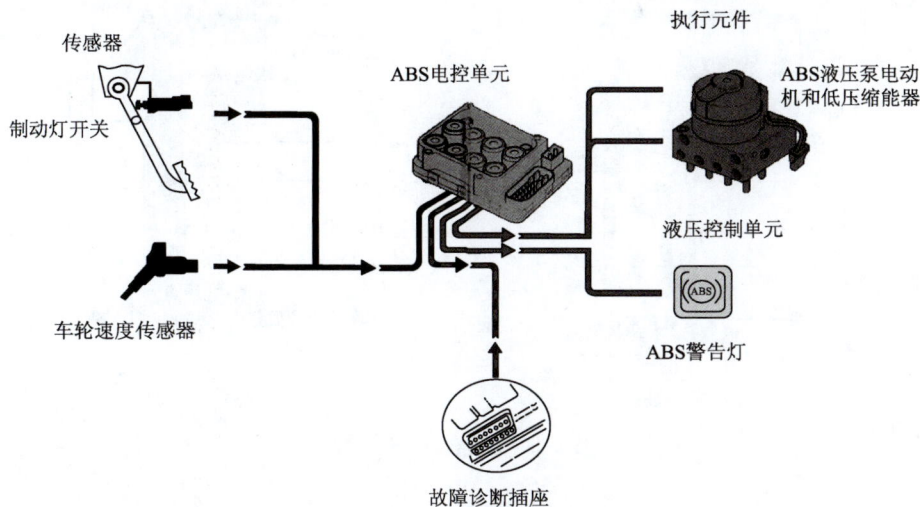

图2-7　ABS总成

（一）轮速传感器

1. 组成

传感器头和齿圈如图2-8所示。

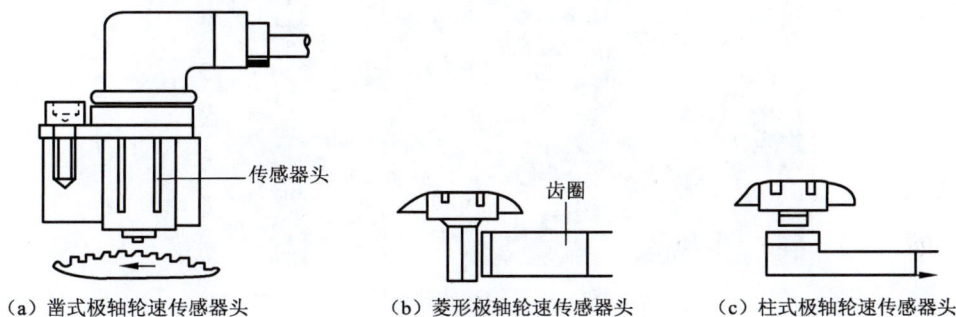

（a）凿式极轴轮速传感器头　　　（b）菱形极轴轮速传感器头　　　（c）柱式极轴轮速传感器头

图2-8　轮速传感器组成

传感器头从外形分：

（1）凿式极轴轮速传感器头（如图2-8（a）传感器头轴向相切于齿圈安装）。

（2）菱形极轴轮速传感器头（如图2-8（b）传感器头径向垂直于齿圈安装）。

（3）柱式极轴轮速传感器头（如图2-8（c）传感器头轴向垂直于齿圈安装）。

2. 轮速传感器结构（见图2-9）

（1）传感头被线圈包围直接安装于齿圈上方。

（2）极轴同永磁体相连接磁体的磁通延伸到齿圈并与它构成磁路。

（3）齿圈旋转时齿顶和齿隙轮流交替对向极轴，磁通变化并切割传感线圈，在线圈中产生感应电动势，并由线圈末端通过电线传给ECU。

3. 安装

一般前轮传感器头被固定在车轮转向架上，齿圈安装在轮毂上与车轮同步转动；后轮上的传感器头被固定在后车轴支架上，齿圈安装在驱动轴上与车轮同步转动，如图2-10所示。

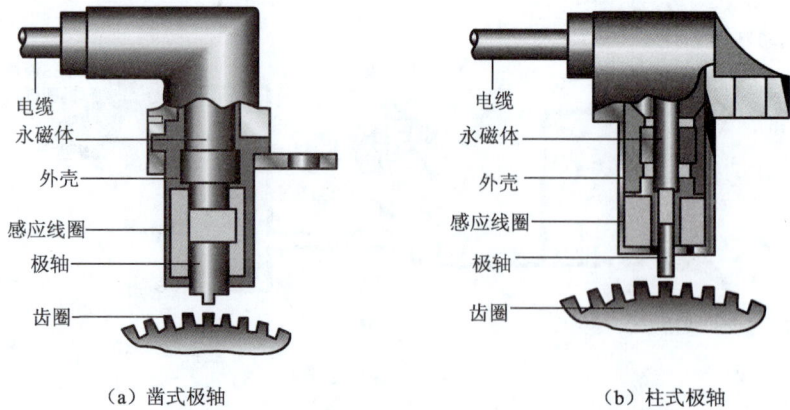

（a）凿式极轴　　　　　　　　　　　（b）柱式极轴

图2-9　轮速传感器结构

图2-10　轮速传感器安装

安装注意事项：

（1）为了保证传感器无错误信号输出，应保证传感头与齿圈间留有约1 mm的空隙。

（2）安装要牢固，保证汽车在制动过程中的振动不会影响传感信号。

（3）安装前需将传感器加注润滑脂，避免灰尘与飞溅的水、泥等对传感器工作的影响。

4．工作原理

齿圈随车轮转动时，轮齿与传感头之间的空隙发生变化，使磁电传感器中磁路的磁通发生变化，从而切割线圈产生交流电，交流电的频率随齿圈转速的快慢而变化。根据交流电的频率，ECU就能计算出车轮的转速。

有些新设计的ABS系统采用了加速度传感器，可以对由车轮转速计算出来的车速进行补偿，使制动时滑移率的计算更加精确，如图2-11所示。

加速度传感器原理简介如下：

（1）水银开关型：当汽车制动时，足够大的减速度力将水银上抛，接通电路，给ECU加速度信号。

（2）摆型：摆动板（遮光板）两面分别装有两个信号发生器，当汽车制动时，摆动板摆动信号发生器产生通（ON）或断（OFF）的脉冲信号。ECU根据通、断变换的速率就能计算出加速度。

（3）应变仪型：当汽车制动时，悬架减速度产生的惯性力使半导体应变片发生弯曲变形，使其电阻变化，引起动态应变仪输出电压的变化；加速度越大，惯性力越大，输出电压越高。

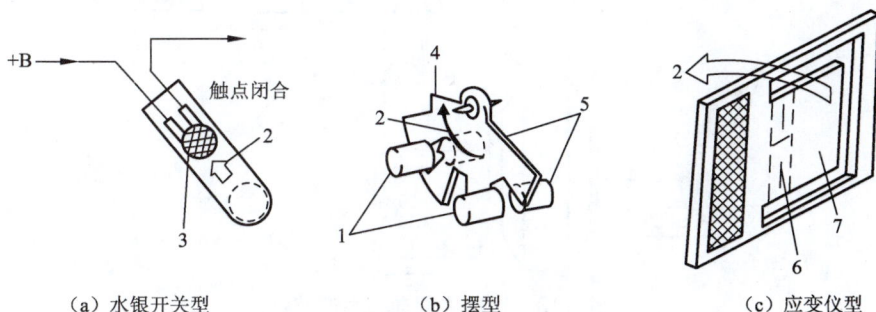

（a）水银开关型　　　　　（b）摆型　　　　　（c）应变仪型

图2-11　加速度传感器

+B—电源端；1—摆动板；2—水银；3—水银开关；4—信号；5—信号发生器；6—应变法；7—半导体

（二）制动压力调节器

制动压力调节器如图2-12所示。

图2-12　制动压力调节器

功用：接收ECU的指令，通过电磁阀的动作来实现车轮制动器制动压力的自动调节。

组成：电磁阀、液压泵、储液器等。

压力调节器安装在主缸和轮缸之间，通过电磁阀直接或间接地控制轮缸的制动压力。

1. 循环式制动压力调节器

（1）其结构如图2-13所示。

（2）原理：由电磁阀直接控制轮缸的制动压力，多采用三位三通电磁阀，在ECU控制下，使阀处于"升压""保压""减压"3种位置。

2. 三位三通电磁阀

三位三通电磁阀的结构如图2-14所示。

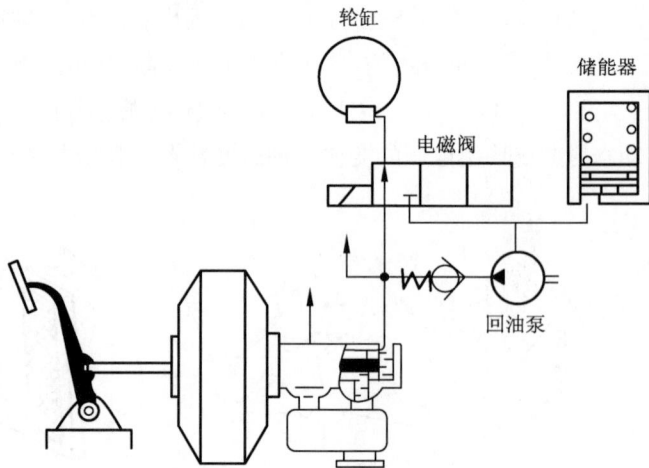

图2-13　循环式制动压力调节器

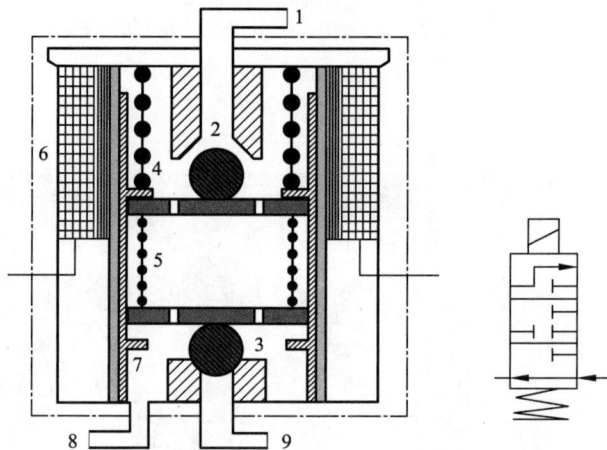

图2-14　三位三通电磁阀

1—进液口；2—进液阀；3—回液阀；4—弹簧；5—回位弹簧；6—线圈；7—衔铁；8—出液口；9—回液口

（1）总成：三位三通电磁阀由进液阀、回液阀、弹簧、回位弹簧、固定铁芯及衔铁套筒等组成。

（2）工作过程：

电磁线圈未通电时，在主弹簧张力作用下，进液阀打开，回液阀关闭，进液口与出液口保持畅通——增压。

电磁线圈通入较小电流（2 A），产生电磁吸力小，吸动衔铁上移量少，但能适当压缩主弹簧，使进液阀关闭，放松副弹簧，回液阀并不打开——保压，如图2-15所示。

电磁线圈通入较大电流（5 A），产生电磁吸力大，吸动衔铁上移量大，同时压缩主、副弹簧，使进液阀仍保持关闭，回液阀打开——减压，如图2-16所示。

因为该电磁阀工作在3个状态（增压、保压、减压），称之为"三位"，对外具有3个接口（进液口、出液口、回液口），称之为"三通"。所以该电磁阀称为"三位、三通"电磁阀，常写成3/3电磁阀。

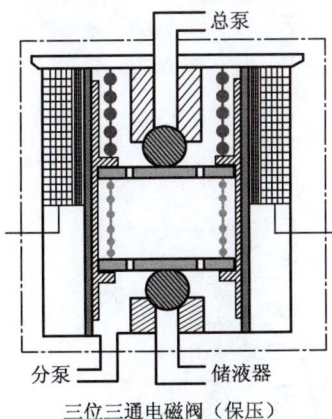

三位三通电磁阀（保压）

图2-15　保压

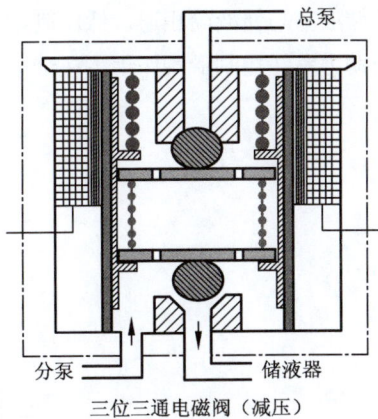

三位三通电磁阀（减压）

图2-16　减压

3．二位二通电磁阀

二位二通电磁阀又分为二位二通常开电磁阀和二位二通常闭电磁阀。二位二通电磁阀结构及表示符号如图2-17所示。

常态下，二位二通常开电磁阀阀门在弹簧张力作用下打开；二位二通常闭电磁阀阀门在弹簧张力作用下闭合。

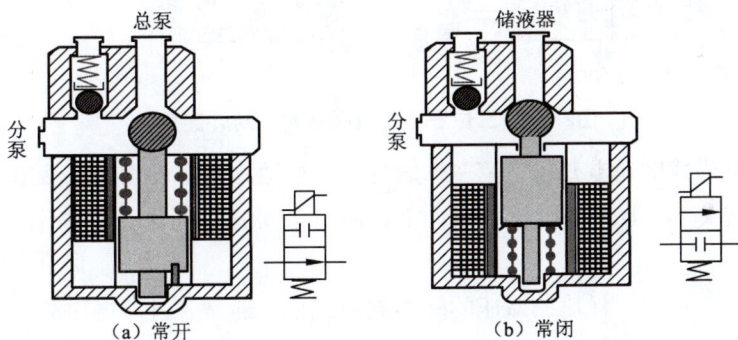

（a）常开　　　　　　　　　（b）常闭

图2-17　二位二通电磁阀

二位二通常开电磁阀用于控制制动总泵到制动分泵的制动液通路，又称为二位二通常开进液电磁阀。

二位二通常闭电磁阀用于控制制动分泵到储液器的制动液回路，又称为二位二通常闭出液电磁阀。

两个电磁阀配套使用，共同完成ABS工作中对制动压力调节的任务。

4．二位三通电磁阀

（1）结构如图2-18所示。

二位三通电磁阀主要用于戴维斯MKⅡABS中的主电磁阀。

二位三通电磁阀主要由两个阀门（第一球阀和第二球阀）、衔铁、弹簧及电磁线圈等组成。

第一球阀（常闭阀门）用于控制助力室与内部储液室之间的制动液通路——高压控制。

第二球阀（常开阀门）用于控制储液筒与内部储液室之间的制动液通路——低压控制。

（2）工作过程。踏下制动踏板，ABS不工作（电磁线圈未通电）时，第一球阀关闭，第二球阀打开，内部储液室与储液筒相通，低压制动液由制动总泵进入两前轮制动分泵，对两前轮实施低压制动。由于助力室在控制滑阀作用下在踏下制动踏板的同时，储存了高压制动液，所以对两后轮实施高压制动。

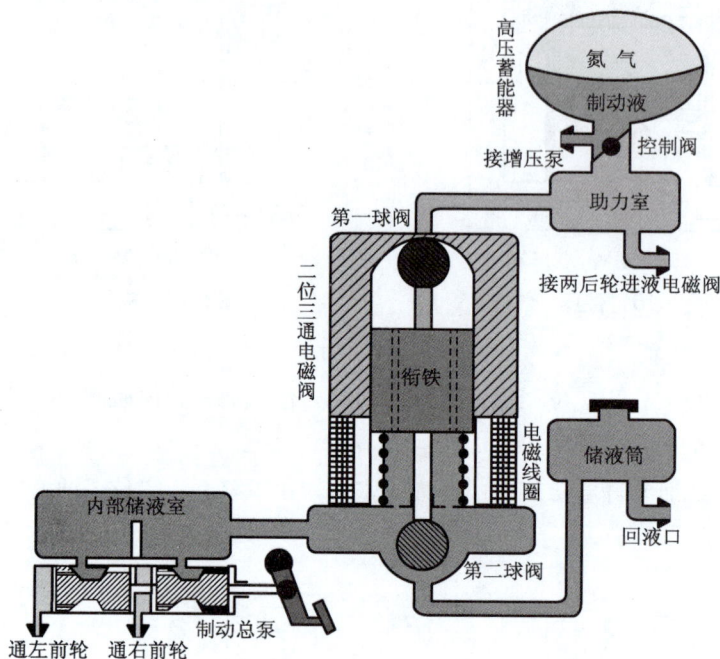

图2-18　二位三通电磁阀结构及对外连接

ABS工作（电磁线圈通电）时，第一球阀打开，接通助力室与内部储液室之间的高压制动液通路，第二球阀关闭，切断了储液筒与内部储液室之间的低压制动液通路，此时，前、后轮均为高压制动。

在制动过程中，增压、保压、减压的转换均由二位二通常开进液电磁阀和二位二通常闭出液电磁阀控制调节。

（三）回油泵与储液器（见图2-19）

当出液阀在减压过程中从制动分泵流出的制动液经储液器由回油泵泵回制动总泵。

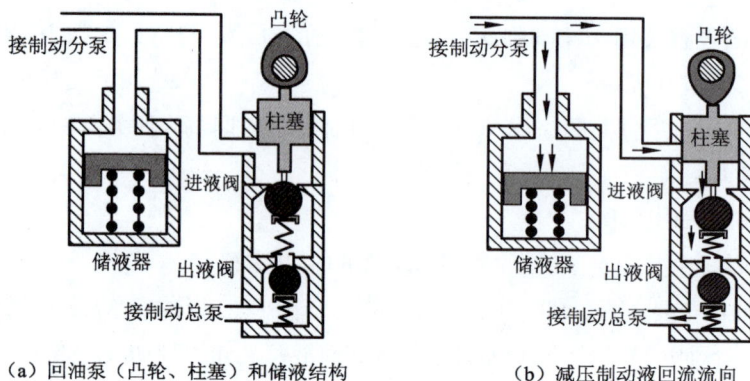

（a）回油泵（凸轮、柱塞）和储液结构　　　（b）减压制动液回流流向

图2-19　储液器与回油泵

储液器依据储存制动液压力的不同，分为低压储液器和高压储液器。分别配置在不同形式的制动压力调节系统中。

1. 低压储能器与回油泵

低压储能器一般称为储液器，用来接纳ABS减压过程中，从制动分泵回流的制动液，同时还对回流制动液的压力波动具有一定的衰减作用。

储液器内有一活塞和弹簧。减压时，回流的制动液压缩活塞克服弹簧张力下移，使容积增大，暂时存储制动液。

电动回液泵由直流电动机和柱塞泵组成。柱塞泵由柱塞、进出液阀及弹簧组成。

当ABS工作（减压）时，根据ECU输出的指令，直流电动机带动凸轮转动，凸轮将驱动柱塞在泵筒内移动。

柱塞上行时，储液器与制动分泵内具有一定压力的制动液进入柱塞泵筒。

柱塞下行时，压开进液阀及泵筒底部的出液阀，将制动液泵回到制动总泵出液口。

高压蓄压器下端，设有两个压力控制开关：检测高压蓄压器下腔制动液压力。压力低于15 MPa时，开关闭合，增压泵工作。压力达到18 MPa时，开关打开，增压泵停止工作。

2. 高压储液器与电动回油泵（见图2-20）。

储液器用于储存制动中或ABS工作时所需的高压制动液，高压储液器多采用黑色气囊状球体。黑色气囊状球体被一个膜片分隔成两个互不相通的腔室。上腔为气室，充入氮气并具有一定的压力。下腔为液室，与电动回油泵液道相通，盛装由电动增压泵泵入的制动液。

压力警示开关，设有两对开关触点：一对常开；一对常闭。当高压蓄压器下腔制动液压力低于10.5 MPa时，常开触点闭合，点亮红色制动警示灯；同时常闭触点张开，该信号送给ECU关闭ABS并点亮黄褐色ABS警示灯。

另外，还有ABS主继电器、电磁阀继电器及ABS警示灯。

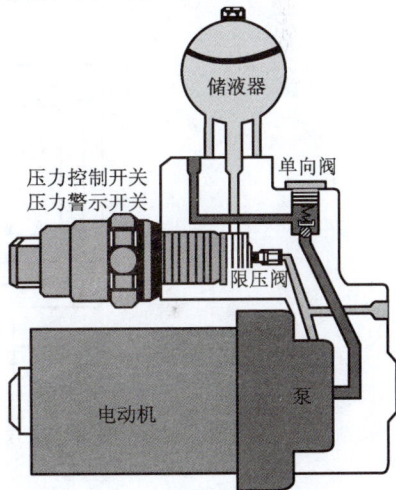

图2-20 蓄液器与电动回油泵

（四）ABS ECU

现代汽车上采用的ABS ECU大多自成一体，独立安装在不同的位置。国产轿车上装用的ABS ECU多为组合体，统称为控制模块。控制模块由液压控制单元和电子控制单元组成。液压控制单元由储液器、电动回油泵和电磁阀等组成，如图2-21所示。

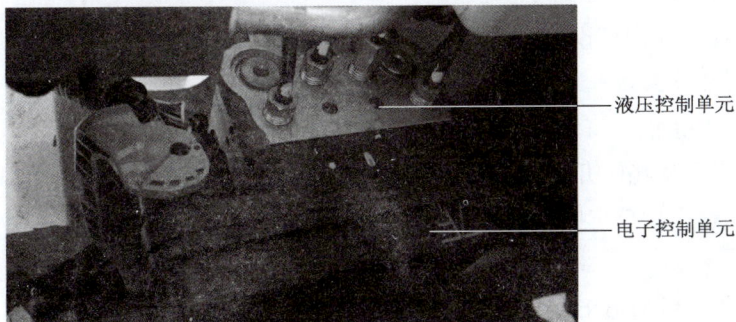

图2-21 ABS实车安装图

电子控制单元（ECU）实际上就是一个计算机，由硬件和软件两部分组成。硬件由安装在印制电路板上的一系列电子元器件构成，封装在金属壳体内（数字电路）。软件指固存在只读存储器（ROM）中的一系列控制程序和参数（试验参数）。

ECU中具有两个完全相同的微处理器，它们按照同样的程序对输入信号进行计算处理，并将最终结果进行比较，一旦发现最终结果不一致，即判定自身存在故障，它会自动关闭ABS，同时将仪表盘上的ABS警告灯点亮。

1. ABS控制模块结构（见图2-22）

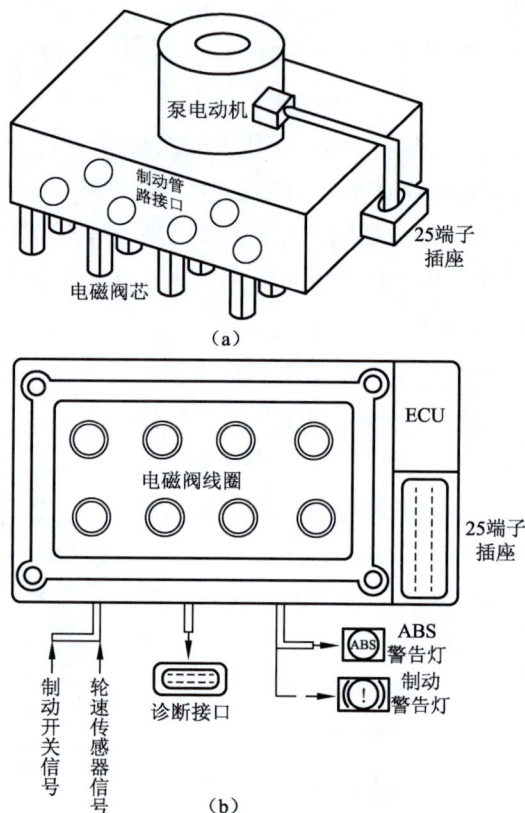

图2-22　轿车ABS控制模块

（1）采用模块式结构设计，将液压控制单元与电子控制单元集成于一体。

（2）电磁阀线圈设置于控制单元内部，节省连接导线。采用大功率集成电路直接驱动电磁阀及回油泵电动机，省去了电磁阀继电器。

（3）电子控制单元内部设有故障存储器，随车带有故障诊断接口，借助诊断仪调取故障码可以很方便地进行故障诊断。

2. ABS ECU的功用

接收轮速传感器及其他开关信号，并进行放大、整形、计算、比较，按照特定的控制逻辑，分析、判断后输出指令，控制制动压力调节器执行制动压力调节任务。

3. ABS ECU的组成

目前，尽管各车用ABS ECU内部控制程序、参数不同，但一般均由以下几个基本电路组成，如图2-23所示。

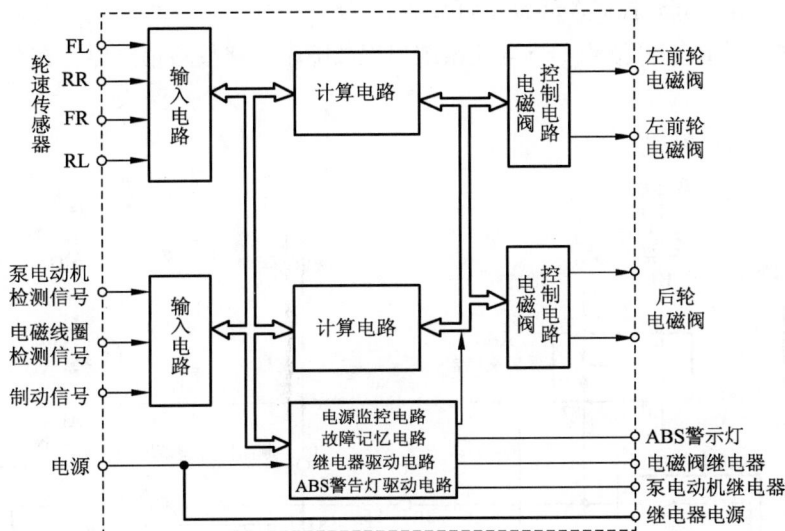

图2-23 ABS ECU

（1）输入电路

输入电路由滤波、整形、放大电路组成，其功用是将轮速传感器产生的交变电压信号进行处理并将其模拟信号转换成数字信号，输入至计算电路。

输入电路同时还接收点火开关、制动开关、制动液位监测开关等外部信号，电磁阀继电器、电动回液泵继电器工作电路监测信号，并将这些信号处理后再送入计算电路。

（2）计算电路

计算电路的功用是根据轮速传感器信号，计算出车轮瞬时速度，而后求得加（减）速度、初始速度、参考车速及滑移率。最后，根据车轮加（减）速度和滑移率形成相应的控制指令，向电磁阀控制电路输出制动压力增大、保持、减小的控制信号。

计算电路由两个完全相同的微处理器组成，其主要目的是两个微处理器计算结果相同时，输出指令ABS工作。计算结果不同时，关闭ABS，防止出现错误控制。

计算电路不但能检测自己内部电路的工作过程，而且还能监测系统中有关部件的工作状态。例如，轮速传感器、电动回液泵电动机及电磁阀工作电路等。当监测到这些电路工作不正常时，会马上停止ABS工作。

（3）输出电路（电磁阀控制电路）

输出电路的主要功用是将计算电路输出的控制数字信号转换成模拟信号，通过控制功率放大器驱动执行器（电磁阀）工作，完成对制动分泵制动压力调节任务。

（4）安全保护电路

安全保护电路主要由以下几个基本电路组成：电源监控电路、故障记忆电路、继电器驱动电路和ABS警告灯驱动电路。

主要功用有3点：

① 电压转换功能：将12 V或14 V转换成ABS ECU内部工作所需的5 V稳定电压。

②监控功能：电源电压过低、轮速传感器电压信号失常、计算电路、电磁阀控制电路有故障，使ABS停止工作，同时控制ABS警示灯点亮。

③记忆功能：当ECU检测到ABS电控系统出现故障时，将故障信息储存在存储器中，以便维修时调用。

4. ABS ECU的控制过程（见图2-24）

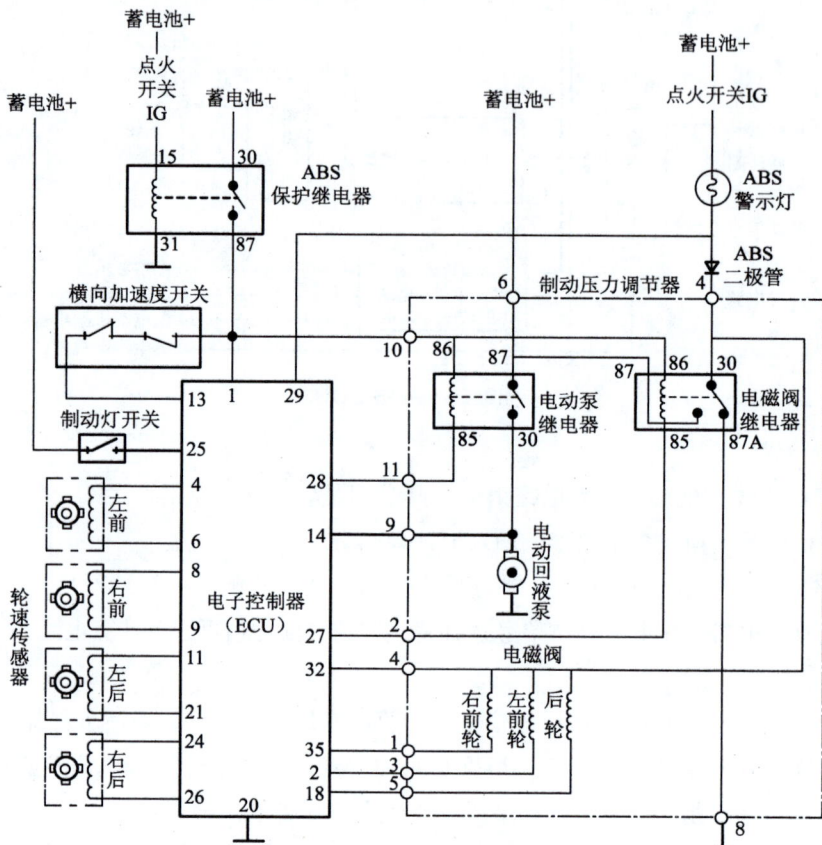

图2-24　ABS ECU的控制过程

（1）打开点火开关，ECU进入自诊断

① ABS保护继电器线圈通电：蓄电池+→点火开关IG→ABS保护继电器线圈→搭铁→蓄电池－。蓄电池电压（12 V）经继电器触点送至ECU端子1，触发自检。

② 自检过程中，ABS警示灯亮：蓄电池+→点火开关IG →ABS警示灯→ABS二极管→电磁阀继电器常闭触点→搭铁→蓄电池－。

ABS警示灯亮后可能出现两种情况：灯亮3～5 s后熄灭，说明系统正常；灯亮3～5 s后不熄灭，说明系统有故障，ECU关闭ABS，汽车仅保持常规制动。

（2）自检正常ABS等待工作

自检中ABS系统没有发现故障，ECU端子27将搭铁，电磁阀继电器线圈中有电流流过。

蓄电池+→ABS保护继电器→电磁阀继电器线圈→ECU端子27→搭铁→蓄电池－。由于线圈通电，铁芯产生吸力，常闭触点张开，ABS警示灯熄灭；常开触点闭合，蓄电池电压作用在3个3位三通电磁阀线圈及ECU端子32。

（3）防抱死制动控制过程

① 车速超过8 km/h，需要制动踩下踏制动踏板时，制动开关闭合，蓄电池电压送至ECU端子25，ECU获知汽车进入制动状态。ECU将根据各轮速传感器输入的电压信号对车轮运动状态进行监测。

② 制动中，各车轮滑移率均小于20%时，ECU端子2、35、18均开路，每个电磁阀线圈中均无电流通过，各制动分泵制动液压力将随制动总泵输出制动液压力的变化而变化——增压。

③ 制动中，某一车轮滑移率接近20%，ECU对其相应的电磁阀线圈通电，电流较小（2 A），关闭制动液进液口，回液口并不打开，使其制动分泵制动液压力保持不变——保压。与此同时，ECU端子32接收电磁阀线圈工作电压，用于监测电磁阀线圈工作是否正常。

④ 制动中，某一车轮滑移率大于20%，ECU对其电磁阀线圈通电电流较大（5 A），在进液口关闭的同时，打开回液口，使其制动分泵制动液压力减小——减压。

在减压过程的同时，ECU端子28搭铁，接通电动回液泵继电器线圈电路，触点闭合，电动回液泵通电转动，将制动分泵回流到储液器中的制动液泵回到制动总泵出液口。电动泵转动的同时，蓄电池电压作用于ECU端子14，监测电动泵工作是否正常。

五、汽车防抱死制动系统（ABS）的工作过程

（一）常规制动过程

图2-25中的进液阀为常开阀，给进液阀通电时，进液阀关闭。出液阀为常闭阀，给出液阀通电时，出液阀关闭。储液器的作用是缓冲制动液回流时的压力波动，防止损坏制动管路。

常规制动时，驾驶人踩下制动踏板，制动总泵中的制动液经制动管路经由进液阀进入分泵，ABS ECU给进液阀0 V电压，进液阀保持开启。ABS ECU给电动机0 V电压，电动机不工作。ABS给出液阀0 V电压，出液阀保持关闭。当驾驶人放松制动踏板时，分泵的制动液沿原路返回到制动总泵中。常规制动过程中，ABS不起作用，ABS只有在车轮接近抱死时才起作用，但是轮速传感器时刻监测车轮运动状态，并将传感器信号转换为电信号输送给ECU。

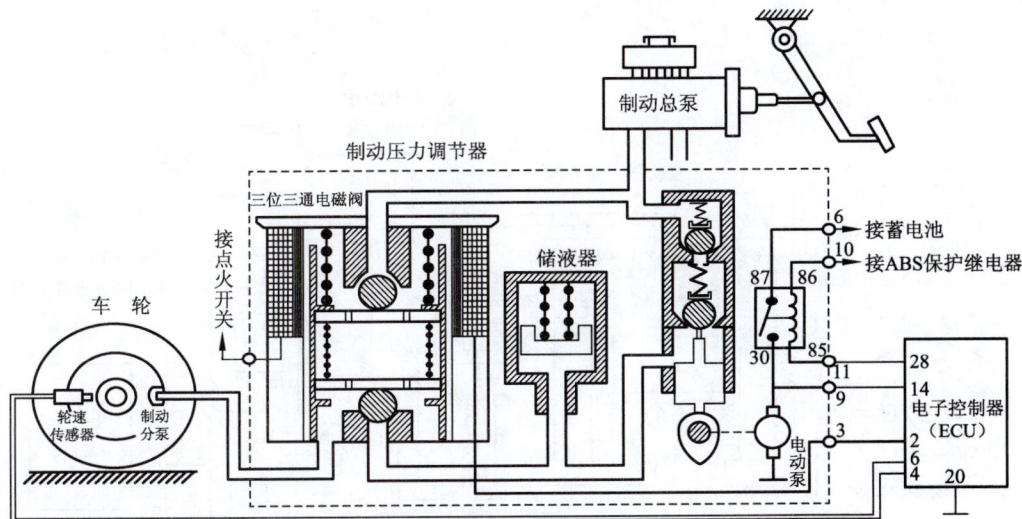

图2-25　常规制动

（二）保压过程

保压过程如图2-26所示。

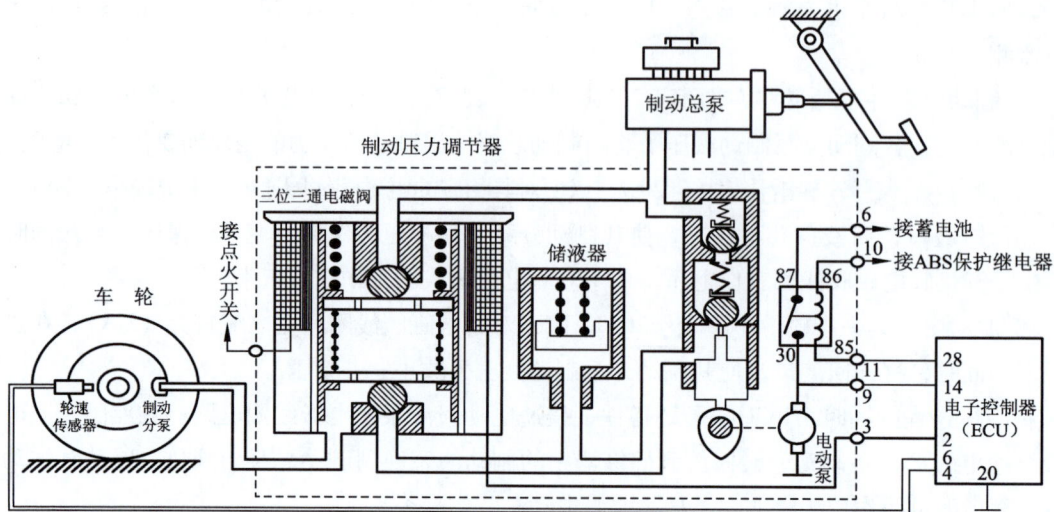

图2-26 保压过程

当某车轮制动中，滑移率接近于20%时，ECU输出指令，控制电磁阀线圈通过较小电流（约2 A），使电磁阀的进液阀关闭（回液阀仍关闭），保证该控制通道中的制动分泵制动压力保持不变——保压。

（三）减压过程

减压过程如图2-27所示。当某车轮制动中，滑移率大于20%时，ECU输出指令，控制电磁阀线圈通过较大电流（约5 A），使电磁阀的进液阀关闭。同时，ECU向回液阀通以方波信号的电压使回液阀不断开启关闭，分泵液压缓慢降低。如果给回液阀通以高电平电压，会导致分泵液压降低太快而影响制动效果。制动分泵中的制动液将通过回液阀流入储液器，ECU控制电动泵通电运转，将流入储液器的制动液泵回到制动总泵出液口。

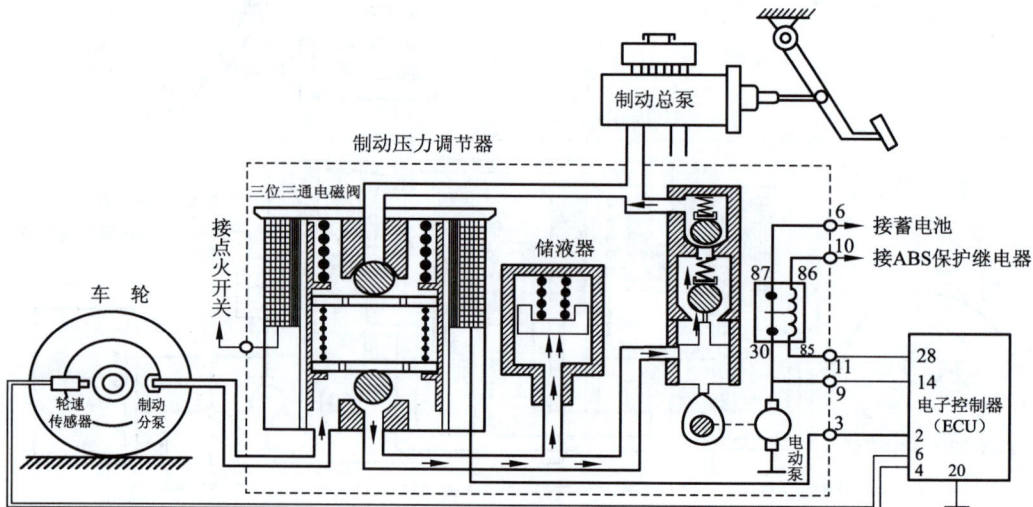

图2-27 减压过程

（四）升压过程

升压过程如图2-28所示。

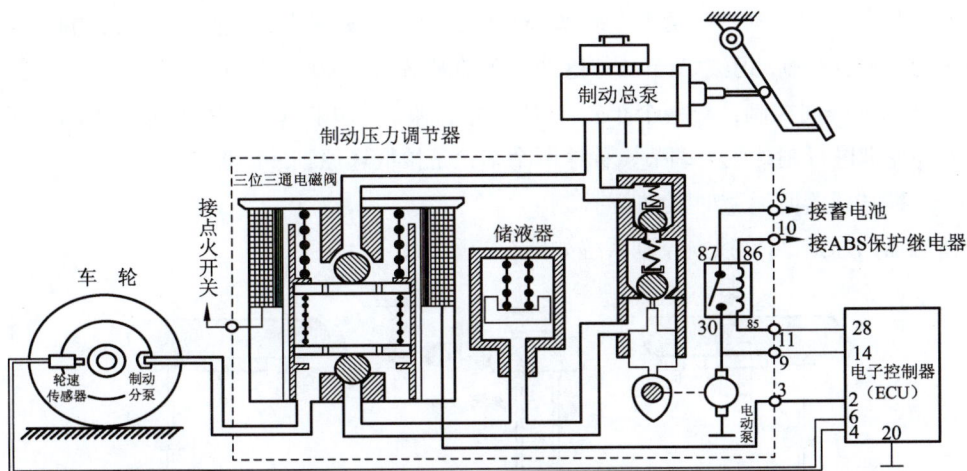

图2-28 升压过程

当某车轮制动中，滑移率小于20%时，ECU输出指令，控制电磁阀线圈通过较大电流（约5 A），使电磁阀的回液阀关闭。同时，ECU向进液阀通以方波信号的电压使进液阀不断开启关闭，分泵液压缓慢增加。如果给进液阀通以高电平电压，会导致分泵液压升高太快而导致车轮抱死。制动分泵中的制动液将通过回液阀流入储液器，ECU控制电动泵通电运转，将流入储液器的制动液泵回到制动总泵出液口。

ABS通过使趋于抱死车轮的制动压力循环往复地经历保持—减小—增大过程，而将趋于抱死车轮的滑动率控制在峰值附着系数滑动率的附近范围内。在该ABS中对应于每一个制动轮缸各有一对进液和出液电磁阀，可由电子控制装置分别进行控制，因此，各制动轮缸的制动压力能够被独立地调节，从而使4个车轮都不发生制动抱死现象。

尽管各种ABS的结构形式和工作过程并不完全相同，但都是通过对趋于抱死车轮的制动压力进行自适应循环调节，来防止被控制车轮发生制动抱死的，而且各种ABS在以下几方面都是相同的：

（1）ABS只是汽车的速度超过一定以后（如5 km/h或8 km/h），才会对制动过程中趋于抱死的车轮进行防抱死制动压力调节。当汽车速度被制动降低到一定时，ABS就会自动中止防抱死制动压力调节。此后，装备ABS汽车的制动过程将与常规制动系统的制动过程相同，车轮被制动抱死。这是因为在汽车的速度很低时，车轮被制动抱死对汽车制动性能的影响已经很小，而且要使汽车尽快制动停车，必须使车轮制动抱死。

（2）在制动过程中，只有当被控制车轮趋于抱死时，ABS才会对趋于抱死车轮的制动压力进行防抱死调节；在被控制车轮还没有趋于抱死时，制动过程与常规制动系统的制动过程完全相同。

（3）ABS都具有自诊断功能，能够对系统的工作情况进行监测，一旦发现存在影响系统正常工作的故障时将自动地关闭ABS，并将ABS警示灯点亮，向驾驶人发出警示信号，汽车的制动系统仍然可以像常规制动系统一样进行制动。

六、汽车防抱死制动系统（ABS）的控制方式

控制通道：能够独立进行制动压力调节的制动管路。

按高选原则一同控制：对两个车轮实施一同控制时，如果以保证附着力较大的车轮不发生制动抱死为原则进行制动压力调节，称这两个车轮是按高选原则一同控制。

按低选原则一同控制：对两个车轮实施一同控制时，如果以保证附着力较小的车轮不发生制动抱死为原则进行制动压力调节，称这两个车轮是按低选原则一同控制。

（一）四传感器四通道/四轮独立控制

四传感器四通道/四轮独立控制系统如图2-29所示。

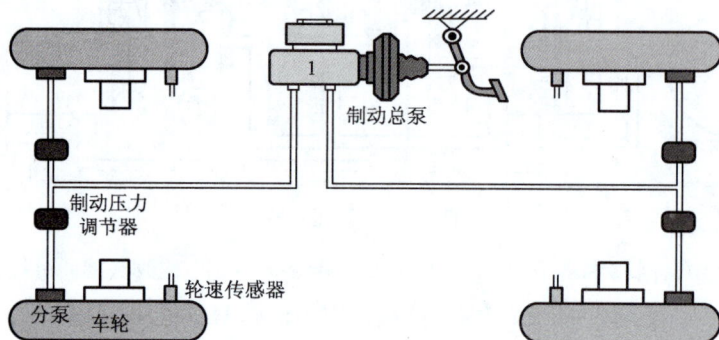

图2-29　四传感器四通道/四轮独立控制

此种控制方式的ABS系统在左右路面差别大时制动稳定性不好，较少采用。

（二）四传感器四通道/前轮独立-后轮选择控制方式

这种控制方式（见图2-30）对应于双制动管路的H型（前后）或X型（对角）两种布置形式，四通道ABS也有两种布置形式。为了对4个车轮的制动压力进行独立控制，在每个车轮上各安装一个轮速传感器，并在通往各制动轮缸的制动管路中各设置一个制动压力调节分装置（通道）。由于四通道ABS可以最大限度地利用每个车轮的附着力进行制动，因此汽车的制动效能最好。但在附着系数分离（两侧车轮的附着系数不相等的路面上制动）时，由于同一轴上的制动力不相等，使得汽车产生较大的偏转力矩而产生制动跑偏。因此，ABS通常不对4个车轮进行独立的制动压力调节 。

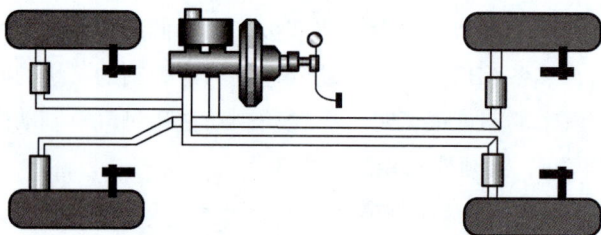

图2-30　四传感器四通道/前轮独立-后轮选择控制方式

（三）四传感器三通道/前轮独立-后轮低选控制方式

对于采用制动管路前后布置方式的汽车，常采用四传感器三通道式ABS系统（见图2-31）来实现前轮左右独立控制，后轮低选择控制（以转矩较小的车轮为控制标准）。

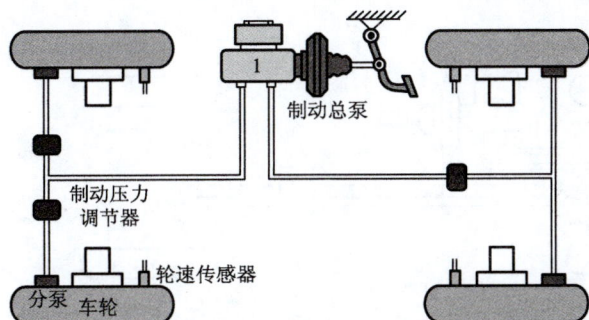

图2-31　四传感器三通道/前轮独立-后轮低选控制方式

（四）三传感器三通道/前轮独立-后轮低选控制方式

三传感器三通道/前轮独立-后轮低选控制系统如图2-32所示。

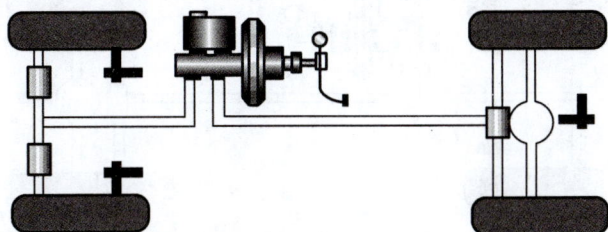

图2-32　三传感器三通道/前轮独立-后轮低选控制方式

四轮ABS大多为三通道系统，而三通道系统都是对两前轮的制动压力进行单独控制，对两后轮的制动压力按低选原则一同控制。由于三通道ABS对两后轮进行一同控制，对于后轮驱动的汽车可以在变速器或主减速器中只设置一个转速传感器来检测两后轮的平均转速。

（五）四传感器二通道/前轮独立控制方式

该系统（如图2-33）能提高汽车制动时的方向稳定性。但是与三通道、四通道的控制系统相比，其后轮制动力稍有降低，制动效能稍有下降，但是后轮侧滑较小。

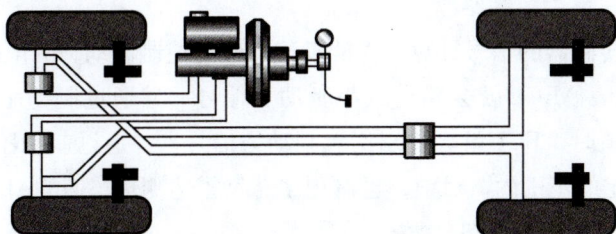

图2-33　四传感器二通道/前轮独立控制方式

（六）四传感器二通道/前轮独立-后轮低选控制方式

该系统（见图2-34）在通往后轮的两通道上增设一个低选择阀。当汽车在不对称路面上制动时，高附着系数侧前轮的高压不直接传至低附着系数侧对角后轮，而通过低选择阀只升至与低附着系数侧前轮相同的压力，这样就可以避免低附着系数侧后轮抱死，这种控制方式更接近三通道或四通道的控制效果。

由于双通道ABS难以在方向稳定性、转向操纵能力和制动距离等方面得到兼顾，因此目前很少被采用。

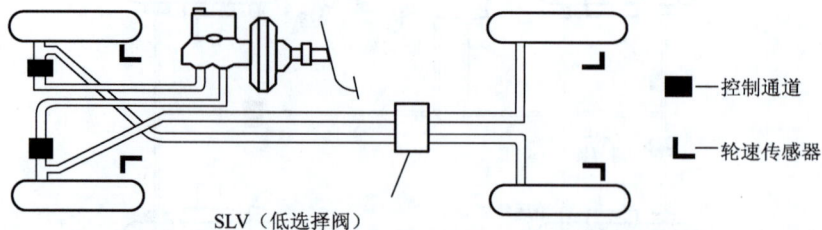

图2-34　四传感器二通道/前轮独立-后轮低选控制方式

（七）一传感器一通道/后轮近似低选控制系统制动方式

一传感器一通道/后轮近似低选控制系统如图2-35所示。

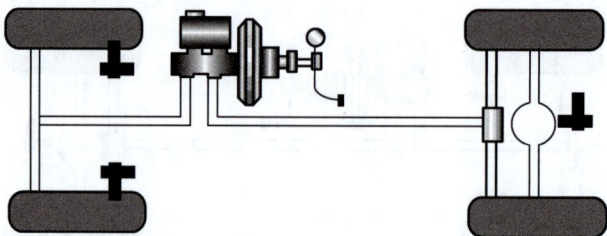

图2-35　一传感器一通道/后轮近似低选控制系统制动方式

所有单通道ABS都是在前后布置的双管路制动系统的后制动管路中设置一个制动压力调节装置，对于后轮驱动的汽车只需在传动系统中安装一个转速传感器。由于前制动轮缸的制动压力未被控制，前轮仍然可能发生制动抱死，所以汽车制动时的转向操作能力得不到保障。但由于单通道ABS能够显著地提高汽车制动时的方向稳定性，又具有结构简单、成本低的优点，因此在轻型货车上得到广泛应用。

七、汽车防抱死制动系统（ABS）的控制参数

（一）以车轮滑移率为控制参数

根据车速和车速传感器的信号计算车轮的滑移率作为控制制动力的依据。

滑移率高于设定值，ECU就会输出减小制动力信号，并通过制动压力调节器减小制动压力；滑移率低于设定值时，ECU就会输出增大制动力信号，并通过制动压力调节器增大制动压力，控制滑移率在设定的范围内。目前，已有用多普勒雷达测量车速的ABS。

（二）以车轮角加速度为控制参数

ECU根据车轮的车速传感器信号计算车轮的角加速度作为控制制动力的依据。

ECU中设置合理的角加速度、角减速度门限值。

制动时，当车轮角减速度达到门限值时，ECU输出减小制动力信号；当车轮转速升高至角加速度门限值时，ECU输出增加制动力信号。

八、ABS系统的故障诊断与排除

（一）防抱死制动装置（ABS）的常见故障现象及主要原因

现代轿车上配置的防抱死制动装置一般是四通道或三通道控制式，传感器有4个或3个。车

轮速度传感器、ECU、制动压力调节器是电控防抱死制动装置的三大组成部分。

防抱死制动装置的常见故障现象有：制动抱死、制动失灵、制动跑偏、制动踏板异常、未制动时制动压力调节器异常、发动机起动后制动报警灯不亮等。

1. 制动抱死

现象：车辆在紧急制动时，四轮抱死，诊断距离长，即ABS装置失效。

原因：故障报警灯亮，ABS电控系统故障，如传感器、压力调节继电器、ECU；故障报警灯不亮，制动压力调节器机械部分故障。

2. 制动不灵

现象：多次连续踩下制动踏板，车辆无明显减速，诊断距离长。

原因：故障报警灯亮，ABS电控系统有故障，如传感器信号错误、压力调节继电器误动作或ABS的ECU故障等；故障报警灯不亮，故障在液压或机械部分，如系统内部有泄漏、进空气、感载比例阀故障、车轮制动器故障。

3. 制动跑偏

现象：制动时，两侧车轮转速不等或制动力不等而出现制动时车辆改变原有的方向。

原因：故障报警灯亮，ABS电控系统有故障，如车轮传感器信号错误、执行电磁阀误动作、ECU故障等；故障报警灯不亮，故障在液压系统、机械机构，如单向截止阀关闭不严、电磁阀卡住、系统内部有泄漏或进空气及车轮制动器故障等。

4. 制动踏板异常

现象：踩制动踏板感觉费力；慢踩制动踏板，制动效果不好；踩制动踏板时，不动或一脚到底，且车辆不能制动。

原因：电控系统原因，如传感器信号错误而使系统提前进入保压，ECU处理错误或线束连接不良等。液压系统、机械机构故障等。

5. ABS警告灯异常

现象：无故闪烁

原因：警告灯短路、继电器短路、断路、接触不良、电源故障、传感器、ECU、泵电动机工作不良。

现象：点火开关打开3 s后还不亮。

原因：警告灯线路短路或断路、电磁阀继电器与ECU故障不良。

（二）防抱死制动装置的常见故障部位

车轮转速传感器、ECU、制动压力调节器、电源与连接线束。

（三）防抱死制动装置的诊断与检查方法

1. 初步检查

（1）检查蓄电池的电压、容量是否在规定范围内，并检查正负极柱和导线连接是否牢固。

（2）检查与ABS有关的熔丝、继电器是否完好，插接是否牢靠。

（3）检查驻车制动器是否完全释放。

（4）检查制动主缸液面高度是否达到要求。

（5）检查电控系统各插接件的插接是否松动或接触不良。

（6）检查系统各部的搭铁是否良好。

（7）检查常规制动系统的工作情况。

若通过初步检查不能确定故障位置时，应进行其他诊断和检查。

2. 利用故障自诊断系统判断故障

可通过故障报警灯的闪烁频率或故障解码器提取故障代码，查阅维修手册故障码的含义，并进行故障排除，最后清除故障代码。

（1）循环型防抱死制动装置的排气。

（2）关闭点火开关，反复踩动制动踏板，卸去装置中的压力。

（3）按照普通液压制动系统的排气方法排除系统中的空气。排气顺序一般为：右后轮—左前轮—右前轮—左后轮。最后拧紧排气螺塞，按规定加注制动液。

排气时，打开点火开关后，使用诊断仪使油泵运转，松开排气螺塞，直至排出的制动液无气泡。

3. 可变容积型防抱死制动装置的排气

（1）用TECH-1或T-100型扫描仪将压力调节器电动机定位，使单向阀处在打开位置。

（2）在压力调节器的前轮放气螺塞处接一根透明管，再按照普通液压系统的排气方法进行排气，直至排出的制动液中无气泡。拧紧放气螺塞，按照规定加注制动液。

（四）防抱死制动装置的典型故障

1. ABS故障诊断概述

ABS检修注意事项：

大多数ABS都具有较高的工作可靠性，但在使用过程中仍免不了出现工作不良，对此应及时进行检修，以确保制动系统的正常工作。ABS与常规制动系统相比，有其自身的特点，在检修过程中应在以下几方面特别注意：

（1）在点火开关处于ON位置时，不要拆装系统中的电器元件和线束插头，以免损坏电子控制单元。

（2）在车上用外接电源给蓄电池充电时，要先断开蓄电池正（负）极柱上的电缆线，然后对蓄电池充电，以免损坏电子控制单元。

（3）电子控制单元对高温环境和静电都很敏感，为防止其损坏，在对汽车进行烤漆作业时，应将电子控制单元从车上拆下；在对车体进行电焊之前，应拔下电子控制单元的插接器，并戴好防静电器。

（4）在拆卸制动管路或与其关联的部件之前，应首先释放ABS蓄压器内的压力，防上高压制动液喷射伤人。

（5）在更换ABS制动管路或橡胶件时，应按规定使用标准件（高压耐腐蚀件），以免管路破损而引起制动突然失灵。

（6）为保证维修质量，应保持维修场地和拆卸器件的清洁干净，防止尘埃物进入压力调节器或制动管路中。

（7）制动液侵蚀油漆能力较强，因此在维修液压部件和加注制动液时，应防止制动液溅污油漆表面而使油漆失去光泽和变色。

（8）在维修轮速传感器时，应防止碰伤齿圈的轮齿和传感头；也不可将齿圈作为支点撬动。否则，将造成轮齿变形，致使轮速传感器信可将齿圈作为支点撬动。否则，将造成轮齿变形，致使轮速传感器信号不正常，影响ABS的正常工作。

提示： 为掌握ABS检修时的注意事项,此处应结合实物进行讲解。

2. ABS故障诊断的一般程序

不同车型，甚至同一系列不同年代生产的汽车，由于装用的ABS型号不一样，其具体诊断方法与步骤均不尽相同。ABS故障诊断的一般程序如图2-36所示。

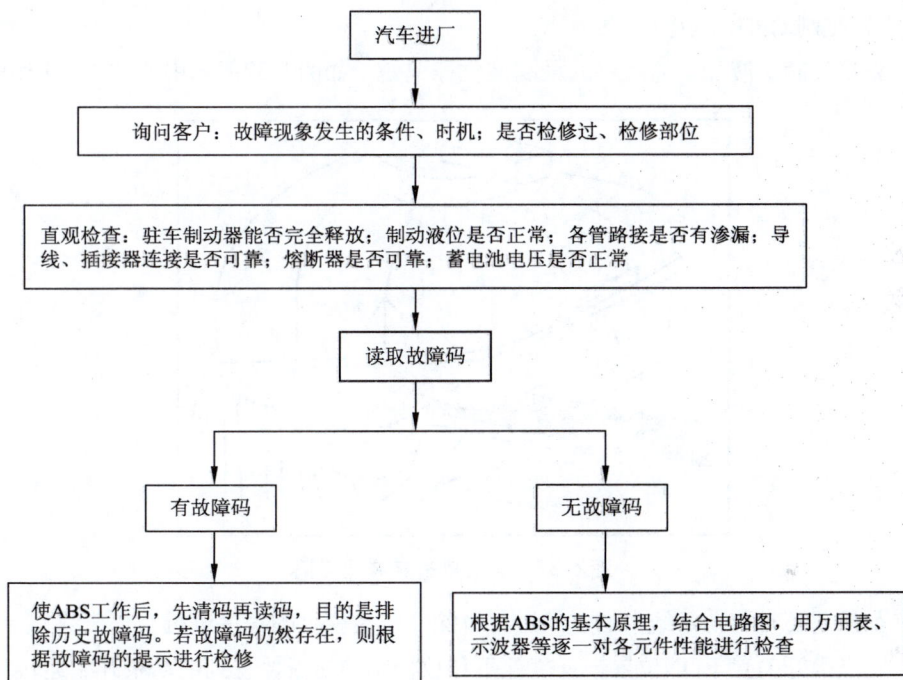

图2-36　ABS故障诊断的一般程序

3. 常规检查

做好常规检查，发现比较明显的故障，可以节省时间，提高效率。常规检查主要包括以下几方面：

（1）检查制动液面是否在规定范围内。

（2）检查所有继电器、熔丝是否完好，插接是否牢固。

（3）检查电子控制装置导线插头、插座是否连接良好，有无损坏，搭铁是否良好。

（4）检查下列各部件导线插头、插座和导线的连接是否良好：电动液压泵、液压单元、4个轮速传感器、制动液面指示灯开关。

（5）检查传感器头与齿圈间隙是否符合规定，传感头有无脏污。

（6）检查蓄电池电压是否在规定范围内。

（7）检查驻车制动器是否完全释放。

（8）检查轮胎花纹高度是否符合要求。

提示：需要注意的是，常规制动系统的元件出了故障，可能使ABS工作不正常。因而不要轻易地判定ABS电子控制单元等元器件损坏。

4. 制动液的更换与补充

制动液具有较强的吸湿性，当制动液中含有水分后，其沸点降低，制动时容易产生"气阻"，使制动性能下降。因此，一般要求每2年或1年更换制动液。

提示：很多ABS具有液压助力，由于蓄能器可能蓄积有制动液，因此在更换或补充制动液时应按一定的程序进行。

更换或补充制动液的程序如下：

（1）先将新制动液加至储液罐的最高液位标记处，如图2-37所示中的"∧"标记处。

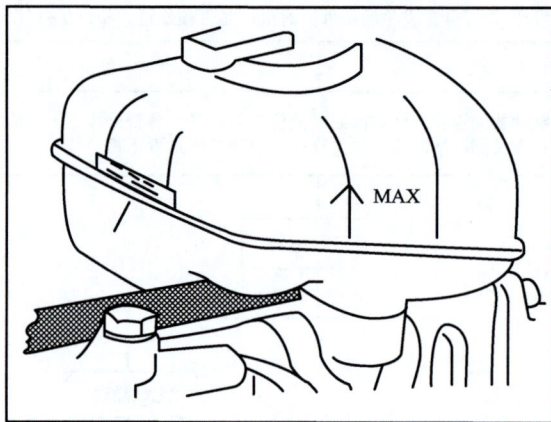

图2-37　储液罐最高液位标记

（2）如果需要对制动系统中的空气进行排除，应按规定的程序进行空气排除。

（3）将点火开关置于ON位置，反复踩下和放松制动踏板，直到电动泵开始运转为止。

（4）待电动泵停止运转后，再对储液罐中的液位进行检查。

（5）如果储液罐中的制动液液位在最高液位标记以上，先不要泄放过多的制动液，而应重复以上的3和4过程。

（6）如果储液罐中的制动液液位在最高液位标记以下，应向储液罐再次补充新的制动液，使储液罐中的制动液液位达到最高标记处，但切不可将制动液加注到超过储液罐的最高标记，否则，当蓄能器中的制动液排出时，制动液可能会溢出储液罐。

5. 制动系统的排气

液压制动系统有空气渗入时，会感到制动踏板无力，制动踏板行程过长，致使制动力不足，甚至制动失灵。当ABS的液压回路内混入空气后，同样会引起制动效能不良。因此，在空气渗入液压系统中后，必须对制动液压系统进行空气的排除。

在进行空气排除之前，应检查液压制动系统中的管路及其接头是否破裂或松动；检查储液罐的液位是否符合要求。

ABS系统的排气方法有仪器排气和手动排气，应根据不同的车型和条件进行选择。

（1）仪器排气

① 将车辆停放在水平地面上，抵住车轮前后，将自动变速器的选挡杆置于P位。

② 松开驻车制动杆。

③ 安装ABS检测仪（具有排气的控制功能）或专用排气试验器的接线端子。

提示：ABS检测仪器或专用排气试验器用于代替ABS电子控制单元对电动液压泵等进行控制。

④ 向用于制动主缸和液压组件的储液罐加注制动液到最大液面高度。

⑤ 起动发动机并以怠速运转几分钟。

⑥ 稳稳地踩下制动踏板，使检测仪器进入排气程序，并且感到制动踏板有反冲力。

⑦ 按规定顺序打开放气螺钉。

注意：有的车型要求排气必须对ABS和常规制动系统分别进行，排气分为3个步骤进行，即先给常规制动系统排气，然后再利用仪器对液压控制系统排气，最后再对常规制动系统排气。

（2）手动排气

排气前的准备：

① 准备必要的工具、制动液容器、擦布和软管等，仔细阅读对应车型维修手册中的相关内容。

② 清洗储液罐盖及周围区域。

③ 拆下储液罐盖，检查储液罐中的液面高度，必要时，加注到正确液面高度。

④ 安装储液器罐。

（3）制动压力调节器与制动主缸及制动轮缸的排气

① 将排气软管装到后排气阀上，将软管的另一端放在装有一些制动液的清洁容器中。踩下制动踏板并保持一定的踏板力，缓慢拧开后排气阀1/2～3/4圈，直到制动液开始流出。关闭该阀后松开制动踏板。重复进行以上步骤，直到流出的制动液内没有气泡为止。

② 拆下储液罐盖，检查储液罐中的液面高度，必要时，加注到正确液面高度。

③ 按规定的排气顺序，在其他车轮上进行排气操作。

提示：排气顺序为右后轮→左后轮→右前轮→左前轮。

项目实施

步骤一　防抱死制动系统部件的拆卸、检查和更换

一、ABS压力调节装置的拆卸和安装

（一）拆卸

ABS的组成如图2-38所示。

拆卸方法如下：

（1）断开ABS压力调节装置插头和泵电动机插头。

（2）断开制动管路，然后拆下ABS压力调节装置，如图2-39所示。

发动机盖下熔断器 /继电器盒　助手席侧仪表板下熔断器/继电器盒　右后轮传感器

发动机盖正 ABS继电器盒

驾驶席侧仪表板下熔断器/继电器盒

左后轮传感器

维修检查插头（2芯）

ABS控制装置

右前轮传感器　调制器装置　左前轮传感器

仪表总成　ABS指示灯

驾驶席侧仪表板下熔断器/继电器盒

备用灯熔断器（7.5A）

加热器控制熔断器（7.5A）

发动机盖下熔断器/继电器盒

制动熔断器（20A）　蓄电池熔断器（100A）

助手席侧仪表板下熔断器/继电器盒

ABS泵电动机熔断器（7.5A）

ABS这熔断器（20A）　ABS电动机熔断器（30A）　IGI主熔断器（50A）

发动机盖下ABS继电器盒　ABS泵电动机继电器

失效保护继电器

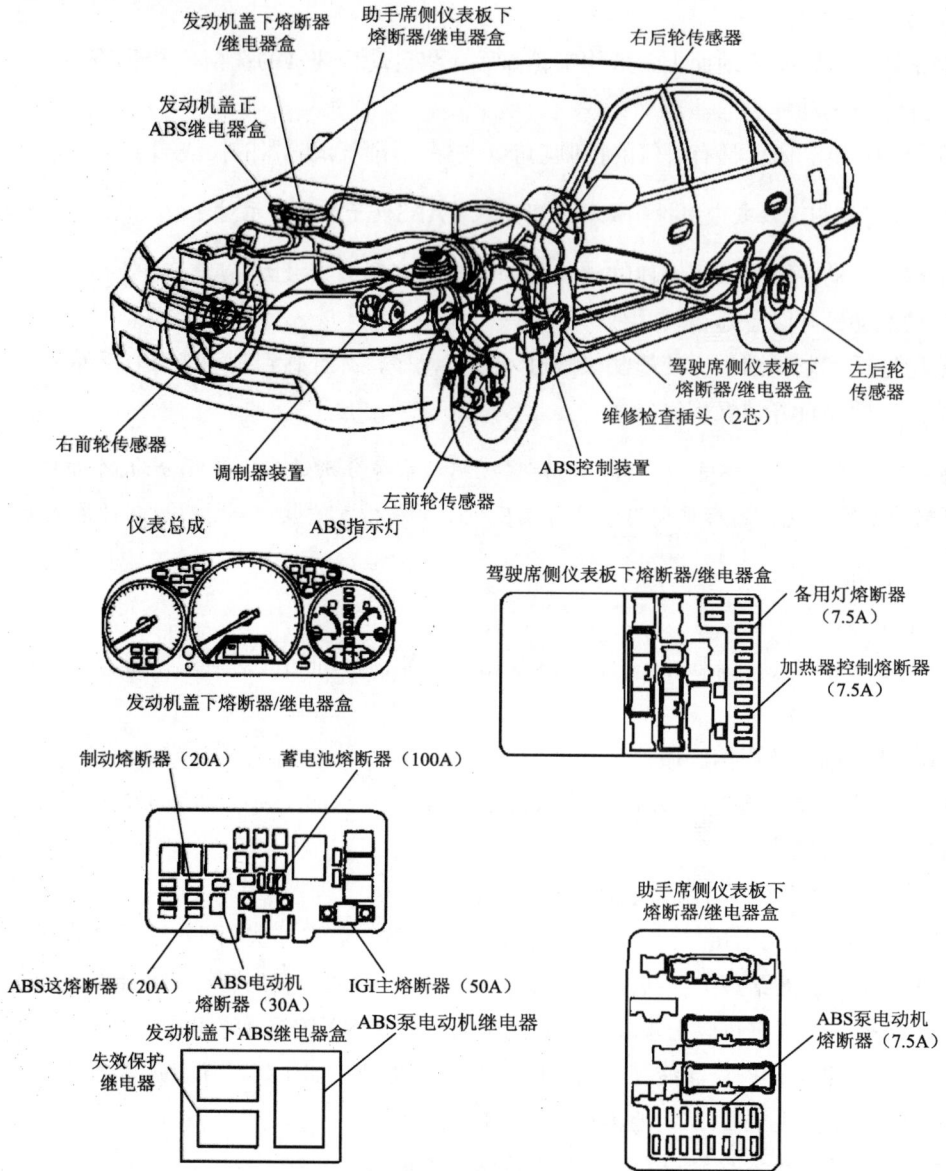

图2-38　ABS的组成

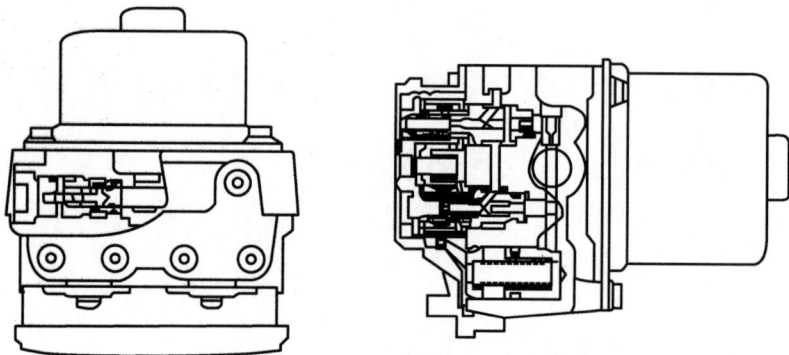

图2-39　制动压力调节装置

（二）安装

安装图如图2-40所示。

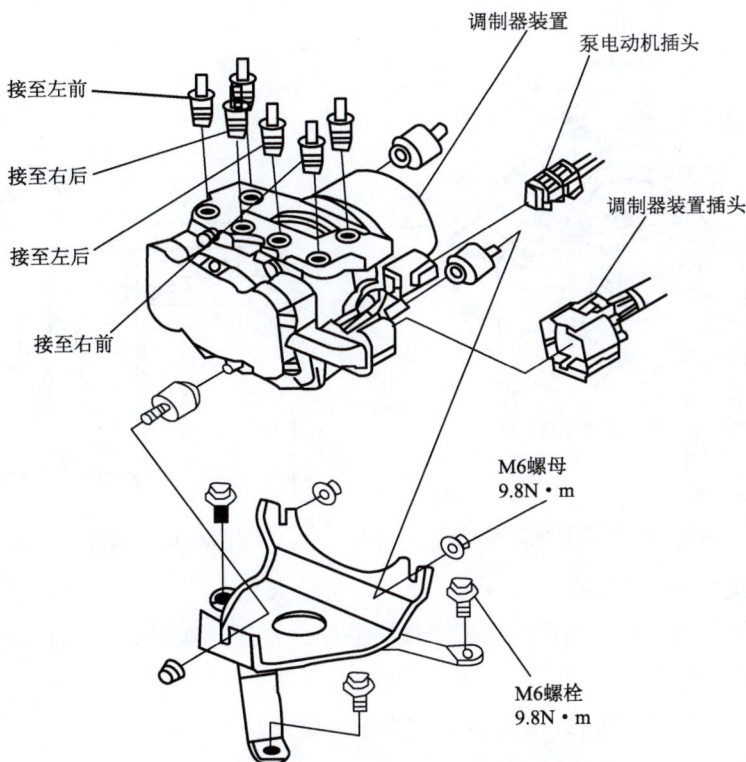

图2-40　ABS压力调节装置的安装

安装步骤如下：

（1）装上ABS压力调节装置，然后连接制动管路，并将螺母紧固至9.8 N·m。

（2）连接ABS压力调节装置插头和泵电动机插头。

（3）对制动系统进行排气，仅在前轮转动的情况下起动车辆。

（4）起动发动机，并且查看ABS指示灯已熄灭。

（5）将车辆进行路试，并且查看ABS指示灯，应不亮。

二、ABS压力调节装置检查

（一）ABS压力调节装置功能检查

（1）拆下ABS压力调节装置上放油嘴盖。

（2）将梅花扳手置于放油嘴上，如图2-41所示。

（3）连接一适当直径的橡皮胶管于放油嘴上，并将另一端置于适当的容器中。

（4）用手拿着橡皮胶管，慢慢松开放油嘴1/8～1/4转，让制动液流入容器内。但应注意不要松开放油嘴过多，以免高压制动液喷出。

（5）制动液停止流出后，再松开放油嘴以完全释放压力。

（6）按规定力矩拧紧放油嘴。

（7）升起车辆并用支架支牢。

（8）由一助手踩住制动踏板，检查车轮是否不能转动。

（9）拆下储液筒筒盖，用新鲜制动液加注入储液筒内，直至液面达最高液面标志线，如图2-42所示。

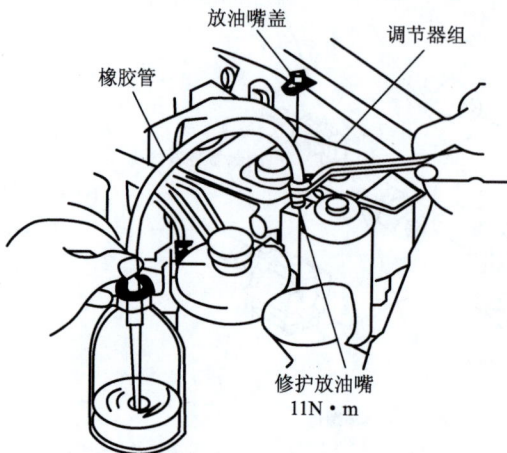

图2-41　制动压力调节装置功能检查

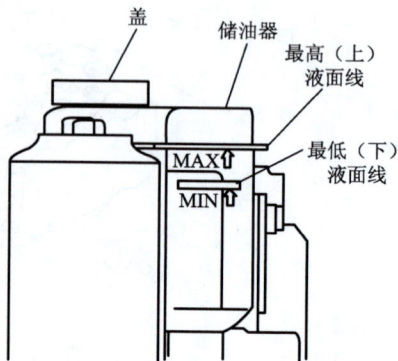

图2-42　制动液页面刻度

（10）起动发动机使其怠速运转1min，使发动机熄火。

（11）检查储油筒内液面高度，应低于最高液面线，用新鲜制动液加注入储油筒内，直至液面达最高液面标志线。

（12）检查后再起动发动机。应确保ABS指示灯熄灭。

（二）释放系统压力及更换制动液

其步骤同（一）。

（三）放气

更换制动液时因完全排放了储油筒中的制动液，空气会进入ABS压力调节装置。因此，应排除ABS压力调节装置中的空气。方法如下：

（1）用新鲜制动液加注入储油筒内直至液面达最高液面线。

（2）连接橡胶管至ABS压力调节装置的油嘴，另一端置入容器中。

（3）松开油嘴，起动发动机使泵电动机停转。

（4）当制动液开始从油嘴流出时，拧紧油嘴。

（5）泵电动机停转后，使发动机熄火。

若放气时ABS指示灯亮且泵电动机停转时，应重复上述步骤（3）～（5）。

三、更换ABS ECU

（1）站在驾驶席侧。

（2）断开ABS ECU插头。对直列四缸发动机车型，其插头位置如图2-43所示。

（3）拆下ABS ECU。

（4）按照与拆卸相反的次序安装ABS ECU。

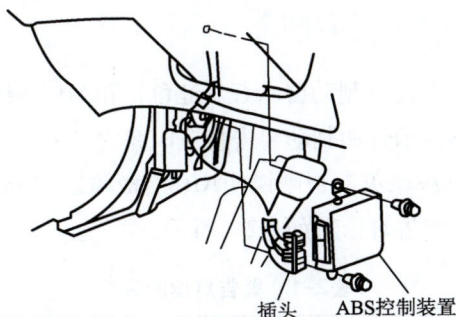

图2-43　插头位置

四、检查脉冲发生器／车轮转速传感器

（1）检查前、后轮脉冲发生器的牙齿是否碎裂或损坏。

（2）将脉冲发生器旋转一整圈，同时测量车轮转速传感器和脉冲发生器之间的空气间隙。如果空气间隙超过1.0 mm，则应检查悬架杆是否弯曲（标准值为0.4～1.0 mm），如图2-44所示。

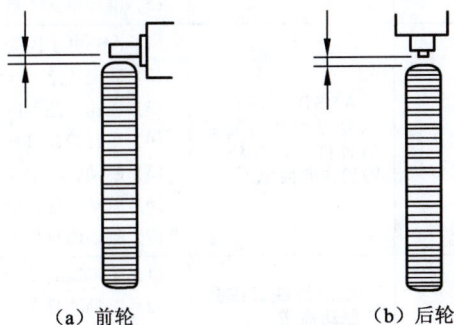

（a）前轮　　　　（b）后轮

图2-44　测量车轮转速传感器

（3）拆下后轮制动盘，检查后轮车轮转速传感器和脉冲发生器之间的空气间隙。

（4）若车轮转速传感器损坏，应按图2-45所示予以更换。安装时应小心安装传感器，应避免扭曲导线。

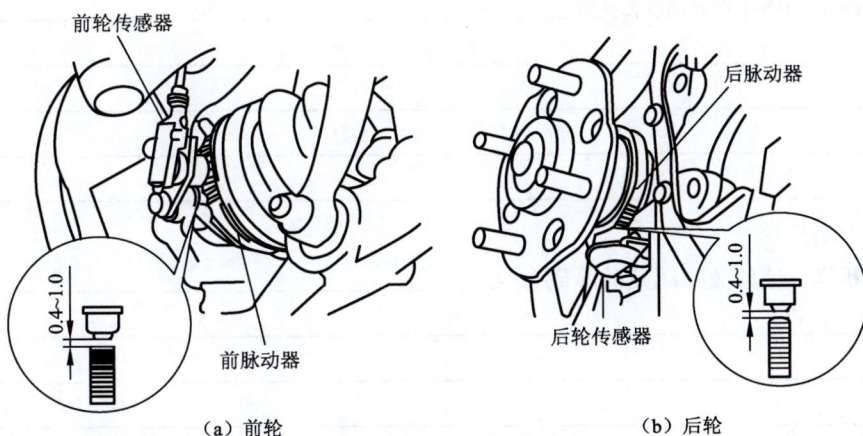

（a）前轮　　　　　　（b）后轮

图2-45　前后车轮转速传感器的安装

步骤二　ABS故障诊断与排除

装有ABS的汽车在仪表盘上设有制动警示灯（红色）和ABS系统故障警示灯（黄色）。正常情况下，点火开关打开，ABS警示灯和制动警告灯应闪亮约2 s，一旦发动机运转起来，驻车制动杆在释放位置，两个警告灯应熄灭，否则说明ABS有故障。可利用两灯的闪亮规律，粗略地判断出系统发生故障的部位。警告灯诊断如表2-1所示。

表2-1　警告灯诊断表

警 告 灯	故 障 现 象	可 能 原 因
ABS故障警告灯亮	ABS不起作用	（1）轮速传感器不起作用 （2）液控单元不良 （3）ABS电子控制单元不良
ABS故障警告灯不亮	踩制动踏板时，踏板振动强烈	（1）制动开关失效或调整不当 （2）制动开关线路或插接件脱落 （3）制动鼓（盘）变形 （4）车轮转速传感器信号不良 （5）液控单元不良
ABS警告偶尔或间歇点亮	ABS作用正常，只要点火开关关闭后再打开，ABS故障警告即会熄灭	（1）ABS电子控制单元插接器松动 （2）轮速传感器导线受干扰 （3）轮速传感器内部工作不良 （4）车轮轮毂轴承松旷 （5）制动管路中有空气 （6）制动轮缸工作不良 （7）制动蹄衬片不良
制动警告灯亮	制动液缺乏或驻车制动拖滞	（1）驻车制动器调整不当 （2）制动油管或制动轮缸漏油 （3）制动警告灯搭铁
ABS故障警告灯和制动警告灯亮	ABS不起作用	（1）两个以上轮速传感器故障 （2）ABS电子控制单元故障 （3）液控单元工作不良

（一）故障现象描述

请描述该车ABS系统的故障现象_____

_____

_____

_____

（二）诊断仪诊断

连接诊断仪，读取故障码及故障码含义_____

_____

_____

_____

_____

（三）卡罗拉ABS电路图分析

卡罗拉ABS电路图如图2-46所示。

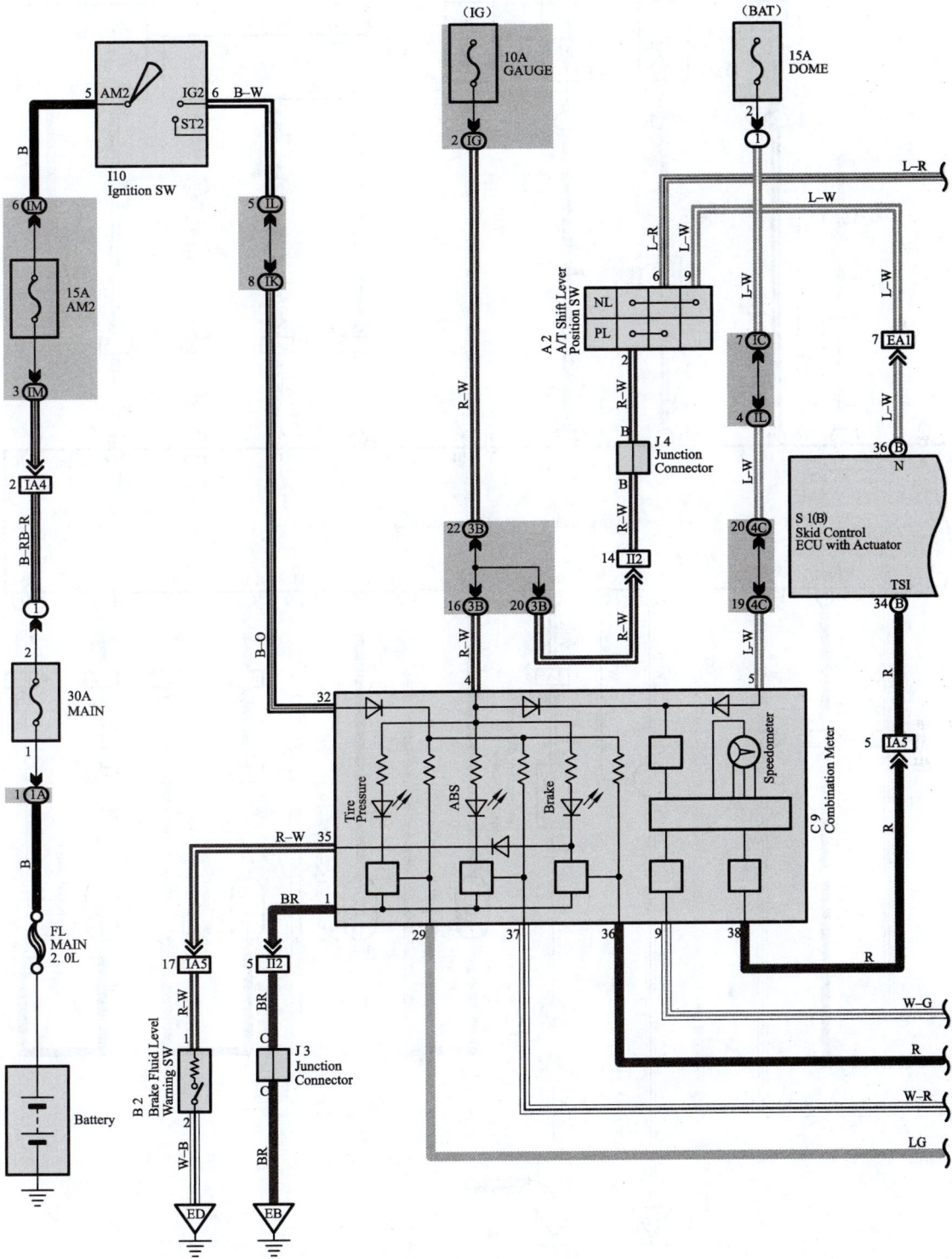

图2-46　卡罗拉电路图

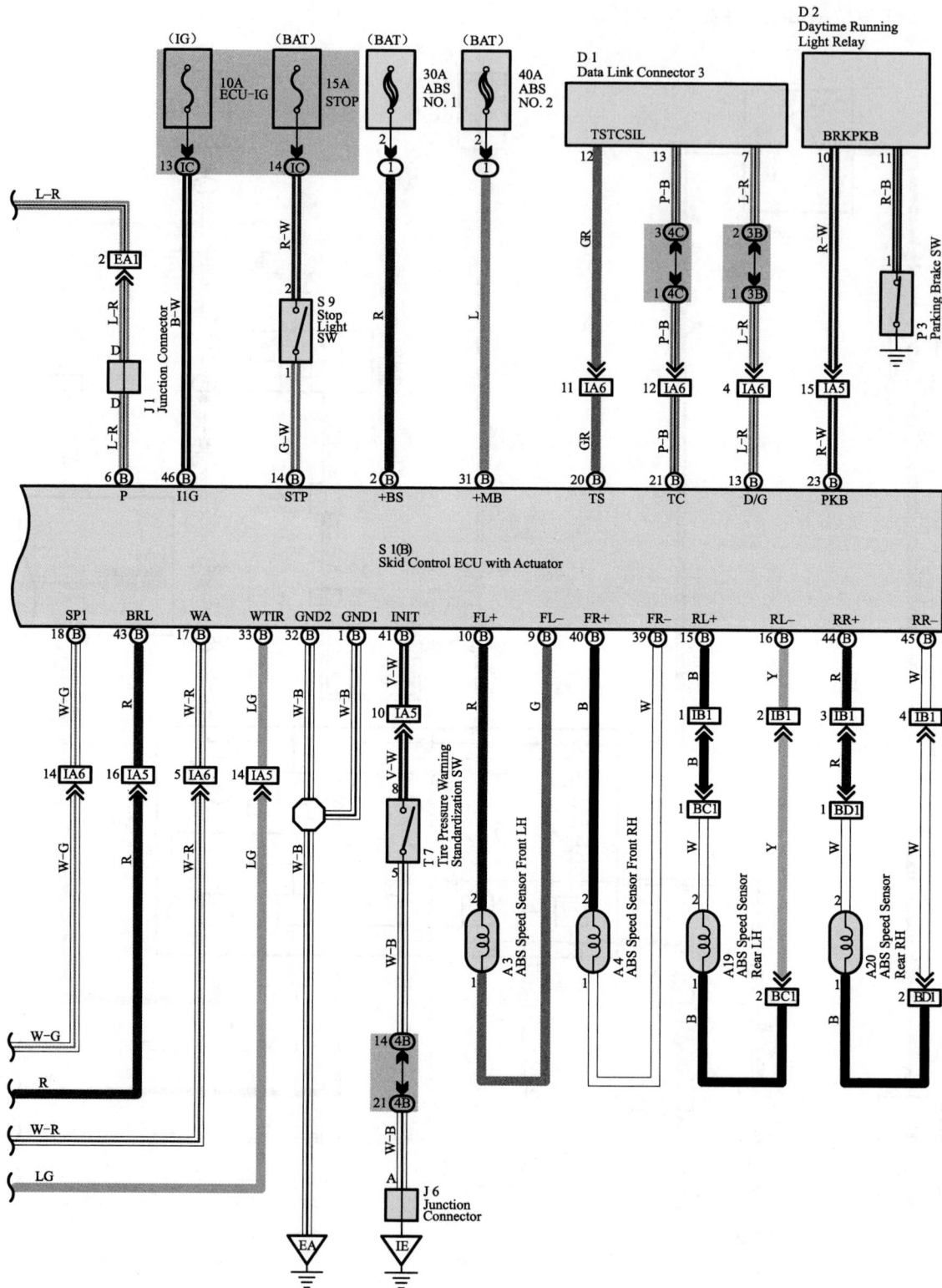

图2-46 卡罗拉电路图（续）

依据故障码和电路图分析该车可能的故障有_____

_____

_____

_____

_____

（四）确定诊断流程

根据由简单到复杂的原则，通过小组讨论，确定诊断流程。

制定的诊断流程：

步骤三　检测数据与工作报告

按照制定的诊断流程逐项进行检测，记录各步骤的数据，并对数据进行分析，确定故障原因，进行修复或更换。

检测过程记录：

诊断结果描述：

思考练习

填空题

1. 车辆制动过程中，滑移率在_____时的制动效果最好。

2. 汽车ABS的基本组成包括：_____、_____、_____和_____。

3. 制动压力调节装置主要包括：_____、_____和_____。

4. 典型的ABS工作过程可以分为_____、_____、_____和_____这几个阶段。

判断题

1. 当路面的制动力大于附着力时，车轮即出现抱死不转而出现纯滑移的现象。　（　　）

2. 当ABS出现故障时，汽车就没有了制动功能。　（　　）

3. 所有ABS系统控制范围一般在15～180 km/h。　（　　）

4. 在正常的情况下，点火开关打开，ABS报警灯数秒后应当熄灭，否则说明ABS系统有故障。

　（　　）

5. 目前四轮ABS系统大多数使用四通道控制。　（　　）

6. ABS系统的压力调整都是用三位三通的电磁阀来工作。　（　　）

7. ABS系统有两个报警灯，黄色的是制动故障报警灯。　（　　）

选择题

1. 路面制动力、制动器制动力和附着力之间的关系说法（　　　）正确。

   A. 路面制动力取决于制动器制动力　　　　B. 附着力不大于路面制动力

   C. 路面制动力等于附着力时最好　　　　　D. 制动器制动力等于路面制动力

2. （　　　）不是ABS系统的质量标准。

   A. 良好的行驶稳定性　　　　　　　　　　B. 良好的转向性

   C. 高附着系数利用率　　　　　　　　　　D. 制动性良好

3. 按照低选项原则来进行控制的是（　　　）。

   A. 单通道ABS　　　　　　　　　　　　　B. 双通道ABS

   C. 三通道ABS　　　　　　　　　　　　　D. 四通道ABS

4. 正常使用的汽车在车速小于5～8 km/h 时，ABS的故障灯亮表明（　　　）。

   A. 汽车ABS故障　　　　　　　　　　　　B. 汽车恢复常规制动

   C. 制动系统出现故障　　　　　　　　　　D. 汽车制动无法抱死

项目三
驱动防滑控制系统（ASR）

3

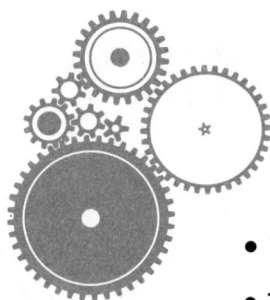

学习目标

• 了解汽车驱动防滑控制系统（ASR）的作用。

• 理解汽车驱动防滑控制系统的总成结构及作用。

• 掌握汽车驱动防滑控制系统的工作原理及常用控制方式。

• 了解 ABS 和 ASR 的区别，了解典型 ASR 系统 / 丰田车系防抱死制动与驱动防滑（ABS/TRC）。

• 能够识读 ASR 电路图，会使用车辆维修手册。

• 能够依据 ASR 故障现象分析故障原因。

• 能够制定合理的故障诊断流程。

• 能够依据维修手册和电路图排除 ABS 故障并对系统进行相应调整。

项目描述 ⚙

一辆雷克萨斯LS400车主反映，ASR故障灯常亮，服务经理要求对该车ASR电路进行分析和检测，查出故障原因并进行修复；要求记录检测数据，写出工作报告。

项目分析 ⚙

要求认识ASR的作用、结构总成，理解ASR的工作原理，能够识读ASR的电路图；根据ASR的故障现象来制定相应的诊断流程，理清诊断思路，依据流程逐项诊断、检测，查找故障原因，最后排除故障；并对ASR系统进行相应检测及调整。

相关知识 ⚙

一、汽车驱动防滑控制概述

（一）汽车驱动防滑控制系统（ASR）的作用

在汽车驱动状态下，汽车的受力如图3-1所示，其中G是作用在汽车质心的重力，Fz_1和Fz_2是相应作用在车轮上的地面支承力，F_j是因改变汽车运动状态（加速）而作用在质心上的惯性力，M_t和F_t则分别是发动机经传动系统传到驱动轮上的驱动转矩和相应地面作用在车轮边缘的驱动力。其中只有地面的驱动力F是推动汽车向前行驶的外力。

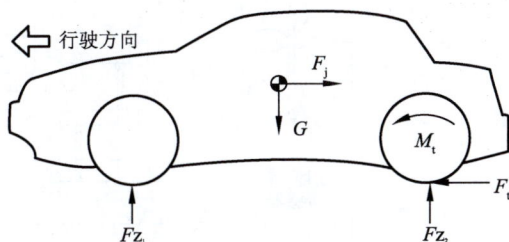

图3-1 汽车驱动状态受力

在汽车行驶过程中，时常会出现车轮转动而车身不动，或者汽车的移动速度低于驱动轮轮缘速度的情况，这时，意味着轮胎接地点与地面之间出现了相对滑动，通常把这种滑动称为驱动轮的"滑转"，以区别于汽车制动时车轮抱死而产生的车轮"滑移"。驱动车轮的滑转，同样会使车轮与地面的纵向附着力下降，从而使得驱动轮上可获得的极限驱动力减小，最终导致汽车的起步、加速性能和在湿滑路面上通过性能的下降。同时，还会由于横向摩擦因数几乎完全丧失，使驱动轮上出现横向滑动，随之产生汽车行驶过程中的方向失控。

驱动力控制系统（Traction Control System，简称TCS或TRC）又称驱动防滑系统（Anti-Slip Regulation，ASR），它是继防抱死制动系统（ABS）之后，设置在汽车上专门用来防止驱动轮起步、加速和在湿滑路面行驶时滑转的电子驱动力调节系统。它可以在驱动状态下，通过计算机帮助驾驶人实现对车轮运动方式的控制，以便在汽车的驱动轮上获得尽可能大的驱动力，同时保持汽车驱动时的方向控制能力，改善燃油经济性，减少轮胎磨损。

（二）ASR的基本组成

ASR的基本组成由ECU（ASR电控单元）、执行机构（制动压力调节器、节气门驱动装置）、传感器（车轮轮速传感器、节气门开度传感器）组成，如图3-2所示。

图3-2 ASR组成

1. ASR的传感器

（1）车轮轮速传感器：与ABS系统共享。

（2）节气门开度传感器：与发动机电控系统共享。

（3）ASR选择开关：ASR专用的信号输入装置。ASR选择开关关闭时ASR不起作用。

2. ASR的ECU

ASR的ECU也是以微处理器为核心，配以输入/输出电路及电源等组成。

ASR与ABS的一些信号输入和处理是相同的，为减少电子元器件的应用数量，ASR控制器与ABS电控单元常组合在一起。

ABS/ASR组合ECU实例如图3-3所示。

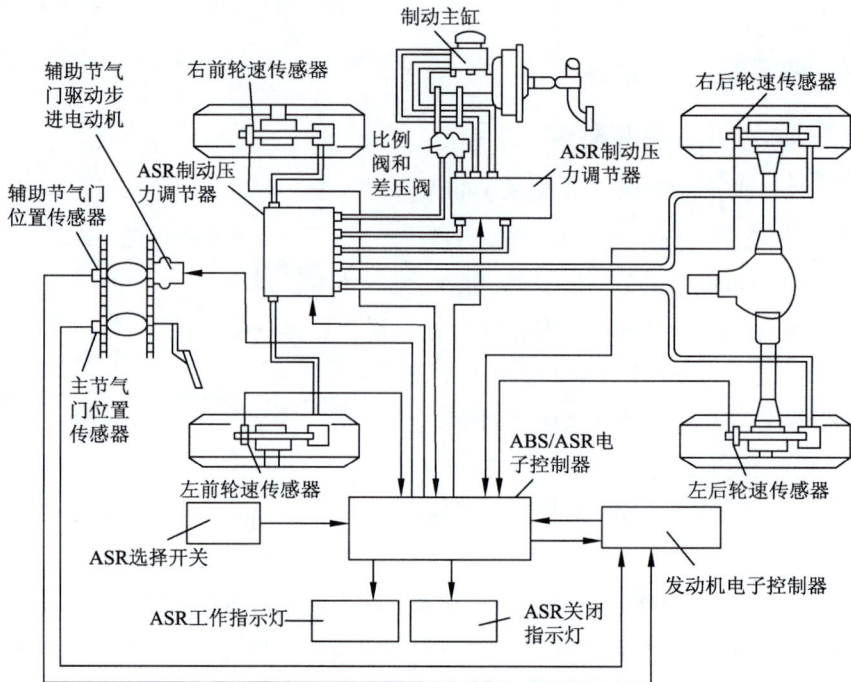

图3-3　ABS/ASR典型组合

3. ASR系统的执行机构

（1）制动压力调节器。单独方式的ASR制动压力调节器与ABS制动压力调节器在结构上各自分开，ASR ECU通过电磁阀的控制实现对驱动轮制动力的控制。控制过程如图3-4所示。

① 正常制动时ASR不起作用，电磁阀不通电，阀在左位，调压缸的活塞被回位弹簧推至右边极限位置。

② 起步或加速时若驱动轮出现滑转需要实施制动时，ASR使电磁阀通电，阀至右位，蓄压器中的制动液推活塞左移。

③ 压力保持过程：此时电磁阀半通电，阀在中位，调压缸与储液室和蓄压器都隔断，于是活塞保持原位不动，制动压力保持不变。

④ 压力降低过程：此时电磁阀断电，阀回左位，使调压腔右腔与蓄压器隔断而与储液室接通，于是调压缸右腔压力下降，制动压力下降。

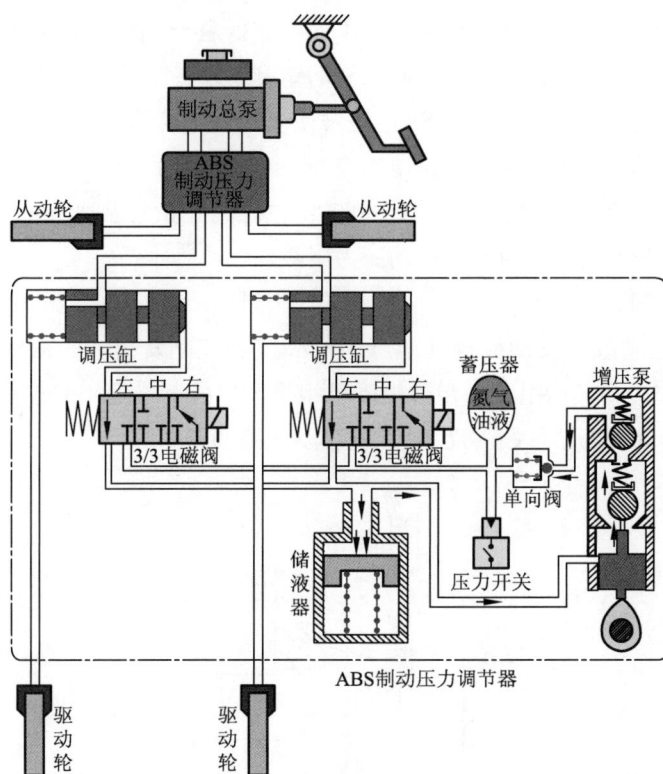

图3-4　对驱动轮制动力的控制过程

（2）组合方式的ASR制动压力调节器（见图3-5）。

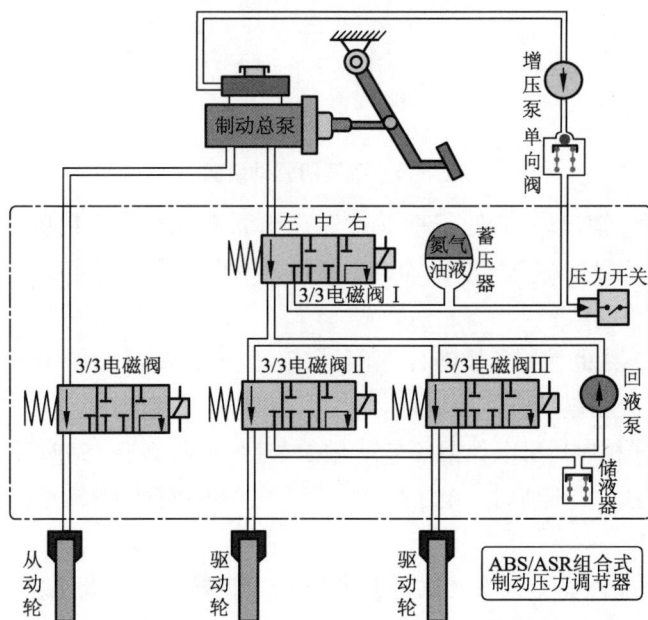

图3-5　组合方式的ASR制动压力调节器

① ASR不起作用时，电磁阀Ⅰ不通电，ABS起制动作用并通过电磁阀Ⅱ和电磁阀Ⅲ来调节制动压力。

② 驱动轮滑转时，ASR控制器使电磁阀Ⅰ通电，阀移至右位，电磁阀Ⅱ和电磁阀Ⅲ不通电，阀仍在左位。于是，蓄压器的压力油通入驱动轮制动泵，制动压力增大。

③ 需要保持驱动轮制动压力时，ASR控制器使电磁阀Ⅰ半通电，阀至中位，隔断蓄压器及制动总泵的通路，驱动轮制动分泵压力保持不变。

④ 需要减小驱动轮制动压力时，ASR控制器使电磁阀Ⅱ和电磁阀Ⅲ通电，阀移至右位，接通驱动车轮制动分泵与储液室的通道，制动压力下降。

4. 节气门驱动装置

ASR控制系统通过改变发动机辅助节气门的开度来控制发动机的输出功率。节气门驱动装置由步进电动机和传动机构组成。步进电动机根据ASR控制器输出的控制脉冲转动规定的转角，通过传动机构带动辅助节气门转动。控制过程如图3-6所示。

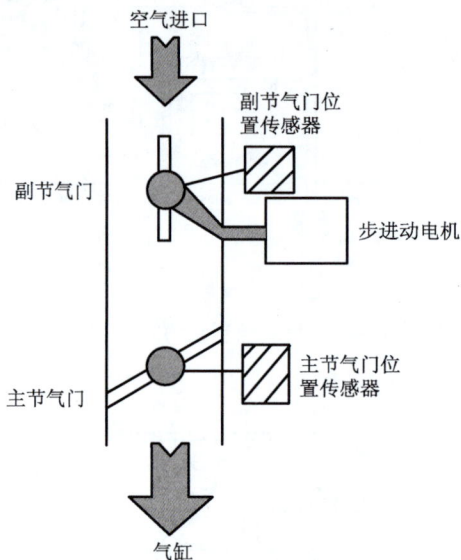

图3-6 节气门驱动装置

ASR不起作用时，副节气门处于全开位置，当需要减少发动机驱动力来控制车轮滑转时，ASR控制器输出信号使副节气门驱动机构工作，改变副节气门开度。

（三）ASR的工作原理

驱动防滑转控制系统的控制参数仍然是滑移率S，当车身未动（$V=0$）而驱动车轮转动时，$S=100\%$，车轮处于完全滑转状态；当$V=V_\omega$时（V_ω—车轮角速度），$S=0$ 驱动车轮处于纯滚动状态。ASR系统的电子控制器可以根据各车轮上的转速传感器信号，适时计算出各车轮的滑动率S。当S值超过预先设定的界限值时，电子控制器就会向ASR执行装置输出控制信号，抑制或消除驱动车轮上的滑转。

车速传感器将行驶汽车驱动车轮转速及非驱动车轮转速转变为电信号，输送给电控单元ECU。ECU根据车速传感器的信号计算驱动车轮的滑移率，若滑移率超限，控制器再综合考虑节气门开度信号、发动机转速信号、转向信号等因素确定控制方式，输出控制信号，使相应的执行器动作，使驱动车轮的滑移率控制在目标范围之内。

ASR系统就是利用控制器控制车轮与路面的滑移率，防止汽车在加速过程中打滑，特别是防止汽车在非对称路面或转弯时驱动轮的空转，以保持汽车行驶方向的稳定性、操纵性、维持汽车的最佳驱动力以及提高汽车的平顺性。

（四）ASR常用控制方式

1. 发动机输出功率控制

在汽车起步、加速时，ASR控制器输出控制信号，控制发动机输出功率，以抑制驱动轮滑转。常用方法有：辅助节气门控制、燃油喷射量控制和延迟点火控制。

2. 驱动轮制动控制

直接对发生空转的驱动轮加以制动，反映时间最短。普遍采用ASR与ABS组合的液压控制系统，在ABS系统中增加电磁阀和调节器，从而增加了驱动控制功能。

3. 同时控制发动机输出功率和驱动轮制动力

控制信号同时起动ASR制动压力调节器和辅助节气门调节器，在对驱动车轮施加制动力的同时减小发动机的输出功率，以达到理想的控制效果。

4. 防滑差速锁控制

防滑差速锁（Limited-Slip-Differential，LSD）能对差速器锁止装置进行控制，使锁止范围为0%～100%。当驱动轮单边滑转时，控制器输出控制信号，使差速锁和制动压力调节器动作，控制车轮的滑移率。这时非滑转车轮还有正常的驱动力，从而提高汽车在滑溜路面的起步、加速能力及行驶方向的稳定性。

在差速器向驱动轮输出驱动力的输出端，设置一个离合器，通过调节作用在离合器片上的液压压力，便可调节差速器的锁止程度。

5. 差速锁与发动机输出功率综合控制

差速锁制动控制与发动机输出功率综合控制相结合的控制系统可根据发动机的状况和车轮滑转的实际情况采取相应的控制达到最理想的控制效果，如图3-7所示。

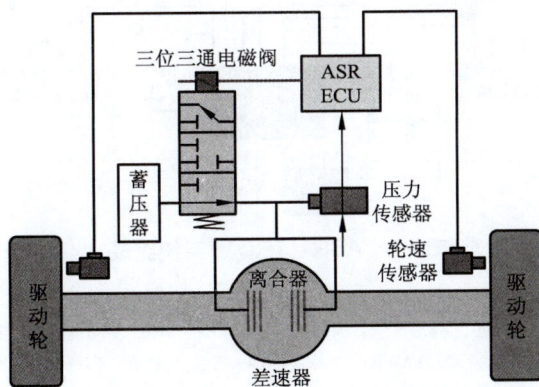

图3-7　差速锁与发动机输出功率综合控制

二、ASR系统与ABS系统的比较

ASR和ABS都是控制车轮和路面的滑移率，以使车轮与地面的附着力不下降，因此两系统采用的是相同的技术，它们密切相关，常结合在一起使用，共享许多电子组件和共同的系统部件来控制车轮的运动，构成行驶安全系统。

ASR系统与ABS系统的不同主要在于：

（1）ABS系统是防止制动时车轮抱死滑移，提高制动效果，确保制动安全；ASR系统则是防止驱动车轮原地不动而不停地滑转，提高汽车起步、加速及滑溜路面行驶时的牵引力，确保行驶稳定性。

（2）ABS系统对所有车轮起作用，控制其滑移率；而ASR系统只对驱动车轮起制动控制作用。

（3）ABS是在制动时，车轮出现抱死情况下起控制作用，在车速很低（小于8 km/h）时不起作用；而ASR系统则是在整个行驶过程中都工作，在车轮出现滑转时起作用，当车速很高（80~120 km/h）时不起作用。

三、典型ASR系统/丰田车系防抱死制动与驱动防滑（ABS/TRC）

丰田公司把ASR称作牵引力或驱动力控制系统，常用TRC（Traction Control System）表示。

（一）ASR（TRC）系统组成（见图3-8）

（1）电子控制器（ECU）：与ABS共用。

（2）车轮轮速传感器：与ABS共用。

（3）ASR制动压力调节器：控制驱动轮制动管路。

（4）副节气门：步进电动机控制。

（5）节气门开度传感器：主、副节气门各一个。

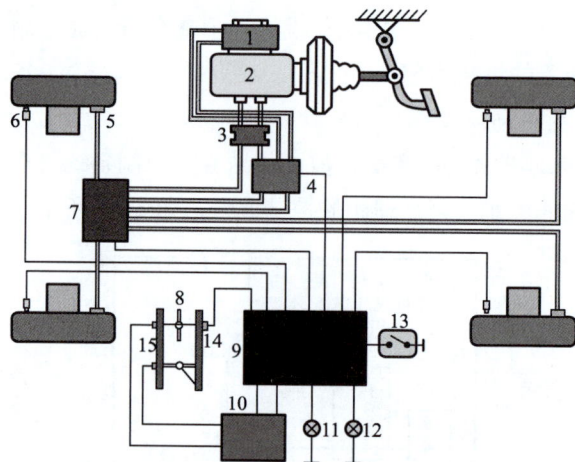

图3-8　ASR（TRC）系统组成

1—储液罐；2—制动总泵；3—比例阀；4—ASR制动压力调节器；5—制动分泵；6—轮速传感器；
7—ABS制动压力调节器；8—主、副节气门；9—ABS/TRC ECU；10—发动机ECU；11—ASR工作指示灯；
12—ASR关闭指示灯；13—AWR控制开关；14—步近电动机；15—节气门位置传感器

（二）ASR（TRC）系统工作过程

ECU根据各轮速传感器的信号，确定驱动轮的滑转率和汽车的参考速度。当ECU判定驱动轮的滑转率超过设定的门限值时，就使驱动副节气门的步进电动机转动，减小节气门的开度，此时，即使主节气门的开度不变，发动机的进气量也会减少，使输出功率减小，驱动轮上的驱动力矩就会随之减小。如果驱动车轮的滑转率仍未降低到设定的控制范围，ECU又会控制TRC制动压力调节装置和TRC制动压力装置，对驱动车轮施加一定的制动压力，使制动力矩作用于驱动轮，从而实现驱动防滑转的控制。

1. 液压系统与执行器

ABS/TRC液压系统基本组成如图3-9所示。

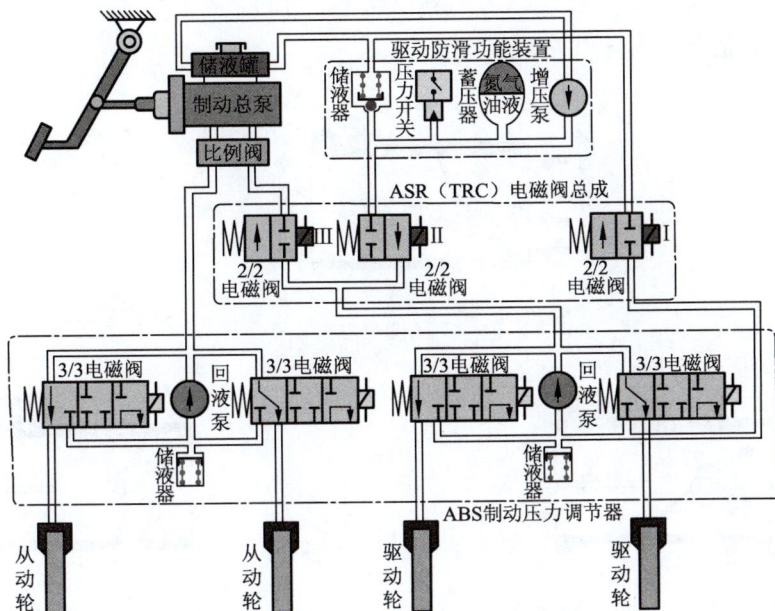

图3-9 ABS/TRC液压系统基本组成

工作情况：

（1）当需要对驱动轮施加制动力矩时，TRC的3个电磁阀都通电。

（2）当需要对驱动轮保持制动力矩时，ABS的2个电磁阀通较小电流。

（3）当需要对驱动轮减小制动力矩时，ABS的2个电磁阀通较大电流。

（4）当无须对驱动轮施加制动力矩时，各个电磁阀都不通电且ECU控制步进电动机转动使副节气门保持开启。

TRC的基本组成如图3-10所示。

TRC制动执行器总成如图3-11所示。

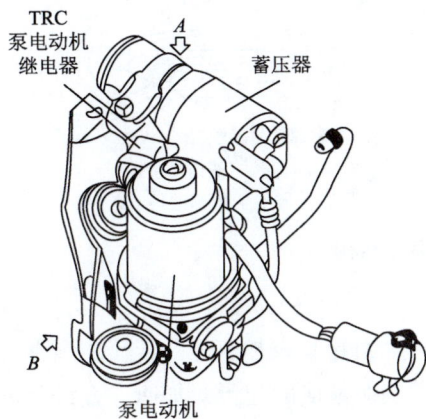

图3-10 TRC的基本组成

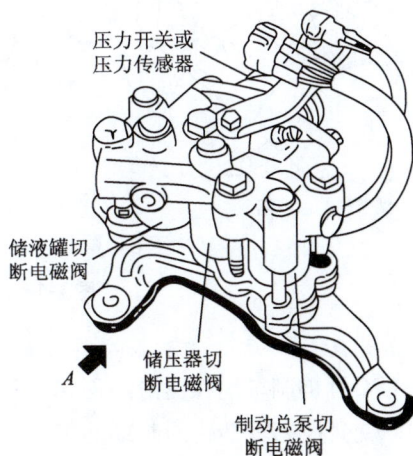

图3-11 TRC制动执行器总成

2. 副节气门及其驱动机构

副节气门及其驱动机构——副节气门执行器依据ECU的信号控制副节气门的开闭角度，从而控制进入发动机空气量，达到控制发动机输出功率的目的。

副节气门运转情况如图3-12所示。

（a）不运转，副节气门全开

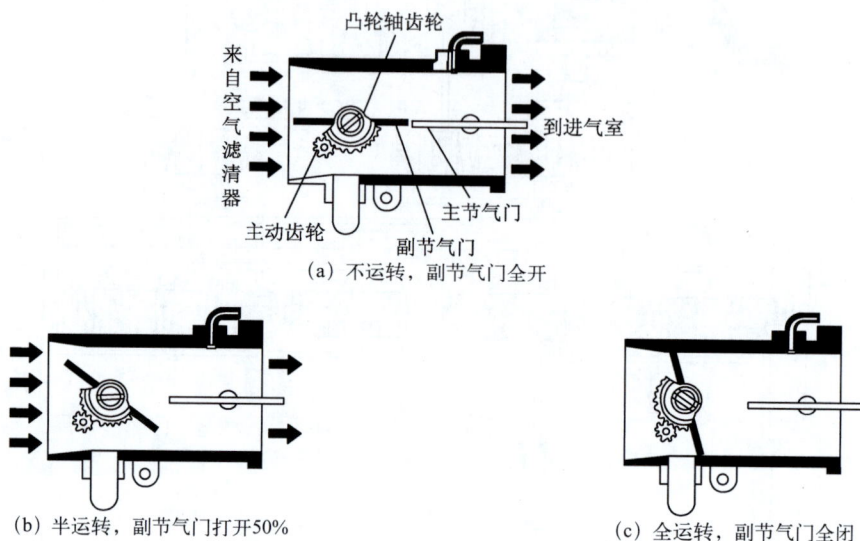

（b）半运转，副节气门打开50%

（c）全运转，副节气门全闭

图3-12　TRC系统工作时副节气门运转情况

副节气门的安装位置及内部结构如图3-13所示。

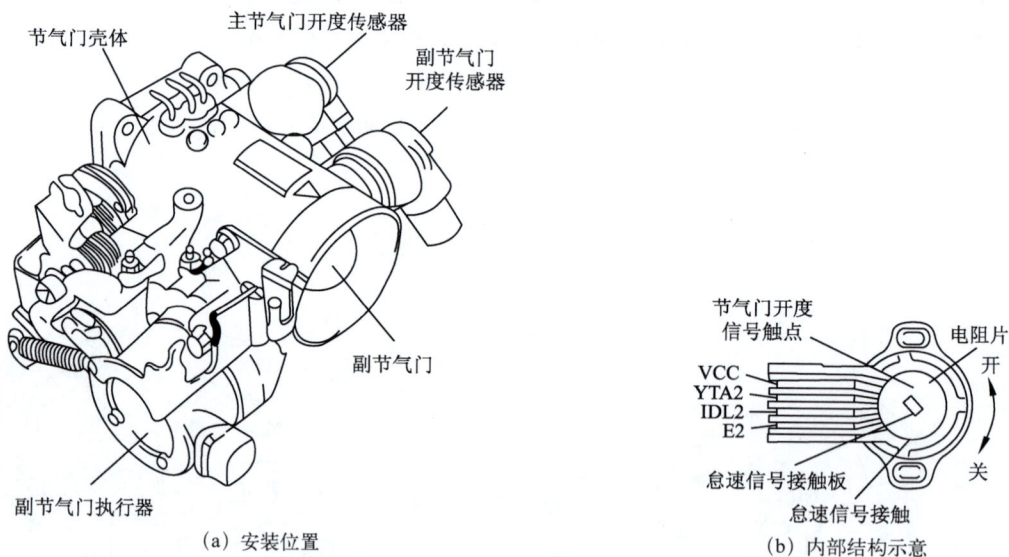

（a）安装位置

（b）内部结构示意

图3-13　副节气门传感器安装及结构

3. TRC系统控制电路及主要装置

TRC可抑制车辆在湿滑路面起步与加速时驱动轮空转，当起步或加速时，若侦测到驱动轮空转，就会控制驱动轮的制动油压及发动机的动力输出，确保最佳的起步、加速、直线行进，以及转弯的安全性。图3-14所示为丰田ABS/TRC控制系统电路。

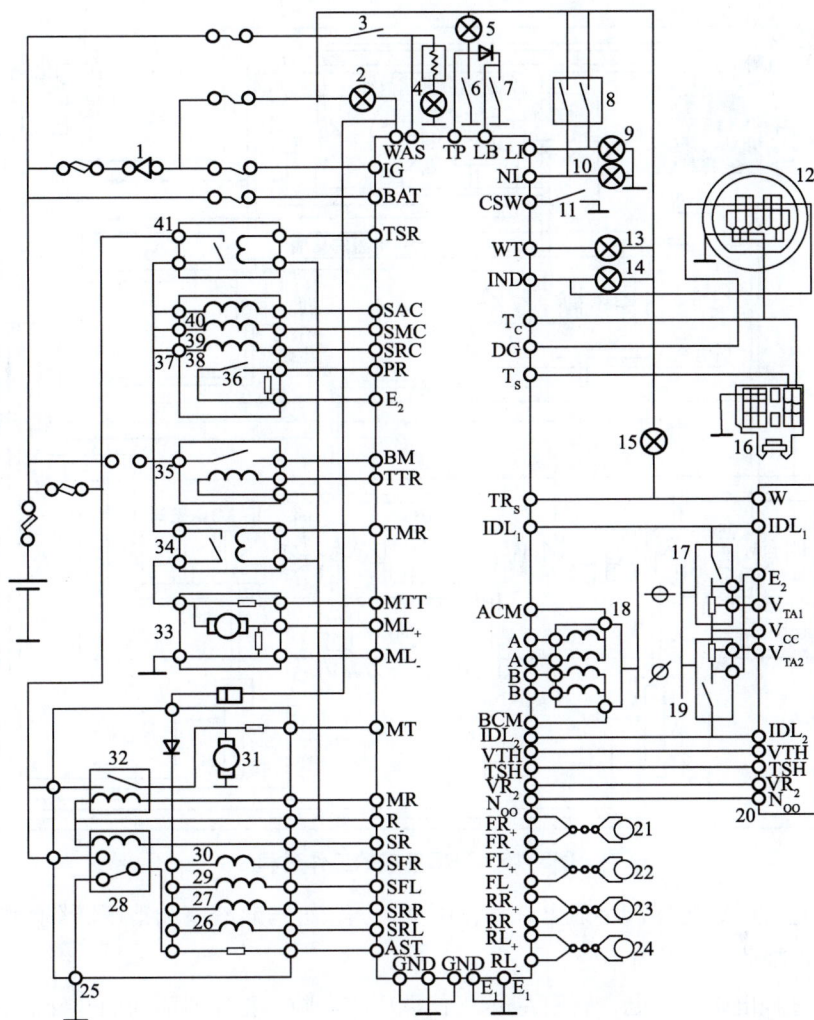

图3-14 丰田ABS/TRC控制系统电路

1—点火开关；2—ABS警告灯；3—制动灯开关；4—制动灯；5—制动警告灯；6—驻车制动开关；
7—储液室液位开关；8—空挡起动开关；9—P位指示灯；10—N位指示灯；11—TRC关闭开关；12—诊断插头Ⅰ；
13—TRC关闭指示灯；14—TRC工作指示灯；15—发动机警告灯；16—诊断插头Ⅱ；17—主节气门开度传感器；
18—副节气门控制电动机；19—副节气门开度传感器；20—发动机和变速器电子控制单元；21—右前轮速传感器；
22—左前轮速传感器；23—右后轮速传感器；24—左后轮速传感器；25—制动压力调节装置；26—左后调压电磁阀；
27—右后调压电磁阀；28—调压电磁阀继电器；29—左前调压电磁阀；30—右前调压电磁阀；31—电动回液泵；
32—电动回液泵继电器；33—TRC电动供液泵；34—TRC电动供液泵继电器；35—副节气门控制步进电动机继电器；
36—压力开关；37—TRC隔离电磁阀总成；38—储液室隔离电磁阀；39—制动主缸隔离电磁阀；
40—储能器隔离电磁阀；41—TRC制动主继电器

4. TRC系统的工作过程（见图3-15）

正常制动时ASR不起作用，电磁阀不通电，阀在左位，调压缸的活塞被回位弹簧推至右边极限位置。

起步或加速时若驱动轮出现滑转需要实施制动时，ASR使电磁阀通电，阀至右位，蓄压器中的制动液推活塞左移。

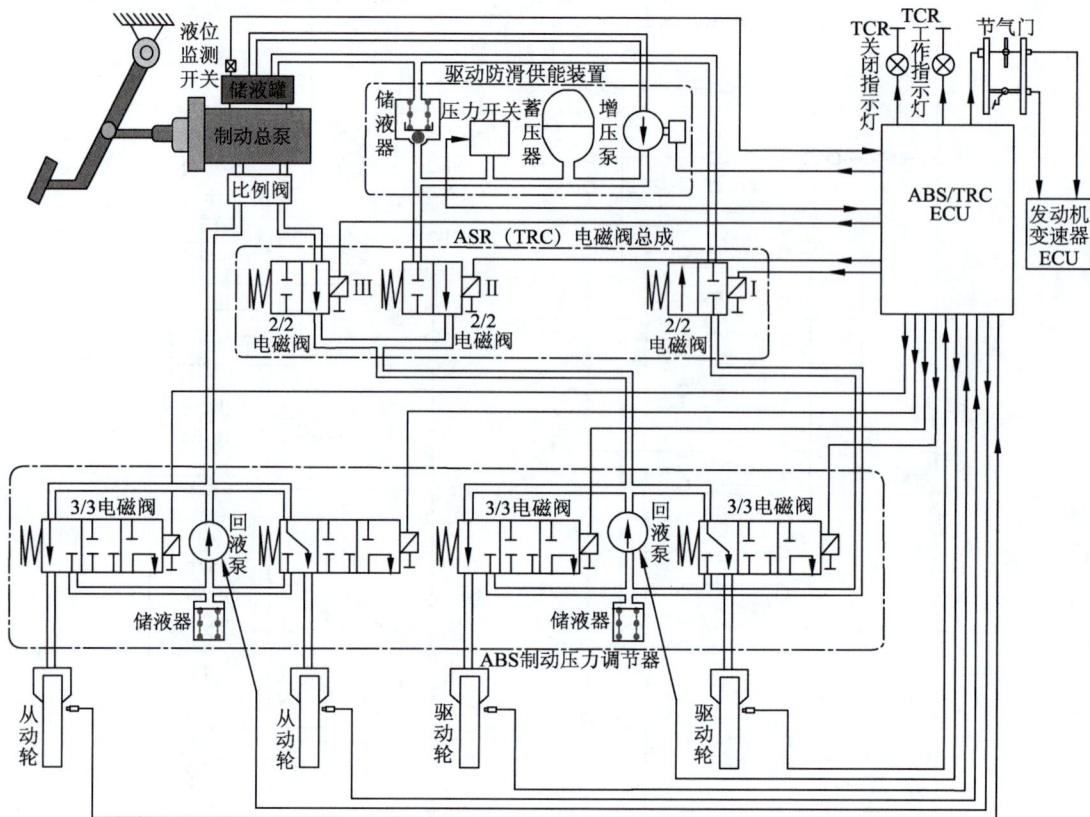

图3-15　TRC系统的工作过程

　　压力保持过程时，电磁阀半通电，阀在中位，调压缸与储液室和蓄压器都隔断，于是活塞保持原位不动，制动压力保持不变。

　　压力降低过程电磁阀断电，阀回左位，使调压腔右腔与蓄压器隔断而与储液室接通，于是调压缸右腔压力下降，制动压力下降。

5. 车轮转速控制过程

　　（1）一个典型的轮速控制循环。

　　（2）轮速控制运转条件。

四、ASR常见故障及诊断

　　当ABS/ASR系统的ECU检测到系统的故障信息时，立即使仪表盘上的相应警示灯点亮，提示操纵人员ABS/ASR系统出现故障，同时将故障信息以故障码的形式储存到存储器中。诊断ABS/ASR系统故障时，按照设定的程序和方法可读取故障码和清除故障码。下面以Audi A6轿车的ABS/ASR系统为实例进行讲解。

　　Audi A6轿车是具有电子差速锁的防抱死制动系统（ABS+EDS），以及驱动防滑调节系统（ASR）。EDS是借助电子控制对空转驱动轮进行抑制，使发动机功率被传到未抱死的车轮上的一种辅助装置，在车速40 km/h以下时，EDS调节开始起作用。

　　通过选择中央控制台上的ASR键可以关闭和启动ASR功能。如果ASR被关闭，则仪表板上的ASR指示灯K86亮起；在ASR调节操作过程中ASR指示灯K86将在1 s内闪烁3次。

Audi A6轿车制动系统的两个制动回路对角布置，分别以适当的液压压力控制左前轮和右后轮及右前轮和左后轮的车轮制动器。

（一）ABS/ASR系统故障诊断注意事项

（1）ABS、ABS+EDS及ASR是一种汽车安全系统，从事该项检修诊断工作要求具备该系统的相关知识。

（2）对ABS、ABS+EDS及ASR进行检修之前原则上要查询故障代码。

（3）在拔下ABS、ABS+EDS及ASR控制单元插头的情况下不要驾车。

（4）ABS、ABS+EDS及ASR的元器件插头只有在关闭点火开关时才可拔下或插上。不允许松开液压单元N55的螺栓(在更换回油泵继电器和电磁阀时，继电器罩盖螺栓除外)。

（5）在涉及与制动液有关的作业时，要注意采取有效的安全防范措施。

（6）指示灯亮说明在ABS、ABS+EDS及ASR系统中有故障，因为某些故障有可能在行驶时才被识别出来，因此必须在修理工作结束后进行试车。在试车时车速不低于60 km/h的行驶时间应超过30 s。

（二）ABS/ASR故障检测的前提条件

（1）所有车轮应使用规定的及相同规格的轮胎，轮胎充气压力应正确。

（2）包括制动灯开关及制动灯在内的常规制动装置应正常。

（3）液压系统的接头和管路应密封良好（目视检查N55及制动主缸）。

（4）轮毂轴承及其间隙应正常。

（5）车轮转速传感器安装位置应正确。

（6）所有熔丝应正常。

（7）J104插头连接应正确，并且锁紧器应可靠锁定。

（8）ABS同油泵继电器（J105）和ABS电磁阀继电器（J106）的插接应正确。

（9）蓄电池电压应正常（最小不低于10.5 V）。

（10）只有在停车时及打开点火开关（或发动机运转）的情况下才有可能进入故障自诊断系统，在车速超过2.75 km/h时不能进入故障自诊断系统，因此故障自诊断时4个车轮必须均处于静止状态；在进行ABS、ABS+EDS及ASR故障检测期间，汽车电气设备不要受到电磁干扰，即汽车要远离高耗电设备（如电焊机等）。

（三）故障自诊断

（1）Audi A6（ABS+EDS）/ASR控制单元J104一般可识别19个不同的故障源，在选装ABS+EDS时可识别的故障源的数量达到24个，在选装ASR时则达到29个。

（2）只有使用故障阅读仪VAG 1551的快速数据传输功能，才可能利用故障自诊断进行故障检测。

（3）只有在停车时打开点火开关（或发动机运转）的情况下才能进行故障自诊断检测；在车速超过2.75 km/h时不能进行故障自诊断检测。

（4）在进行故障自诊断期间，ABS+EDS不能进行调节，仪表板上的黄色ABS+EDS指示灯K47及红色制动指示灯亮。

（5）在装备了ASR系统时，ASR指示灯K86也会亮。每次打开点火开关，系统便开始进行故障自检。故障自检的执行是通过点亮ABS+EDS指示灯K47来进行提示的，在装备了ASR时，ASR指示灯K86也附带亮起，约2 s后指示灯熄灭。

（6）故障自检将持续到汽车行驶过程中，因为有些已存在的故障只有在行驶时才可被识别。

（7）当ASR系统的故障被识别出来时，ABS、ABS+EDS或ASR在相应的行驶段中将自动关闭。同时，仪表板上的黄色ABS+EDS指示灯K47及红色制动指示灯点亮。在装备了ASR时，ASR指示灯K86也要附带点亮。

（8）如果监控的传感器及元器件出现故障，系统自诊断可区别出持续故障和偶发故障。如果一个曾被作为"持续故障"而储存的故障在接通点火开关后不再出现，那么该故障变为一个"偶发"故障。对出现的偶发故障会附加上一个标记，在VAG 1551显示屏的右侧出现"/SP"。如果通过一定次数的行驶，一个偶发故障不再出现，它将被自动清除。持续故障将一直被储存到用故障阅读仪VAG 1551把故障存储器内容清除为止。自诊断不仅能进行故障查询和清除，而且还能进行控制单元识别、控制单元编码和读取测量数据块等附加功能。

① 连接故障阅读仪。如果在显示屏上无显示，则检查诊断插头电源。显示屏显示：

- 按"0"和"3"键。用代码"03"选择"制动器电子设备"，显示屏显示：

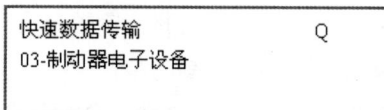

```
快速数据传输                    Q
03-制动器电子设备
```

- 按"Q"键确认输入。

- 如果故障阅读仪VAG 1551与控制单元之间的连接过程无故障，那么在显示屏上显示控制单元识别码：

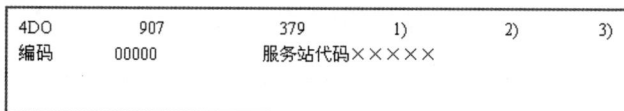

```
4DO         907         379        1)          2)          3)
编码        00000      服务站代码×××××
```

注意：只有在汽车配有驱动防滑调节系统（ASR）时才显示编码。其中服务站代码WSC、×××××为上次在控制单元中输入的服务站代码。1)为控制单元识别码；2）为系统说明；3）为软件版本号。

② 查询故障代码：

- 按"→"键，故障阅读仪显示屏显示"功能选择××"。

- 按"0"和"2"键，用02选择"查询故障代码"功能，故障阅读仪显示屏显示"02—查询故障代码"。

- 按"Q"键确认输入，在显示屏上显示存储的故障数目或"没有识别出故障"。

- 按"→"键，存储的故障码按顺序逐个显示并打印出来，故障码见表4-3（P193）。最后一个故障显示并打印后，按"→"键，故障阅读仪显示屏显示"功能选择××"。

- 如果识别出故障，则结束输出（功能06）。关闭点火开关，排除故障，然后查询并清除故障码。如果出现的故障不能通过故障自诊断识别出来，则应通过"电气检测"诊断确定故障部位。

③ 清除故障代码：

- 在故障阅读仪显示屏显示"选择功能××"的状态下，按0和5键，用05选择"清除故障代码"，故障阅读仪显示屏显示"05—清除故障代码"。
- 按"Q"键确认输入，故障阅读仪显示屏显示"故障储存被清除"。如果故障阅读仪显示屏显示"注意! 没有查询故障代码"，则说明在进行清除故障代码操作之前没有执行查询故障代码操作。故障存储器内容只能在完成查询后被清除，因此应先查询故障代码，然后再清除故障代码。如果在查询故障代码及清除故障代码期间关闭了点火开关或车速超过20 km/h，则故障代码的清除不能完成。
- 按"→"键，故障阅读仪显示屏显示"选择功能××"。
- 按"0"和"6"键，故障阅读仪显示屏显示"06—结束输出"。
- 按"Q"键确认输入，故障阅读仪显示屏显示"输出结束"。
- 关闭点火开关，拆下故障阅读仪VAG 1551的插头连接。

打开点火开关，ABS+EDS指示灯K47及在装备了ASR装置时ASR指示灯必须亮约2 s后熄灭。

在试行驶期间，车速不低于60 km/h的行驶时间应超过30 s，此时ABS+EDS及ASR指示灯和制动指示灯应不亮。

④ 控制单元编码：

- ABS/EDS变速器电气连接。
- CAN总线中没有来自变速器控制单元的信号。
- 控制单元编码错误。那么必须按发动机和变速器型号给控制单元编码，如表3-1所示。说明：只有当VAG 1551内存有服务站代码时，才能进行编码；显示出控制单元备件号，就会出现5位数编码。

表3-1　按发动机和速器型号给控制单元编码

发　动　机	变　速　器	数据传递途径	控制单元备件号及索引	编　码
2.4L、6缸、5气门	手动变速器012	CAN总线	8E0 614 111	00032
	自动变速器01V	CAN总线	8E0 614 111	AH AJ
28L、6缸、5气门	手动变速器012	CAN总线	8E0 614 111	00032
	自动变速器01V	CAN总线	8E0 614 111	00031
1.8L、4缸、5气门	手动变速器012	单独线	8E0 614 111	不可编码

- 用诊断导线VAG 1551/1连接故障阅读仪VAG 1551。
- 选择操作类型1"快速数据传输"，按"0"键和"3"键输入"制动器电子设备"代码，J104识别后，故障阅读仪显示屏显示"功能选择××"。
- 按"0"键和"7"键选择"控制单元编码"的功能，故障阅读仪显示屏显示"07—控制单元编码"。
- 按"Q"键确认输入，故障阅读仪显示屏显示"输入编码×××"。

- 输入相应编码，按"Q"键确认输入，在显示屏上显示出控制单元识别码和输入的编码：

4DO	907	379×System	des.Softwarest.
编码	00000		WSC×××××

- 按"→"键，并用06选择"结束输出"功能。

⑤ 读取测量数据块。数据块由一个带物理单位的4个测量值的显示组和两个不带物理单位测量值的显示组构成。

- 用诊断导线VAG 1551/1连接故障阅读仪VAG 1551，选择操作类型1"快速数据传输"，按"0"键和"3"键输入"制动器电子设备"代码，J104识别后在显示屏上显示"功能选择××"。
- 按"0"键和"8"键选择"读取测量数据块"功能，故障阅读仪显示屏显示"08—读取测量数据块"。
- 按"Q"键确认输入，故障阅读仪显示屏显示"输入显示组编号××"。
- 按"0"键和"1"键，按"Q"键确认输入，故障阅读仪显示屏显示如下：

读取测量数据块			→
1km/h	2km/h	3km/h	4km/h

显示区1～4为车轮转速，显示单位是km/h，该数值是J104根据输入的车轮转速传感器脉冲计算得出的。如果汽车在干燥的路面上平稳地加速或行驶，在显示区1～4之间显示值允许误差最大为±1 km/h（含入误差）。误差过大时，应检查车轮转速传感器和齿环。用手转动车轮对车轮转速传感器交叉检查，要防止其余的车轮一起转动。

- 按"→"键，故障阅读仪显示屏显示"输入显示组编号××"。
- "0"键和"2"键，按"Q"键确认输入，故障阅读仪显示屏显示如下：

读取测量数据块			→
5	6	7	8

显示区5～8测量值为系统的开关状态。

- 按"→"键，故障阅读仪显示屏显示"输入显示组编号××"。
- 按"0"键和"3"键，按"Q"键确认输入，故障阅读仪显示屏显示如下：

读数测量数据块		→
9	10	11

显示区测量值9～11只有在车辆装备了ASR时才可能查询。

⑥ 执行元件诊断。执行元件诊断用来检查执行元件的功能，进行执行元件诊断时，应保证被检系统无电气故障，以便发现机械故障。在开始进行执行元件诊断前，应先进行故障存储器查询。在进行执行元件诊断时，应用千斤顶抬起车辆，使车轮可自由旋转；为防止执行元件过载，它们只工作60 s或90 s；在执行元件诊断过程中，ABS+EDS指示灯和红色制动系统指示灯一直在闪亮。

- 连接VAG 1551，并输入地址码03"制动器电子设备"，检查控制单元版本号并按"→"键，故障阅读仪显示屏显示"功能选择××"。

- 按"0"键和"3"键选择"执行元件诊断"，故障阅读仪显示屏显示"03—执行元件诊断"。

- 按"Q"键确认输入，故障阅读仪显示屏显示"ABS液压泵V39"。此时应听到ABS液压泵在运转，脚放到制动踏板上时可感到振动。这是因为ABS液压泵在制动管路内产生压力脉动，此脉动传到制动踏板上，但制动管路中的压力脉动不足以抱死车轮。

- 按"→"键，故障阅读仪显示屏显示"踩下制动踏板"。

- 按"→"键，故障阅读仪显示屏显示"左前进液阀：0V；左前出液阀：0V；在前轮抱住"。踏下制动踏板后，4个制动轮缸中均产生压力，4个车轮均被抱住。当然，前提条件是制动系统中机械及液压部件工作正常，也就是说制动主缸可在4个制动轮缸中产生压力，且液压管路及接头无泄漏。如果车轮未抱住，应目视检查制动液罐、制动主缸、液压单元及制动轮缸。

- 按"→"键，故障阅读仪显示屏显示"左前进液阀：阀上为蓄电池电压；左前出液阀：0V；左前车轮抱住"。踩下制动踏板并保持，左前进液阀被触发，制动管路中断，但制动轮缸内仍保持压力，左前轮仍抱住。

- 按"→"键，故障阅读仪显示屏显示"左前进液阀：阀上为蓄电池电压；左前出液阀：阀上为蓄电池电压；左前轮处于自由状态"。踩下制动踏板并保持住，左前进液阀和出液阀均被触发。液压泵开始运转，通过打开的出液阀减小了制动轮缸中的压力，制动踏板不应松动，这时可以转动左前轮。如果左前轮不能转动，应检查左前轮制动管是否接好；如果车轮不能转动且系统无电气故障，说明一个阀有机械故障，应更换N55；如果制动踏板下沉，则表明左前进液阀或与进液阀串联的单向阀泄漏，应更换N55。

- 按"→"键，故障阅读仪显示屏显示"左前进液阀：阀上为蓄电池电压；左前出液阀：0V；左前轮处于自由状态"。此时，V39应停止转动；踩下制动踏板并保持，这时只有左前进液阀被触发并中断制动管路。若左前进液阀不泄漏，应能转动左前轮。如果不能转动车轮，则表明左前进液阀或与进液阀串联的单向阀泄漏，应更换N55。

- 按"→"键，故障阅读仪显示屏显示"左前进液阀：0V；左前出液阀：0V；左前轮抱住"。踩下制动踏板并保持，左前进液阀不再被触发，也不中断液压管路，可感觉到脚下制动踏板松动，左前轮制动轮缸中又建立起压力，车轮被抱住。

- 按"→"键，故障阅读仪显示屏显示"松开制动踏板"。随后按"→"键进行右前轮、左后轮、右后轮的执行元件诊断。

- 在所有车轮执行元件诊断结束后，按"→"键，故障阅读仪显示屏显示"右后进液阀：阀上为蓄电池电压；右后出液阀：阀上为蓄电池电压；右后轮处于自由状态"。EDS转换阀（左）和EDS进液阀（右）被触发，V39运转1 s，该泵从制动液罐中抽取制动液，并在EDS调节的制动轮缸中产生压力，车轮被抱住。如果未出现上述情况且无电气故障，说明某阀有机械故障，应更换N55。

- 按"→"键，故障阅读仪显示屏显示"结束"。

执行元件诊断结束，ABS+EDS指示灯和制动系统指示灯熄灭。如果ABS+EDS指示灯不熄灭，表示系统中有故障。

- 按"→"键，故障阅读仪显示屏显示"功能选择××"。

- 按 "0" 键和 "6" 键选择 "结束输出", 按 "Q" 键确认输入。

项目实施

步骤一 丰田雷克萨斯LS400轿车ASR故障诊断思路介绍

雷克萨斯LS400轿车同时具有ABS和ASR, 且共用一个电子控制单元, 其ASR和ABS的控制原理简图如图3-16所示, 系统控制电路如图3-17所示。电子控制单元各端子排列及名称如表3-2所示。

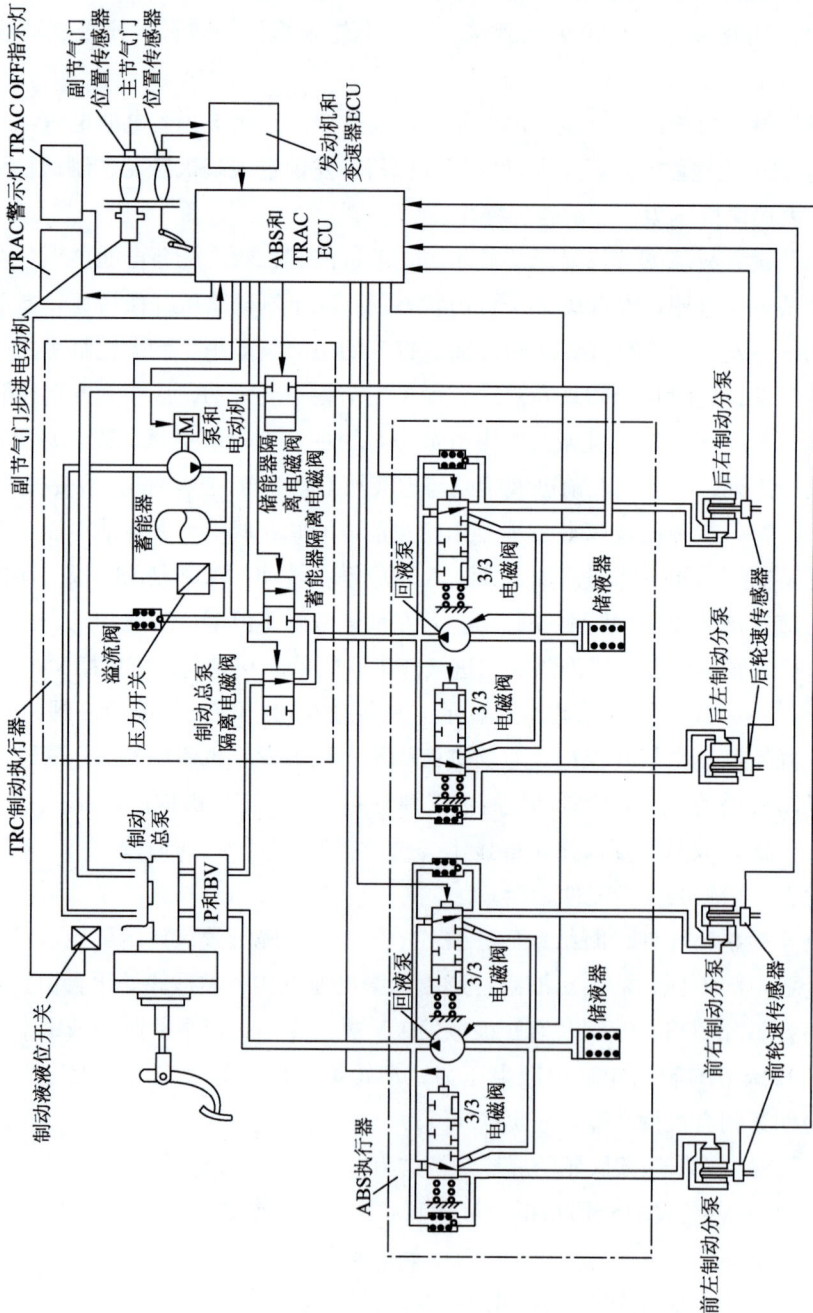

图3-16 雷克萨斯LS400的ASR和ABS控制原理简图

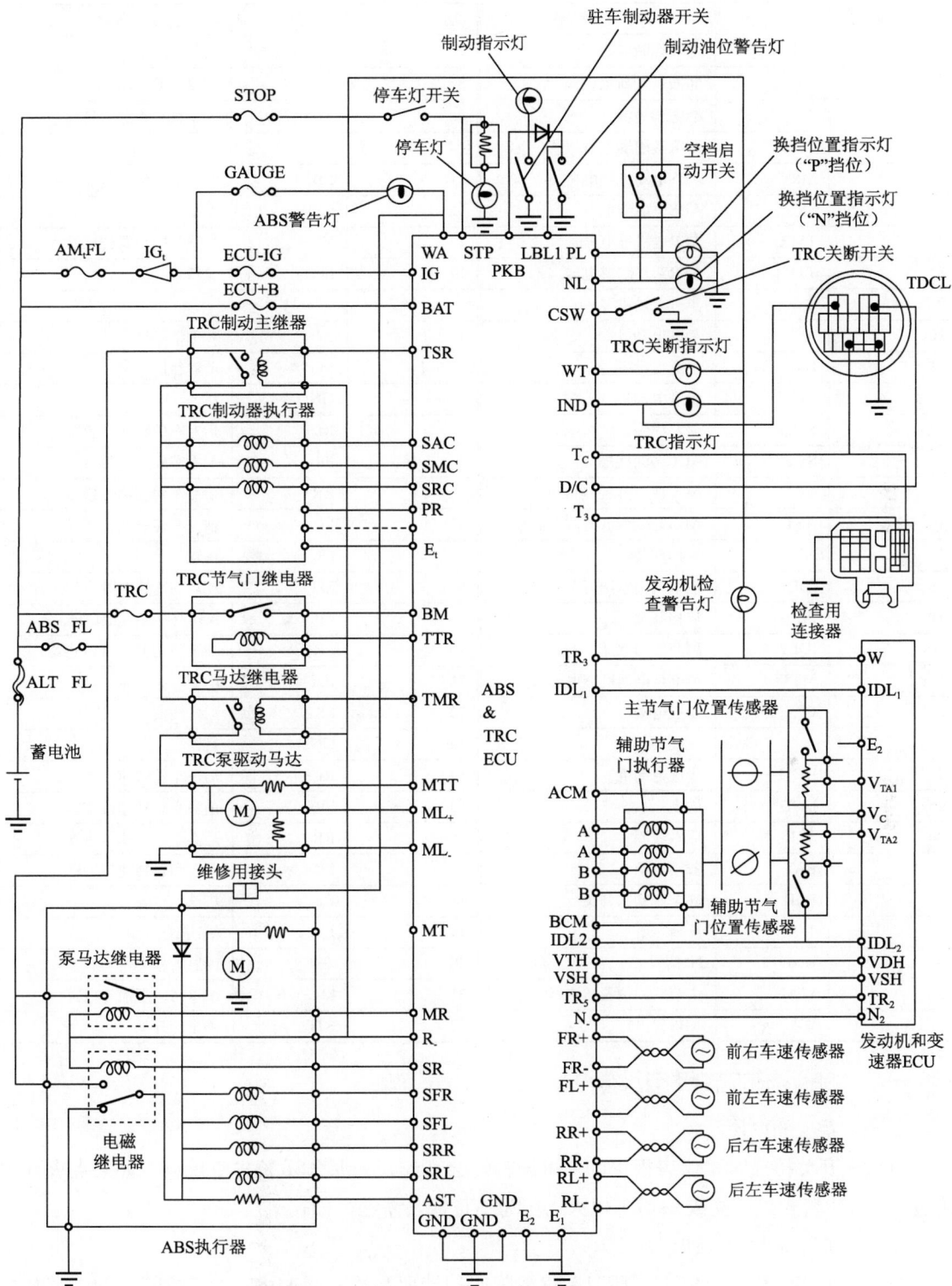

图3-17 雷克萨斯LS400 ASR系统的控制电路

表3-2　雷克萨斯LS400 ABS和ASR电子控制单元端子排列及名称

端子编号	符　号	端子名称	端子编号	符　号	端子名称
A18-1	SMC	主缸切断电磁阀	7	TR2	发动机通信
2	SRC	储液器切断电磁阀	8	WT	ASR OFF指示器
3	R-	继电器地线	9	TR5	发动机检查警告灯
4	TSR	ASR线圈继电器			
5	MR	ABS电动机继电器	11	LBL1	制动油位警告灯
6	SR	ABS电磁继电器	12	CSW	ASR关断开关
7	TMR	ASR电机继电器	13	VSH	副节气门位置传感器
8	TTR	ASR节气门继电器	14	D/C	诊断
9	A	步进电动机			
10	A	步进电动机	16	IND	ASR指示灯
11	BM	步进电动机	A20-1	SFR	前右线圈
12	ACM	步进电动机	2	GND	搭铁
13	SFL	前左线圈	3	RL+	后左车轮转速传感器
14	SVC	ACC关断线圈	4	FR-	前右车轮转速传感器
15	VC	ACC压力开关（传感器）	5	RR+	后右车轮转速传感器
16	AST	ABS电磁继电器监控器	6	FL-	前左车轮转速传感器
17	NL	空挡开关	7	E1	搭铁
18	IDL1	主节气门怠速开关	8	MT	ABS马达继电器
19	PL	空挡开关	9	ML-	ASR马达闭锁继电器
20	IDL2	副节气门怠速开关	10	PR	ACC压力开关（传感器）
21	MTT	ASR泵电动机继电器监控器	11	IG	电源
22	B	步进电动机	12	SRL	后左线圈
			13	GND	搭铁
24	BCM	步进电动机	14	RL-	后左车轮转速传感器
25	GND	搭铁	15	FR+	前右车轮转速传感器
26	SRR	后右线圈	16	RR-	后右车轮转速传感器
A19-1	BAT	备用电源	17	FL+	前左车轮转速传感器
2	PKB	驻车制动器开关	18	E2	搭铁
3	TC	诊断	19	E1	搭铁
4	Neo	Ne信号	20	TS	传感器检查用
5	VTH	主节气门位置传感器	21	ML+	ASR马达闭锁传感器
6	WA	ABS警告灯	22	STP	停车灯开关

一、ASR系统的故障自诊断

（一）系统的自检

当点火开关接通时，仪表板上的ASR警告灯会亮起，3 s后ASR警告灯熄灭。如果点火开关接通时，ASR警告灯不亮或3 s后不熄灭，应为不正常，需进行检查。

（二）故障码的读取和清除

由于与ABS共用一个ECU，所以ASR故障码的读取和清除同ABS。ASR故障码的内容及检测部位如表3-3所示。

表3-3　雷克萨斯LS400轿车ASR系统故障码

故障代码	故 障 原 因	检 测 部 位
11	ASR制动主继电器电路断路	主继电器触点不能闭合或接触不良；主继电器与电子控制单元间、主继电器与制动压力调节器间、主继电器与蓄电池间的线路或接线端子接触不良或松脱；电子控制单元有故障
12	ASR制动主继电器电路短路	主继电器触点不能张开或线圈与电源短路；主继电器与制动压力调节器间的线路或接线端子与电源有短路；电子控制单元故障
13	ASR节气门继电器电路断路	节气门继电器触点不能闭合或接触不良；节气门继电器与电子控制单元间、节气门继电器与蓄电池间的线路或接线端子接触不良或松脱；电子控制单元故障
14	ASR节气门继电器电路短路	节气门继电器触点不能张开或线圈与电源短路；节气门继电器与控制线路或接线端子与电源短路；电子控制单元故障
15	因漏油ASR电动机工作时间过长	压力开关或压力传感器故障；制动压力调节器与电子控制单元间线路或接线端子故障；电子控制单元故障
16	压力开关断路或压力传感器短路	
17	压力开关（传感器）一直关断	
19	ASR电动机开关动作过于频繁	
21	主缸关断电磁阀电路断路或短路	制动压力调节器故障；调节器与电子控制单元间的线路或接线端子；调节器与主继电器间的线路或接线端子；电子控制单元故障
22	蓄压器关断电磁阀电路和断路或短路	
23	储液室关断电磁阀断路或短路	
24	副节气门执行器电路断路或短路	副节气门驱动器故障；节气门体卡住；副节气门传感器故障；电子控制单元故障
25	步进电动机达不到电子控制单元预定的位置	
26	电子控制单元指令副节气门全开，但是副节气门不动	副节气门驱动器故障；气门体卡住；副节气门传感器故障；电子控制单元故障
27	步机电动机断电时，副节气门仍未达到全开的位置	
44	ASR工作时，滑转信号未送入电子控制单元	发动机电子控制单元故障；电子控制单元与发动机电子控制单元线路或接线端子故障；电子控制单元故障
45	当怠速开关断开时，主节气门位置传感器信号≥1.5V	主节气门位置传感器故障；电子控制单元与发动机电子控制单元间的线路或接线端子故障；电子控制单元故障
46	当怠速开关接通时,主节气门位置传感器信号≥4.3V或≤0.2V	
47	当怠速开关断开时，副节气门位置传感器信号≥1.45V	副节气门位置传感器故障；电子控制单元与发动机电子控制单元间的线路或接线端子故障；电子控制单元故障
48	当怠速开关接通时,副节气门位置传感器信号≥4.3V或≤0.2V	
49	与发动机电子控制单元信息交换电路断路或短路	电子控制单元与发动机电子控制单元间的线路或接线端子故障；电子控制单元或发动机电子控制单元故障
51	发动机控制系统有故障	
52	制动液面过低报警开关接通	制动液泄漏；制动液液面过低报警开关故障；制动液液面过低报警开关与电子控制单元间线路接线端子故障；电子控制单元故障
54	ASR电动机继电器电路断路	电动液压泵继电器故障；电动液压泵及继电器与电子控制单元间或接线端子故障；电子控制单元故障
55	ASR电动机继电器短路	
56	ASR电动液压泵不能转动	电动液压泵电动机故障；液压泵电动机与搭铁间、与电子控制单元间线路或接线端子故障；电子控制单元故障
57	ASR灯常亮	电子控制单元故障

二、ASR系统的检测

（一）电源电压

在点火开关关断和接通时，BAT端子上的电压均应为10～14 V；在点火开关断开时IG端子上的电压应为0 V，点火开关接通时，该端子电压应为10～14 V。

（二）空挡起动开关两端子PL、NL上的电压

PL、NL两端子上的电压在点火开关关断时，均为0 V；当点火开关接通、变速操纵杆在P或N时均为10～14 V，其他位置时为0 V。

（三）制动开关STP端子上的电压

在制动灯开关接通时，STP端子上的电压应为10～14 V；制动灯开关断开时应0 V。

（四）制动液液面高度警告开关LBL1端子上的电压

在点火开关接通和制动液液面高度开关断开时，LBL1端子上的电压值应为10～14 V；液位开关接通时，应小于1 V。

（五）ASR切断开关CSW端子上的电压

在点火开关接通时，按下ASR切断开关，其端子电压为0 V；放开ASR切断开关，则应约为5 V。

（六）ASR制动主继电器TSR端子上的电压

点火开关接通时，TSR端子上的电压应为10～14 V。

（七）ASR节气门继电器TTR端子上的电压

在点火开关接通时，TTR端子上的电压均应为10～14 V；点火开关断开时均为0 V。

（八）ASR制动压力调节器各端子上的电压

在点火开关接通时，SMC、SRC三端子上的电压值均应为10～14 V；PR、VC两端子上的电压值均应约为5 V。

（九）与发动机和自动变速器电子控制单元相关的端子电压

（1）IDL1和IDL2两端子上的电压。在点火开关接通时，节气门关闭，电压应为0 V；节气门开启，电压应为5 V。

（2）VTH和VSH两端子上的电压。在点火开关接通、节气门关闭，电压约为0.6 V；节气门开启，电压约为3.8 V。

（3）TR2端子上的电压。在点火开关接通时约为5 V。

（4）TR5端子上的电压。在点火开关接通和发动机检查灯打开时，约为1.2 V；若发动机运转且发动机检查灯关闭时，为10～14 V。

（5）Neo端子上的电压。在点火开关接通且发动机停熄时，其电压约为5 V；怠速时约为2.5 V。

（十）ASR关闭指示灯WT端子上的电压

在点火开关接通时，若指示灯断开，电压应为10～14 V；若指示接通，电压应为0 V。

（十一）故障诊断插座TC和TS端子上的电压

（1）TC端子上的电压。在点火开关接通时，其电压应为10～14 V。

（2）TS端子上的电压。在点火开关接通时，其电压应为10 V。

步骤二　雷克萨斯LS400轿车ASR故障诊断过程

（一）故障现象描述

请描述该车ASR系统的故障现象_____

_____

_____

（二）诊断仪诊断

连接诊断仪，读取故障码及故障码含义_____

_____

_____

（三）依据故障码和电路图分析该车可能的故障有_____

_____

_____

_____

_____

（四）确定诊断流程

根据由简单到复杂的原则，通过小组讨论，确定诊断流程

制定的诊断流程：

步骤三 检测数据与工作报告

（一）检测过程

按照制定的诊断流程逐项进行检测，记录各步骤的数据，并对数据进行分析，确定故障原因，进行修复或更换。

检测过程记录：

（二）诊断结果描述

诊断结果描述：

思考练习

填空题

1. ASR是设置在汽车上用来_____、_____和_____的电子驱动力调节系统。

2. ASR由_____、_____、_____组成。

3. ASR控制系统通过改变_____控制发动机的输出功率。

简答题

1. ASR与ABS的区别是什么？

2. ASR易出现哪些故障？

项目四
电子控制悬架系统

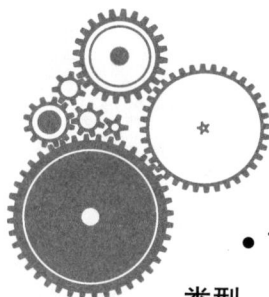

学习目标

• 了解电控悬架系统的发展历程、基本组成、类型、功用及特点。

• 掌握减振器阻尼控制系统的组成及工作原理。

• 掌握车身高度控制系统的组成及工作原理。

• 掌握电子调节空气悬架的组成及工作原理。

• 能够合理地制订诊断流程。

• 能够根据电控悬架的故障现象分析故障原因。

• 能够依据维修手册和电路图排除电控悬架故障并对系统进行相应调整。

项目描述 ⚙️

一位奥迪车主反应，汽车电子调节空气悬架在自动模式的情况下，车速低于70 km/h的时间达到120 s或车速低于35 km/h时底盘高度无变化。服务经理要求对该车电控悬架系统进行分析和检测，查出故障原因并进行修复；要求记录检测数据，写出工作报告。

项目分析 ⚙️

了解电控悬架的发展历程，掌握悬架系统的组成、控制原理；根据电控悬架电路图制定相应的诊断流程，依据诊断流程来逐项检测，查找故障原因；同时，可对电控悬架系统进行检测，进而进行相应的调整。

相关知识 ⚙️

一、电控悬架概述

（一）电控悬架发展历程

悬架系统是汽车的车架与车桥或车轮之间的一切传力连接装置的总称，其功能是支持车身并传递作用在车轮和车架之间的力和力矩，缓冲由不平路面传给车架或车身的冲击力，并衰减由此引起的振动，提高乘坐舒适性，改善汽车行驶平顺性和操纵稳定性，是现代汽车十分关键的部件之一。它主要由弹性元件（如钢板弹簧、螺旋弹簧、扭杆等）、减振器和导向机构三部分组成。

汽车行驶的平顺性和操纵稳定性是衡量悬架性能好坏的重要指标，但二者性能要求又相互排斥。平顺性一般通过车体或车身某个部位（如车底板、驾驶员座椅处）的加速度响应来评价；操纵稳定性则可以通过车轮的动载荷度量。例如，随着弹簧的刚度降低，车体加速度减少，平顺性能有所提高，同时会导致车体位移增加，车体重心变动引起轮胎载荷变化，对操纵稳定性产生不良影响；与之相反，随着弹簧刚度提高，汽车操纵稳定性虽有所改善，但硬的弹簧将加重汽车对路面不平度的敏感，平顺性会降低。平顺性要求弹簧-阻尼系统较软；而操纵稳定性特别是转向时不侧倾，制动时不点头又要求弹簧-阻尼系统较硬，

因此，理想的悬架应在不同的使用条件下具有不同的弹簧刚度和减振器阻尼，既能满足平顺性要求，又能满足操纵稳定性要求。被动悬架因具有固定的悬架刚度和阻尼系数，在结构设计上只能满足在平顺性和操纵稳定性之间进行矛盾折中，无法达到悬架控制的理想目标。为克服传统的被动悬架系统对其性能改善的限制，现代汽车采用了电子控制悬架系统，该系统可根据不同的路面条件、不同的载质量、不同的行驶速度等来控制悬架系统的刚度，调剂减振器阻尼力的大小，甚至可以调整车身高度，从而使车辆的平顺性和操纵稳定性在各种行驶条件下达到最佳的组合。20世纪70年代，工业发达国家已经开始尝试使用电控悬架。

近年来，电子技术、测控技术、机械动力学等学科的快速发展，使车辆悬架系统由传统被动隔振发展到振动主动控制。特别是信息科学中对最优控制、自适应控制、模糊控制、人工神

经网络等的研究，不仅使悬架系统振动控制技术在现代控制理论指导下更趋完善，同时已开始应用于车辆悬架系统的振动控制，使悬架系统振动控制技术得以快速发展。随着车辆结构和功能的不断改进和完善，研究车辆振动，设计新型悬架系统，将振动控制到最低水平是提高现代车辆质量的重要措施。汽车悬架经历了以下发展过程：

1. 20世纪40—50年代

20世纪40年代末，汽车悬架由工字形系统改变为长短臂系统，从而掀起了悬架系统发展的开端。

2. 20世纪70—80年代

20世纪70—80年代，在前轮驱动的轿车上，麦弗逊撑杆式悬架取代了长短臂悬架系统。传统的汽车悬架主要由弹性元件、减振器及稳定杆组成。其中弹性元件、减振器和轮胎的综合特性，决定了汽车的行驶操纵稳定性和乘坐的舒适性。由于弹性元件、减振器均是决定刚度的元件，它们对路面状况和汽车的行驶状况（如汽车直线行驶时的加速和制动，汽车转弯）的适应性均受到了很大的局限。

因此，在设计汽车时，为了对它们进行兼顾，只能采用折中措施，根据汽车的行驶状况、道路状况、悬架结构等进行最优化设计，如改进悬架的结构和有关参数。近年来的轿车越来越多地采用横臂式独立悬架（单横臂式和双横臂式）、纵臂式独立悬架（单纵臂式和双纵臂式）和车轮沿主销移动的悬架（烛式和麦弗逊式），使汽车的有关性能得到最优化的折中处理。

1981年，汽车开始应用车身高度控制技术，同年又成功开发出可变换减振器阻尼力控制的新技术，再往后又开发出自动变换减振器阻尼力、弹性元件刚度的电控悬架。1987年，日本本田公司率先推出装有空气弹簧的主动悬架，它是一种通过改变空气弹簧的空气压力来改变弹性元件刚度的主动悬架。1989年，世界上又推出了装有油气弹簧的主动悬架。

3. 20世纪90年代后

20世纪90年代是电子技术在汽车悬架系统中的应用越来越多的时期。现在，某些计算机控制的悬架系统已具有在10～12 ms内即能对路面和行驶条件做出反应的能力，以改善行驶时的平稳性和操纵的稳定性。近年来，高速路网得到了迅猛发展，对汽车的性能也提出了更高的要求。为了更进一步提高汽车的性能，提高汽车的质量和档次，突出汽车工业的经济效益，各国汽车行业竞相开发更能适应现代交通的高性能汽车。除了对汽车的其他总成进行更有效的改进之外，对汽车的悬架系统也进行了切实有效的改良。随着电子技术、传感器技术和各种柔性适时控制技术的发展，用这些技术装备起来的汽车悬架系统，既使汽车的乘坐舒适性达到了令人满意的程度，又促使汽车的操纵稳定性得到了可靠的保证。

（二）汽车悬架的分类

汽车悬架按导向机构的形式分类，可分为独立悬架和非独立悬架两大类。按控制力的角度又可分为被动悬架、半主动悬架和主动悬架3种。而主动悬架和半主动悬架按其控制方式又可分为机械控制悬架和电子控制悬架系统。

1. 被动悬架

由钢板弹簧或螺旋弹簧、减振器组成的机械式悬架系统，由于没有能源供给装置，悬架的弹性和阻尼参数不会随外部状态而变化，所以称这种悬架为被动悬架。这种悬架在设计中尽管采用参数优化设计以满足使用要求，结构简单，技术成熟，成本低，但由于悬架中弹性元件和减振器的阻尼参数不可调节，在使用中很难满足要求。被动悬架结构如图4-1所示。

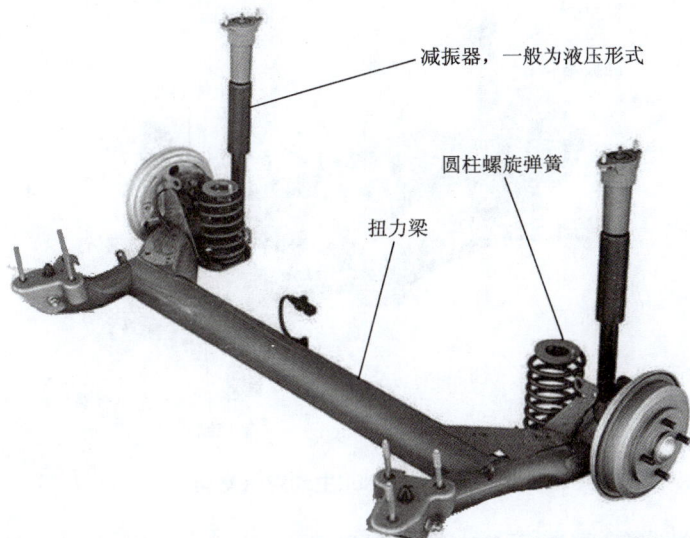

减振器，一般为液压形式

圆柱螺旋弹簧

扭力梁

图4-1　被动悬架

2. 半主动悬架

半主动悬架就是指可以根据汽车运行时的振动及工况变化情况，对悬架阻尼参数进行自动调整的悬架系统。半主动悬架可看作为由可变特性弹簧和减振器组成的悬架系统，它不能随外界的输入进行控制调节，但它可按计算机内存储的弹簧和减振器的优化参数指令调节刚度和阻尼状态。半主动悬架是无源主动悬架，它没有动力源为悬架输入能量，所以在这种悬架中，改变弹簧刚度比改变阻尼状态困难。半主动悬架为无源控制、在汽车转向、起步及制动等工况，不能对悬架的刚度和阻尼进行有效的控制，因此这种悬架以改变其阻尼系统最常见，它的优点是不消耗动力。

3. 主动悬架

主动悬架又称全主动悬架，是一种有源控制悬架，它由产生力和扭矩的主动件（如油缸、汽缸、伺服电动机、电磁铁等）、测量元件（如加速度、位移和力传感器等），以及反馈控制装置组成。主动悬架的特点是它具有做功能力，有动力源，如液压泵或空气压缩机，为系统提供连续的动力输入。当汽车的载荷、速度、道路状况等行驶条件变化时，主动悬架系统能自动调整悬架刚度，刚度的调整包括整体调整和各轮单独调整，以满足汽车行驶平顺性、操纵稳定性等方面的要求，如图4-2所示。主动悬架系统主要缺陷是成本高，液压或气动装置噪声大，功率消耗较大。

4. 电子控制悬架

主动悬架和半主动悬架可分为机械控制系统和电子控制悬架系统两类。电子控制悬架系统（Electronic Controlled Suspension System，ECSS）又叫电子调节悬架系统（Electronic Modulated Suspension System，EMS），在汽车行驶过程中，刚度和阻尼随时调节，使其达到最佳的行驶平顺性和操纵稳定性。电子控系统的控制装置主要由ECU、信号输入装置和输出装置组成。信号输入装置主要有车速传感器、高度传感器、转角传感器、节气门位置传感器等组成，信号输出装置即执行器主要由进气阀、排气阀、高度控制排气阀等组成。

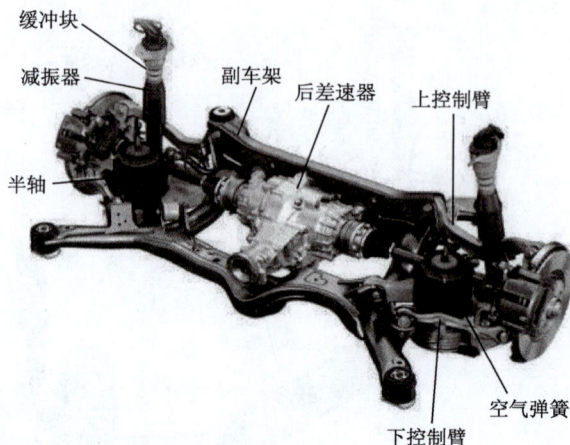

图4-2　奥迪A6L主动空气悬架

二、电子控制空气悬架系统组成及原理

（一）电控悬架系统的组成

电子控制悬架系统由传感器、电子控制模块(悬架ECU)、调节悬架的执行机构组成。

1. 传感器

传感器的作用是将汽车行驶的速度、启动、加速度、转向、制动和路面状况、汽车振动状况、车身高度等信号输送给悬架电子控制模块。

汽车悬架系统所用的传感器主要有：车身加速度传感器、车身高度传感器、车速传感器、转向盘转角传感器、有气门位置传感器等。

2. 电子控制模块（悬架ECU）

电子控制模块（悬架ECU）接收各种传感器的输入信号并进行各种运算，然后给执行器输出控制悬架的刚度、阻尼力和车身高度的信号。同时，悬架ECU还监测各传感器的信号是否正常，若发现故障，则存储故障码和相关参数，并点亮仪表上的悬架故障指示灯。

3. 执行元件

通常所用的执行元件是电磁阀、步进电动机和气泵电动机等。当执行元件接受到悬架ECU的控制信号后，按照预先设定的程序及时准确地调节悬架的刚度、阻尼力和车身高度。

（二）电控空气悬架系统的基本原理

电控空气悬架系统的工作原理及系统部件图如图4-3所示。它由悬架控制执行机器、制动灯开关、加速度传感器、转向传感器、高度传感器、高度控制电磁阀、悬架ECU、发动机和变速器ECU等组成。系统工作时，控制模块根据车身高度、转向盘转角、车速、制动等传感器的信号，经过运算分析后输出控制信号，控制各种电磁阀和步进电动机，以便及时改变悬架的刚度、阻尼系数和车身高度，以适应各种复杂的行驶工况对悬架特性的不同要求，保证汽车行驶过程中的乘坐舒适性和操纵稳定性。

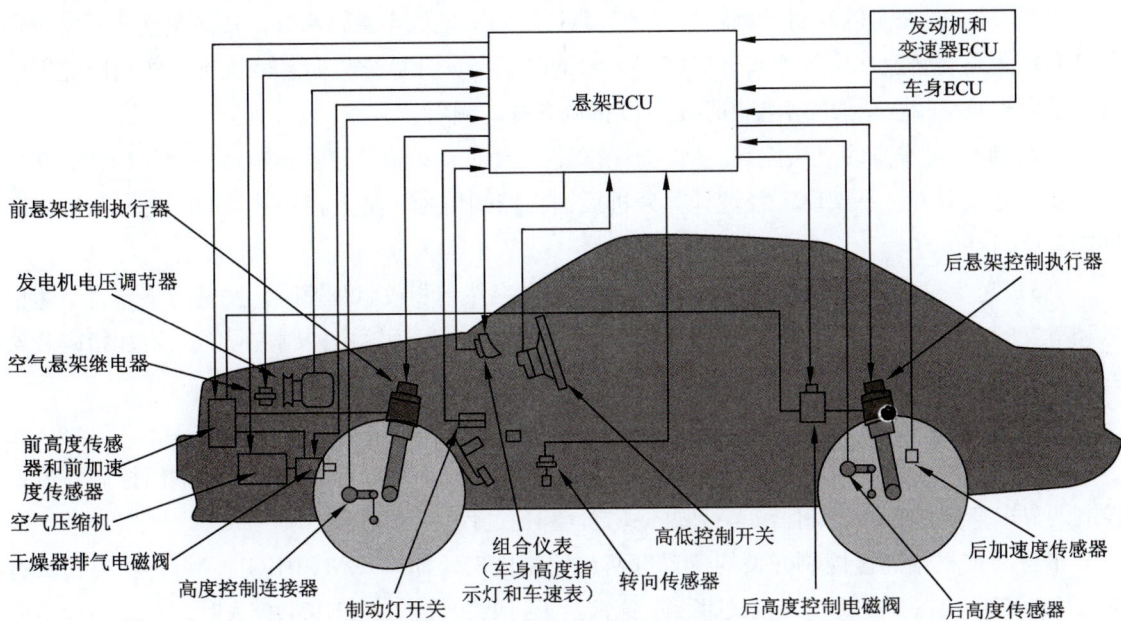

图4-3　电子控制空气悬架系统的工作原理与系统部件图

　　电控空气悬架系统中，悬架系统的刚度和阻尼有NORM(软) 和SPORT（硬）两种模式，每种模式下按照刚度与阻尼的大小依次又有低、中、高3种状态。NORM(软) 和SPORT(硬) 模式可以通过手动开关选择，也有的悬架系统是由控制模块通过计算后决定。一旦模式选定后，就由悬架ECU根据各种传感器的输入信号在低、中、高3种状态间自动调节刚度和阻尼系数。

　　一般汽车减振器在硬阻尼状态下会获得较好的汽车高度控制，软阻尼状态下会获得更好的乘坐舒适性。此外，在紧急制动、加速、减速、高速行驶和路面崎岖不平时，需要使减振器工作在硬阻尼状态下。

　　电控空气悬架系统的控制功能主要包括以下三方面的控制：车速与路面感应控制、车身姿态控制、车身高度控制。

1. 车速与路面感应控制

　　这种控制主要是随着车速和路面的变化，改变悬架的刚度和阻尼，使之处于低、中、高3种状态。车速和路面感应主要有以下3种：

　　(1) 高速感应。当车速很高时，控制模块输出控制信号，使悬架的刚度和阻尼相应增大，以提高汽车高速行驶时的操纵稳定性。

　　(2) 关联感应。当汽车前轮在遇到路面单个的突起时，控制模块输出控制信号，相应减小后轮悬架的刚度和阻尼，以减小车身的振动和冲击。

　　(3) 路面感应。当汽车进入坏路面行驶时，为了抑制车身产生大的振动，控制模块输出控制信号，相应增大悬架的刚度和阻尼。

2. 车身姿态控制

　　当车速急剧变化（起步、制动等）及转向时，会造成车身姿态的急剧改变。这种车身姿态的改变既降低了汽车的乘坐舒适性，又由于车身的过度倾斜容易使汽车失去稳定性，所以应该对其进行控制。这种控制主要包括三方面：

（1）转向时车身的倾斜控制。当驾驶人急打转向盘使汽车急转弯时，转向角度传感器将转向盘的转角及旋转速度信号输入悬架ECU，悬架ECU经过计算分析向悬架执行元件输出控制信号，增大或减小相应悬架的刚度和阻尼，以抑制车身的倾斜。

（2）制动时车身的点头控制。当汽车在紧急制动时，车速传感器将车速信号和制动灯开关信号输入悬架ECU，悬架ECU经过计算分析后输出控制信号，增大相应悬架的刚度和阻尼，以抑制车身的点头。

（3）起步或急加速时车身的后坐控制。当汽车突然起步或急加速时，车速传感器将车速信号和节气门开度信号输入悬架ECU，悬架ECU经过计算分析后输出控制信号，以增加相应悬架的刚度和阻尼，以抑制汽车的后坐（抬头）。

3. 车身高度控制

车身高度控制是在汽车行驶速度和路面状况变化时，悬架ECU对执行元件输出控制信号，控制调节车身的高度，以确保汽车行驶的稳定性和通过性。

车身高度根据高度控制开关的位置有两种控制模式，即NORM和HIGH，每一种模式又有低、中、高种状态。在NORM模式时，车身常处于"低"状态；在HIGH模式时，车身高度常处于"高"状态。

车身高度控制主要有两个方向：

（1）高速感应控制。当车速高于某设定值时，为了提高汽车的行驶稳定性和减少空气阻力，控制器输出控制信号，降低车身的高度；当车速低于某一设定值时，汽车恢复原有的高度。

（2）连续差路况的行驶控制。汽车在连续颠簸不平的路面行驶，车身高度传感器连续2.5 s以上输出大幅度的振动信号，如果此时车速在40~90 km/h，悬架ECU就会输出控制信号，以提高车身，减弱来自路面的突然起伏感，提高汽车的通过性能；但如果此时的车速在90 km/h以下时，悬架ECU会输出控制信号，降低车身高度，以保证汽车行驶的稳定性。

汽车上装用的普通悬架系统的减振器是伸张型减振器，由于这种减振器的阻尼孔通流截面积在汽车行驶过程中不可调节，只能满足特定车速和路况条件下的有效减振。而对于在复杂的路况条件下行的汽车，就不可能满足汽车在所有行驶车速和行驶条件下的有效减振，也就很难满足现代汽车对舒适性和操纵稳定性、安全性的要求。现在高档汽车上很少采用普通的减振器，大多采用电控半主动悬架或电控主动悬架，以提高汽车的综合性能。

（三）电控空气悬架系统的部件

1. 传感器

（1）车身高度传感器。其作用是把车身与车桥之间的相对位置变化量转换为电信号送给悬架ECU。ECU根据车身高度传感器输入信号，控制压缩机及排气阀，以此增加或减少悬架主气室内的空气量，从而保持车身高度为一定值。因为减振器在行车过程中需要不断的振动提高乘客的舒适度，所以ECU每隔数十毫秒就检测一次车身高度传感器输出信号，并对一定时间内各信号所占区域的百分比做出计算，以此判断车身实际所处区域。高度传感器的数量与车上装备的电控空气悬架系统的类型有关。高度传感器的一端与车架连接，另一端装在悬架系统上，如图4-4所示。

在空气悬架上高度传感器用于采集车身高度信息；在某些行使平顺型控制系统上，高度传感器还用来探测悬架的运动情况，以确定是否需要硬阻尼。

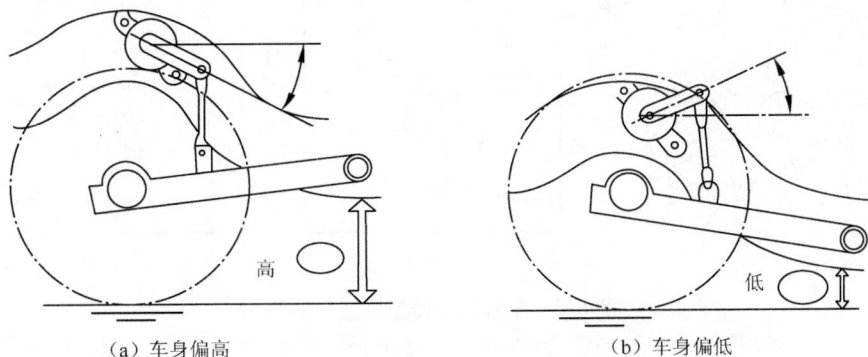

（a）车身偏高   （b）车身偏低

图4-4　车身高度传感器的安装位置

车身高度传感器分为模拟式和数字式或者线位移式和角位移式。现在应用最广泛的是光电数字式车身高度传感器。其结构如图4-5所示。

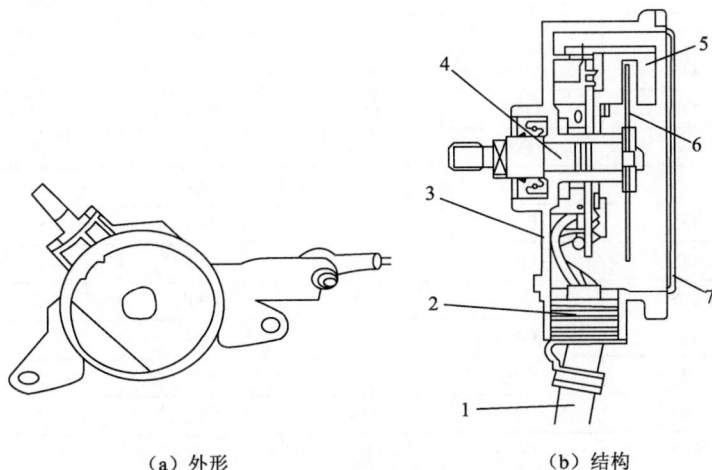

（a）外形   （b）结构

图4-5　光电数字式车身高传感器的结构

1—信号线；2—金属油封环；3—传感器壳；4—传感器轴；5—遮光器；6—圆盘；7—传感器盖

在传感器内部，有一个靠连杆带动的旋转轴，在轴上装一个开有许多缺口的遮光板，遮光板的两侧装有4组光电耦合元件，光耦合元件由发光二极管和光电晶体管组成，如图4-6所示。当连杆带动轴旋转时，光电耦合元件之间交替透光，发光二极管发出的光线通过缺口时，光电晶体管接收到光，传感器输出ON信号，当发光二极管光线被阻断时，传感器输出OFF信号，光电耦合元件将此变化转化为电信号输入ECU。

遮光板上的缺口以适当的长度和位置分布，使传感器可输出16组信号，把车身高度状态分为5个不同区域，这5个不同区域分别为过高、高、普通、低、过低，这样使电子控制装置对车身高度进行精确控制。光耦合元件不同状态时车高的范围如表4-1所示。也有的车型只需要4个车高区域，则车身高度传感器中只有两组光电耦合元件，光电耦合元件的状态组合方式如表4-2所示。如果只需要判断3个车身高度区域，也就是只有过高、标准和过低，则表4-2中的偏高和偏低两种状态为标准状态即可。

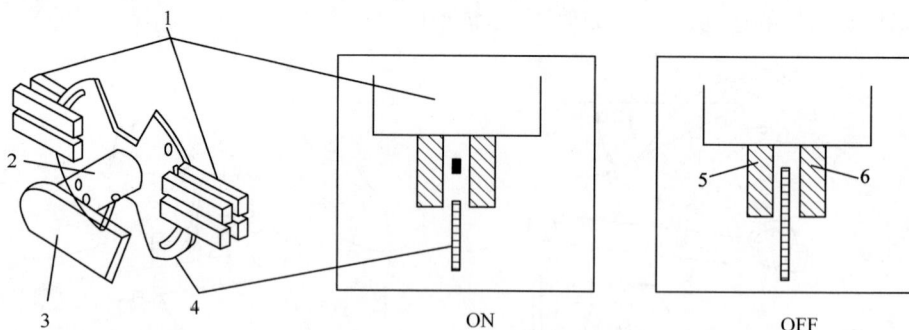

图4-6　车身高度传感器工作原理

1—光电耦合元件；2—转轴；3—倒杆；4—遮光板；5—发光二极管；6—光电晶体管

表4-1　光耦合元件不同状态时的车高范围

车高	光电耦合元件状态				车高范围	ECU 判断结果
	NO.1	NO.2	NO.3	NO.4		
高 ↑	OFF	OFF	ON	OFF	15	过高
	OFF	OFF	ON	ON	14	高
	ON	OFF	ON	ON	13	
	ON	OFF	OFF	OFF	12	
	ON	OFF	OFF	OFF	11	
	ON	OFF	OFF	ON	10	普通
	ON	ON	OFF	ON	9	
	ON	ON	ON	OFF	8	
	ON	ON	ON	OFF	7	
	ON	ON	ON	ON	6	
	OFF	ON	ON	ON	5	低
	OFF	ON	ON	OFF	4	
	OFF	ON	OFF	OFF	3	
	OFF	ON	OFF	ON	2	
	OFF	OFF	OFF	ON	1	
低 ↓	OFF	OFF	OFF	OFF	0	过低

表4-2　两组光电耦合元件的状态车高范围

车　高	光电耦合元件状态		ECU 判断结果
	NO.1	NO.2	
高 ↑	OFF	ON	过高
	OFF	OFF	偏高
	ON	OFF	偏低
低 ↓	ON	ON	过低

　　图4-7所示为车身高度传感器的工作状态。拉紧螺栓上端与传感器连杆铰接，下端与后悬架臂连接。当车身上下振动时，拉紧螺栓带动连杆使传感器的轴左右旋转，光电耦合元件则把旋转信号转换成车高信号输出。拆下拉紧螺栓，拧松拉紧螺栓，锁紧螺母，旋转拉紧螺栓的旋转接头可改变拉紧螺栓的长度，从而调整车身高度的设定值。

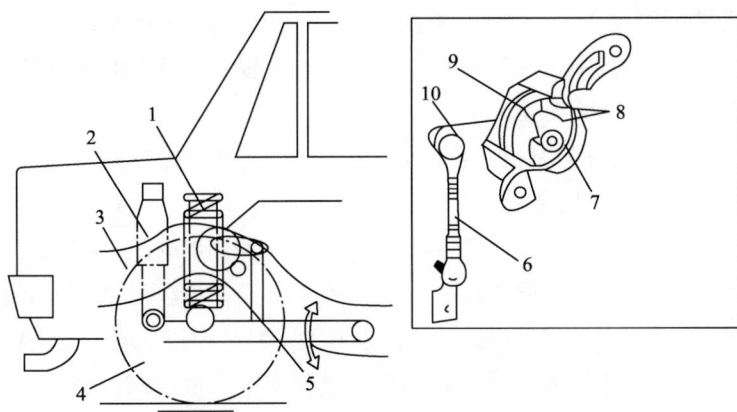

图4-7　车身高度传感器的工作状态

1—螺旋弹簧；2—减振器；3—车架；4—轮胎；5—后悬架臂；
6—拉紧螺栓；7—圆盘；8—光电元件；9—槽；10—连杆

（2）转向盘转角传感器。转向盘转角传感器（Steering Wheel Sensor，SAS）安装在转向轴上，一般通过CAN总线和PCM（动力传动控制模块）相连。其作用是检测转向盘的转角信号，从而得到汽车转向程度信息，即转向盘位置，转向盘转向速率，转向盘的转向角度和转向方向。一般可以分为模拟式转向盘转角传感器和数字式转向盘转角传感器。

通常使用的转向盘转角传感器采用3个齿轮的机械结构，来测量转角和转过的圈数。大齿轮随转向盘管柱一起转动，两个小齿轮齿数相差1个，与传感器外壳一起固定在车身，不随转向盘转动而转动。两个小齿轮分别采集到随转向盘转动的转角。由于相差一个齿，不同的圈数就会相差特定的角度，通过计算得到转向盘的绝对转角。

（3）车速传感器。悬架控制模块可从车速传感器、各种其他控制模块或多路传输网络接收车速信号输入，用于实现系统的各种控制功能。

（4）加速信号。当汽车启动或突然加速时，动力传动控制模块根据节气门位置传感器信号（探测到节气门开度超过90%）或质量空气流量信号生成加速信号，然后将加速信号提供给悬架控制模块，悬架控制模块控制执行器使其转换到硬阻尼状态，以便减少汽车抬头。

（5）车门信号。悬架控制模块利用车门信号实现系统的某些功能，如在车门打开时防止排气或保持目前行驶高度等。当车门关闭时，系统恢复正常工作状态。

（6）制动开关。当汽车制动时，制动开关给悬架控制模块一个制动信号，悬架控制模块收到制动信号后，控制执行器将悬架由软的状态转换到硬的状态，以防止汽车点头。

（7）悬架控制开关。悬架控制开关包括悬架刚度和阻尼选择（LCR）开关、车高控制开关和锁止开关（高度控制ON/OFF开关），前两个开关一般都装在驾驶室内变速器控制杆旁边，锁止开关一般装在行李厢内。

① 悬架刚度和阻尼选择（LRC）开关。LRC开关用于选择悬架的刚度和阻尼力参数，它有两个挡位：

当LRC开关处于NORM（软）位置时，系统进入"常规行驶自动控制"；当LRC开关处于SPORT（硬）位置时，系统进入"高速行驶自动控制"。

每一种模式下按照刚度与阻尼的大小依次有低、中、高3种状态口。NORM（软）和SPORT（硬）模式通过悬架控制开关选定后，由悬架ECU根据传感器的输入信号在低、中、高一种状态间自动调节刚度和阻尼系数。

② 高度控制开关也有两种控制模式：NORM和HIGH，按照车身的高度从低到高的顺序，每一种模式又有低、中、高3种状态。

在NORM模式时，车身高度常处于"低"状态，系统对车身高度进行"常规值自动控制"。

在HIGH模式时，车身高度常处于"高"状态，系统对车身高度进行"高值自动控制"。

③ 锁止开关（高度控制ON/OFF开关）。锁止开关一般装在行李厢内。当锁止开关位于ON时，系统按照驾驶人通过高度控制开关选定的模式进行车身高度控制；当锁止开关OFF时，系统不进行车身高度的调节。

2. 悬架控制模块

控制模块是基于微处理器的电子模块，它根据各种传感器的输入信号控制空气压缩机（通过压缩机继电器）和所有电磁阀的工作，它还实施所有的故障和诊断控制。控制模块内包含系统自测试和通信软件。

根据车型和所采用系统的不同，悬架控制模块既可以是单独的模块，也可以是与其他系统模块集成的模块，它们的控制模式是一样的。图4-8为单独模块的悬架系统控制模块的框图。

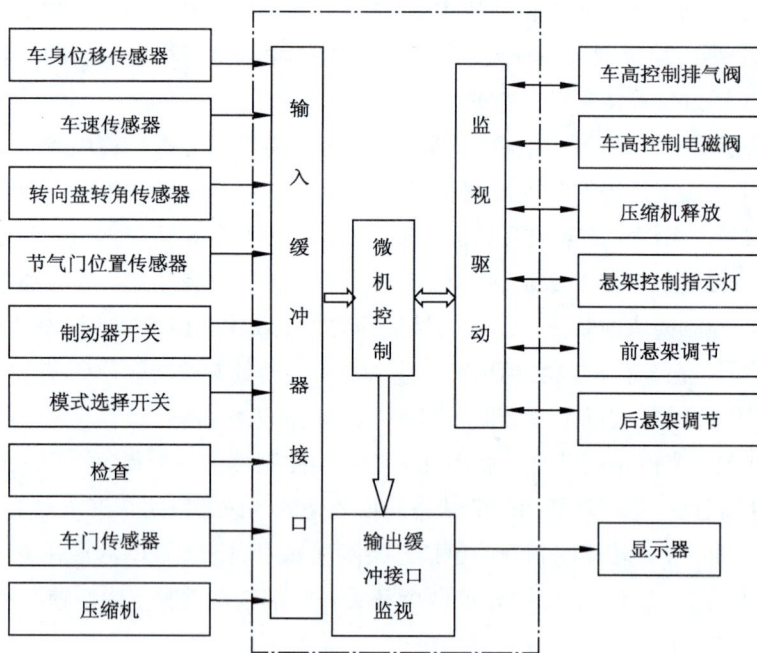

图4-8 悬架控制模块框图

从该模块框图中可以看出，各传感器及开关产生电信号输入接口电路，经整形放大后，进入微机控制系统，经过微机处理后对汽车的行驶状态和路面情况进行判断，如汽车是高速还是低速行驶、是直线还是转弯行驶、是在制动还是在加速、自动变速器是否处于空挡位置等，分别输出控制信号，驱动相关执行器和显示器工作。这些控制信号主要包括促使执行器改变悬架刚度和阻尼的控制信号、改变车身高度的控制信号、促使发光二极管显示悬架系统当前状态的显示控制信号等。

（1）高度控制：

① 正常模式：悬架控制模块根据高度传感器等输入元件的信号控制车身高度。对一些特殊情况，该模块可能使用其他系统的输入。

② 故障模式：当悬架控制模块检测到系统有故障时，模块将接通总架故障指示灯，并在一个点火周期内停止所有的高度调整。

（2）行驶平顺性控制策略：

① 正常模式：悬架控制模块根据各种不同输入元件的信号控制减振器阻尼由软到硬和从硬到软的变换。

② 故障模式：悬架控制模块具有故障自诊断功能，当悬架控制模块探测到系统有故障时，控制模块给减振器执行器断电，并且使悬架故障指示灯点亮，并使悬架处在硬模式下，并将故障以代码的形式存储在存储器中。

3. 执行器

（1）空气悬架。空气悬架由空气弹簧、减振器、空气管路和执行器等组成，其构造如图4-9所示。其中，通过空气弹簧可实现悬架刚度的调节，通过减振器可实现悬架阻尼的调节。

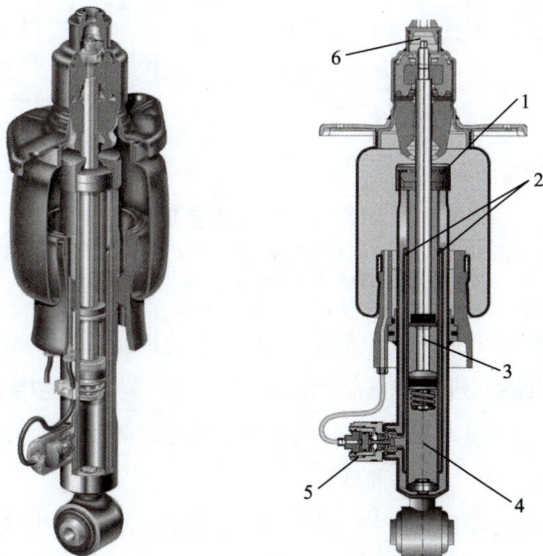

图4-9　空气悬架的组成
1—空气弹簧；2—孔；3—工作腔；4—减振器；5—PDC阀；6—悬架控制执行器

① 空气弹簧。空气弹簧是在柔性密闭容器中加入压缩空气，利用空气被压缩时产生的弹性来工作的一种非金属弹簧，具有相对恒定的低自然振动频率和优良的弹性特质，从而提高车辆行驶的舒适度，并根据车辆载重量多少改变空气压力调节悬架刚度。悬架的上端与车身相连，

中端与车轮连接。空气弹簧有主、副气室，主气室和副气室之间有一个通道，供气体在主气室和副气室之间流动。通过改变这个通道的大小，就可以改变空气弹簧的刚度。这个通道的大小由空气阀阀心控制，而阀心的控制杆又是由悬架控制模块通过悬架控制执行器驱动控制。调节阀心的位置，就可以使空气弹簧对应于低、中、高3种不同的刚度。

② 减振器。电子控制空气悬架系统阻尼的调节是通过改变减振器阻尼孔截面积的大小来实现的。

③ 悬架控制执行器。其作用就是驱动主、副气室的空气阀阀心和减振器阻尼孔的回转阀，使其转动，从而实现对悬架刚度和阻尼的控制。

（2）车身高度调节系统部件。车身高度调节系统能够根据车内乘坐人员或车辆载重情况自动对车身高度做出调整，以保持汽车行驶所需要的高度和汽车行驶姿态的稳定。

车身高度调节系统如图4-10所示，它由空气压缩机、直流电动机、高度控制电磁阀、排气电磁阀、空气干燥器等组成。悬架控制模块根据车身高度传感器送来的信号和驾驶人设定的悬架控制模式，控制电磁阀的动作，以控制车身高度。

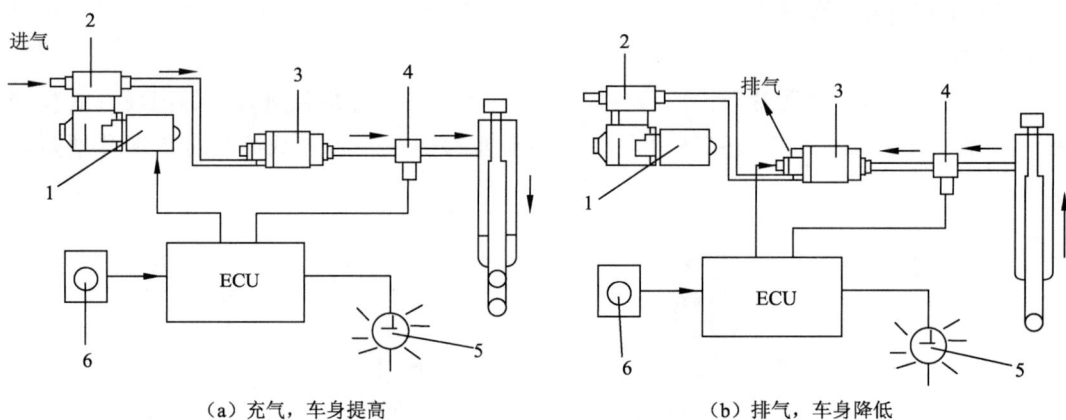

图4-10　车身高度调节

1—电动机；2—压缩机及调压器；3—空气干燥器及排气电磁阀；
4—高度控制电磁阀；5—指示灯；6—车身高度传感器

升高车身高度：当需要升高车身高度时，直流电动机带动压缩机工作，压缩空气通过空气干燥器后，由高度控制电磁阀进入空气悬架的主气室，使车身高度增加。

维持车身高度：当达到规定的高度时，高度控制电磁阀断电关闭，空气悬架主气室的空气量保持不变，车身高度维持在一定的高度。

降低车身高度：当需要降低车身高度时，高度控制电磁阀和排气电磁阀同时通电打开，空气悬架主气室的空气通过电磁阀、空气管路、排气阀排出，车身高度下降。

① 空气压缩机。空气压缩机用于产生空气悬架所需的压缩空气，是由直流电动机驱动的单缸活塞装置，压缩机中的活塞在压缩机曲轴和连杆的带动下在气缸内上下运动，提供空气悬架系统所需的压缩空气。空气压缩机由控制模块控制的继电器供电，当驱动压缩机的电动机输入端连接12 V电源后，就可使电枢转动，从而通过曲轴和连杆带动压缩机的活塞上下运动使压缩空气压力升高。

当系统压力超过安全工作压力时，内部减压阀（或称放气阀）提供排气通道。空气压缩机的干燥器装在压缩机排气通道上，压缩机推动压缩空气，使其通过干燥器中的干燥剂（硅胶）干燥，除去空气中的水分，然后才进入悬架系统。在排气过程中，排出的干燥过的空气通过干燥器又可带走干燥剂中的水分。干燥器可以单独更换，但更换干燥器不是定期维护项目。压缩机电路上装有热过载断路器，可探测电动机内部的温度，当电动机过热时，就会关闭压缩机。待压缩机冷却后再恢复正常工作。

② 压缩机继电器。压缩机继电器控制压缩机电动机的供电。由于空气悬架控制模块无法直接向空气压缩机提供所需的（大）电流，因此需要压缩机继电器。压缩机继电器受控制模块的小电流信号控制，然后将大电流提供给压缩机，使其工作。有的悬架控制系统使用固态继电器，也有的使用常规机械继电器。

③ 排气电磁阀。排气电磁阀装在空气压缩机缸盖上，与压缩机共用一个线束连接器。在排气过程中，排气电磁阀使空气从空气弹簧中排出。当控制模块决定需要降低汽车高度时，排气电磁阀与空气弹簧电磁阀一起开启，为压缩空气提供排出通道。

④ 高度控制电磁阀。高度控制电磁阀也叫空气电磁阀，它安装在空气管路内，用于控制进出空气弹簧和减振器的空气流量。空气电磁阀常闭，不通电时，由弹簧加载挡住气流；当电磁阀通电时，电磁线圈克服弹簧压力，电磁阀打开，使空气流过电磁阀，向空气弹簧主气室充气，车身高度增加。

⑤ 空气弹簧电磁阀。空气弹簧电磁阀利用一种压卡和拧锁机构固定在空气弹簧上，并将空气压缩机的空气管路连接到空气弹簧上。这个阀是电磁滑阀，由悬架控制模块控制，通常是关闭的。当电磁阀通电时，气阀运动将空气弹簧的空气通道打开，允许空气弹簧充气或排气；当电磁阀断电时，气阀回落将空气弹簧的空气通道封闭，空气弹簧不能充气或排气。

⑥ 闸门电磁阀。闸门电磁阀将汽车左、右空气弹簧的空气压力隔开，这样，可以避免空气从一个空气弹簧流动到另一个空气弹簧中。当电磁阀断电（关闭）时，空气弹簧各自独立，允许空气弹簧之间存在压差。其工作状态一般为：当汽车在平坦路面正常行驶时，电磁阀接通电源（打开），此时两侧空气弹簧压力相同，允许空气在空气弹簧之间流动，减少车轮跳动阻力，使汽车行驶得更平稳；当汽车转向时，闸门电磁阀断电（关闭），各空气弹簧内的压力保持不变，减少汽车侧倾。

⑦ 空气管路空气压缩机内的空气通过尼龙空气管路输送给电磁阀、空气弹簧。空气管路使用快速接头与各部件连接。空气管路的数量与车型有关，系统越复杂，需要的空气管路越多。

（3）指示灯。电控空气悬架指示灯通常位于组合仪表上，如图4-11所示。当控制模块发现系统有故障时，就会点亮指示灯或使指示灯以一定的间隔时间闪亮。如果悬架系统工作正常，当点火开关从OFF转换到ON时，指示灯点亮1 s，然后自动熄灭。当点火开关在启动位置时，指示灯点亮。

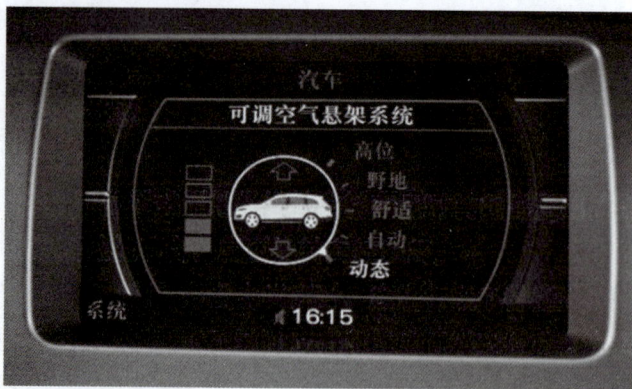

图4-11 空气悬架系统指示灯

三、电控悬架的检修注意事项

对电控悬架系统的检修主要包括基本检查、故障自诊断、故障分析与电路故障诊断等。现代电控悬架系统都设有故障自诊断系统，随时监测系统的工作情况，为故障分析和排除提供了很好的参考和指导作用。只要在检修过程中注意正确的操作方法，就能迅速排除故障。因此，在进行悬架检修时，需注意以下事项。

（1）安装电控空气悬架的汽车，在举升前一定要确认点火开关处于"断开"状态，行李厢内的高度控制ON/OFF开关处于OFF状态。如果在高度控制ON/OFF开关拨到ON位置的情况下顶起汽车，则ECU中会记录一个故障码。如果记录了故障码，务必将其从存储器中清除。建议用悬架举升型举升器，不用车身举升型举升器。

注意：当将高度控制ON/OFF开关拨到OFF位置时，会显示故障码。当将开关重新拨到ON位置时，该代码即被消除。

（2）在放下千斤顶前，应将汽车下面所有的物体搬走。因为在维修过程中，可能进行了空气悬架的放气、空气管路拆检等操作，此时空气弹簧中的主气室可能无气或存有少量剩余气体，汽车落地后，因自身的重量使车身高度降低，就会将下面的物体压住。

在开动汽车之前，应起动发动机将汽车的高度调整到正常状态。因为在维修时空气弹簧中的空气被放掉，车身高度变得很低，如果此时汽车起步，势必造成车身与悬架或轮胎相互碰撞。因此，维修后首先起动发动机，用空气压缩机给空气弹簧气室输送压缩空气，使汽车高度恢复正常，这样汽车便可正常行驶。

（3）前安全气囊碰撞传感器安装在空气压缩机和1号车身高度控制阀上面。因此，除非必要时，不要触及这个传感器。若要触及，必须按照安全气囊维修中的说明，在维修前拆下前安全气囊碰撞传感器，避免影响安全气囊系统的正常工作。

（4）安装电子控制空气悬架的汽车，一定要按照正确的步骤进行拖车，以免损坏电控悬架系统。拖行时，必须将点火开关断开，从汽车前端拖行时，速度不应超过60 km/h，或者拖行距离不得超过80 km，从汽车后端拖行时，速度不应超过80 km/h，或者拖行距离不得超过60 km。

（5）当空气弹簧中存在压力时，在任何情况下都不要拆卸空气弹簧，在未排除所有空气之前或对空气弹簧悬架进行支撑之前，不要拆卸支撑空气弹簧的任何部件。

项目实施

步骤一　功能检查

自适应阻尼控制悬架系统（ADS）是奥迪采用的悬架系统，这种悬架系统将加速传感器、转角传感器、车身加速传感器等接收的信号输入到ADS电子控制装置（ADS　ECU），并根据车辆的行驶状况，自动调节减振器的阻尼力，以适应路面的变化。该系统具有手动或自动设置automatic（自动）、comfort（舒适）、dynamic（动态）、lift（提升）4种模式，具备转弯、制动、起步、休眠、使用千斤顶、应急等特殊工况下的悬架刚度、阻尼力调节功能。

（1）automatic（自动）模式。基本底盘高度，以舒适性为主并配有与之相适应的减振特性在车速超过120 km/h行驶30 s后，底盘会下沉25 mm（高速公路底盘下沉）。底盘下沉可以改善空气动力学性能并降低燃油消耗。当车速低于70 km/h的时间达到120 s或车速低于35 km/h时，底盘会自动恢复到基本高度。

（2）comfort（舒适）模式。底盘高度与automatic（自动）模式是一样的，但在车速较低时减振要弱一些，因此与automatic（自动）模式相比，舒适性更好一些。这时不会出现所谓的"高速公路底盘下沉"。

（3）dynamic（动态）模式。与automatic（自动）模式相比，底盘下沉20 mm，并且洞调整到运动模式的减振特性，在车速持续超过120 km/h　30 s后，底盘会再下沉5 mm（高速公路底盘下沉）。当车速低于70 km/h的时间达到120 s或车速低于35 km/h时，底盘会自动恢复到运动高度。

（4）lift（提升）模式。与automatic（自动）模式相比，底盘提升了25 mm，与automatic（自动）模式一样是以舒适为主的。只有当车速低于80 km/h时才能选择这个模式。当车速超过100 km/h时会自动脱离此模式，这时车会回到先前选择的模式，即使车速又降到80 km/h以下，也不会再自动回到lift（提升）模式。

（5）转弯、制动、起步。在汽车转弯、制动、起步工况下，通过调节减振器的阻尼力使车辆保持平稳。

（6）"休眠"模式。进入"行驶后"模式60 s后若仍无输入信号，系统就进入节能的"休眠"模式。系统在2.5 h和10 h后会短时脱离"休眠"模式，以便再次检查高度状态。当前状态与规定值的高度差（如因空气悬架内空气冷却而产生的）由蓄压器进行补偿。

（7）使用千斤顶（维修模式）。这种模式是不会被自动识别出来的。利用升降台或者千斤顶维修装备有空气悬架系统的奥迪轿车，如果不熟悉该系统的工作特性，有可能发生空气悬架系统异常动作甚至损坏的现象。为此，需要通过MMI（Multi Media Interface）显示屏进行"千斤顶模式"（即维修模式）的设置。如果要使用千斤顶，必须先关闭自适应空气悬架、点火开关ON。按压CAR，出现 adaptive air suspension(自适应空气悬架)，按SETUP，将旋转/按压控制钮旋转到car jack mode(汽车千斤顶模式)并选择ON（打开）来打开汽车千斤顶模式，点火开关OFF之后，方可举升车辆。

有两种方法可以关闭这种模式，即按照上述步骤操作，在最后一步选择OFF（关闭），或以超过15 km/h的车速行车。

需要注意的是设置奥迪轿车空气悬架系统千斤顶模式时，如果MMI有故障，可以连接诊断仪，然后在引导性故障查询中启用和禁用千斤顶模式；如果在MMI上启用了千斤顶模式，那么只能在MMI中禁用它；如果通过诊断仪的自诊断功能禁用了千斤顶模式，则可以在MMI上启用。

（8）应急运行状态。如果识别出系统部件故障或信号故障，一般来说就没有保证系统功能的可靠性了。根据故障的严重程度，会起动一个应急运行程序。故障码会存入故障存储器，组合仪表上的报警灯会点亮。当悬架的调节功能完全失效时，该系统就会被中断供电，于是悬架就呈"硬"状态。应急状态是为了保证行驶稳定性，这样可避免悬架过软。

步骤二　电控空气悬架系统车身水平调节功能检测

车身水平高度变化过程如图4-12所示。提升时，先提升后桥，后提升前桥；下降时，先降低前桥后降低后桥。这个动作顺序可以保证有前照灯照程调节功能（装有氙气灯）的车，即使在前照灯照程调节功能失效时，也可避免在调节过程中给对面来车造成眩目。在进行汽车水平调节功能检查前，需保证轮胎充气正确。

图4-12　车身高度调节过程

（1）通过MMI手动设置调节模式，在automatic自动、comfort舒适模式下，汽车处于基本高度，约120 mm（标准底盘），如图4-13所示。

图4-13　自动、舒适模式下汽车基本高度

（2）在dynamic动态模式下，起动发动机，测量车身高度。汽车高度会在基本高度基础上下降20 mm，如图4-14所示。

若不符合，应对车身高度调整系统进行检查。

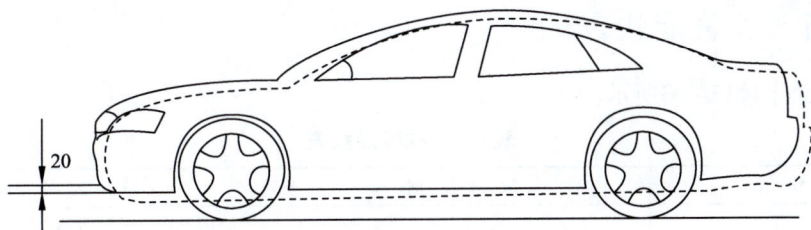

图4-14　动态模式下汽车高度降低

（3）在lift提升模式下，起动发动机，测量车身高度。检查完成高度调整所需的时间和汽车高度变化量。调整时间应为：从高度控制开关拨到lift位置开始到压缩机起动时止，所需时间约为2 s；从压缩机起动时到完成高度调整为止，所需时间约为20~40 s。汽车会在基本高度基础上升高25 mm，如图4-15所示。

若不符合，应对车身高度调整系统进行检查。

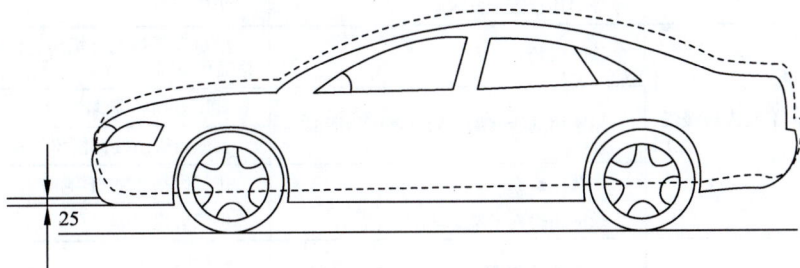

图4-15　提升模式下汽车升高

步骤三　气动管路检查

一、气动排气阀检测

拔下空气压缩机继电器，跨接继电器座30、87端子，点火开关ON，强行起动空气压缩机，点火开关ON，过一段时间后，气动排气阀应该排气。如果不能正常排气，则应检查空气管路中是否有漏气，压缩机是否正常工作，溢流阀是堵塞或有其他故障。

检查完毕，点火开关转至OFF位置，清除故障码。由于迫使压缩机工作时，ECU中会记录一个故障码，在完成检查后，务必将这个故障码清除掉。

二、漏气检查

选择lift提升模式，汽车抬高，发动机熄火，检查连接管和插头，不能有任何漏气。管路中一旦有漏气，将直接影响系统气压的建立和保持，影响悬架的正常调节功能，因此要经常检查系统的密封性能。漏气一般发生在管路接头处，检查的步骤如下：

（1）起动发动机，将高度控制开关拨到HIGH位置，使车身升高。

（2）车身升至最高位后，将发动机熄火。

（3）用肥皂水涂在管路接头处及怀疑漏气处，观察是否有气泡产生。若有气泡，则证明此处漏气，应及时修复或更换。

步骤四　故障症状查询

故障症状查询如表4-3所示。

表4-3　故障症状表

故 障 症 状	故 障 识 别	可 能 原 因
"缓慢性"压力损失，汽车较长时间倾斜	在一段较长时间内观察汽车离地高度，用常用的泄漏喷剂检查是否泄漏	减振器空气弹簧泄漏
		空气管路泄漏
		余压保持阀泄漏
汽车倾斜（排除泄漏）	诊断仪检测	水平高度传感器损坏
		水平高度传感器拉杆或支架变形
汽车处于高位，无法降低	检查汽车是否具有足够的离地间隙	汽车已支起
	检查空气管路和管线的走向	空气管路堵塞、弯折或结冰
	诊断仪检测	排气阀或减振支柱阀失灵
	经前述检查未发现缺陷	余压保持阀卡住
汽车处于低位，不能或极缓慢升高	诊断仪检查	继电器、熔丝、插头、线束损坏，车载网络通信故障
	用常用的泄漏喷剂检查蓄压器泄漏	蓄压器损坏/泄漏
		蓄压器管路接口损坏泄漏
	诊断仪检查	排气阀损坏/打开/泄漏
	经前述检查未发现缺陷	供气装置损坏
"较快的"失压	汽车水平高度不均匀，试着升降到另一度水平时，听到减振弹簧空气泄漏	空气弹簧损坏
		空气管路损坏
减振不足	试车，行车时调节减振器高度，减振系统在不平道路行驶时应感觉有明显变化，同时注意察听"砰砰"作响声	减振调节阀损坏
		减振器磨损过度

步骤五　电路检查

一、车身水平高度传感器检查电路检查

当车身高度传感器电路出现故障时，ECU中会存入故障码，在车身高度传感器向ECU传递错误信号时，汽车的高度控制、阻尼力和空气弹簧刚度控制被禁用。

（1）如果是前车水平高度传感器故障，拆下前轮胎，脱开车身水平高度传感器连接器，打开点火开关到ON位置，测量供电端子与车身接地之间的电压；如果是后车水平高度传感器，则拆下行李厢内饰板，脱开车身水平高度传感器，打开点火开关到ON位置，测量供电端子与车身接地之间的电压。这两个端子间的电压均为蓄电池端电压，如果不是蓄电池端电压，则说明传感器供电有问题，则检查车身水平高度控制继电器和车身水平高度传感器之间的连线是否正常。如果不正常，进行维修；如果正常进入步骤（2）。

（2）检查悬架ECU与车身水平高度传感器之间的配线和连接器，如果不正常则进行维修；如果正常进入步骤（3）。

（3）换装一个完好的车身水平高度传感器，检查故障是否消失，如果消失更换传感器；如果不消失（和最初故障码一样）则检查和更换ECU；否则进入下一个线路检查。车身水平高度

传感器电路检查流程如图4-16所示。

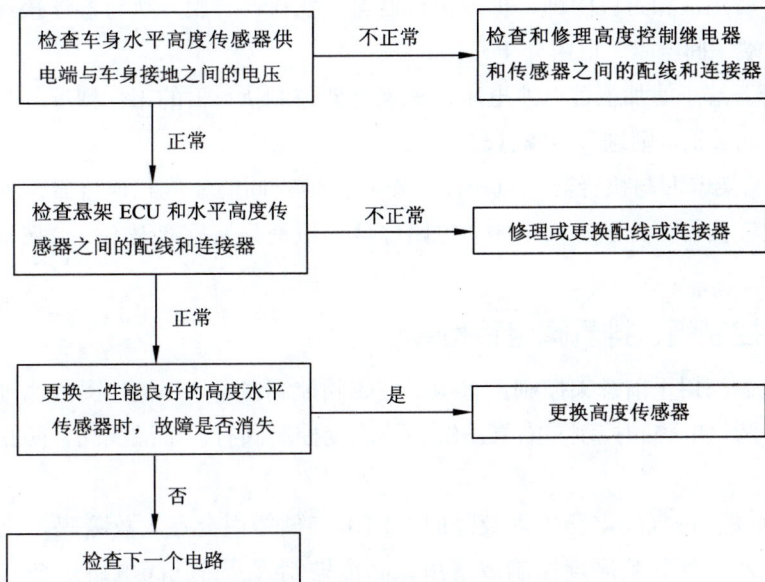

图4-16　车身水平高度传感器电路检查流程

二、悬架控制执行器电路检查

当悬架控制执行器电路出现故障，ECU中会存入故障码，此时汽车的阻尼力和空气弹簧刚度控制被禁用，悬架控制执行器电路检查流程如图4-17所示。

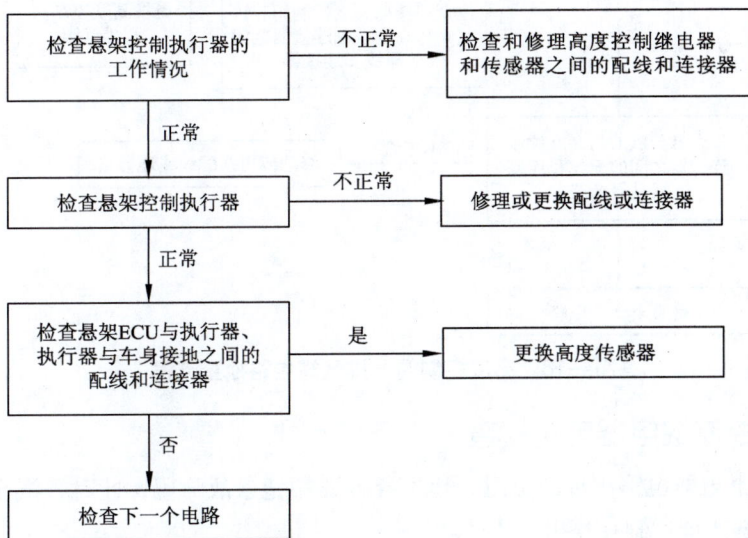

图4-17　悬架控制执行器电路检查流程

（1）如果是前悬架执行器，则拆下执行器盖和执行器，打开点火开关到ON位置；如果是后悬架执行器，则拆下后座位和封板内饰，拆下执行器盖和执行器，打开点火开关到ON位置。在阻尼选择开关打开"软"和"硬"的情况下检查悬架执行器的工作情况，如果正常，执行器执行动作，则检查下一个电路；否则进入步骤（2）。

（2）如果是前悬架执行器，则拆下执行器盖和执行器，脱开执行器连接器；如果是后悬架执行器，则拆下后座位和封板内饰，拆下执行器盖和执行器，脱开执行器连接器，测量悬架控制执行器连接器端子间电阻，电阻介于3之间。

在悬架执行器端子间加上蓄电池电压，检查悬架控制执行器的工作情况，如果不正常则更换控制执行器，如果正常则进入步骤（3）

（3）检查悬架ECU与执行器、执行器与车身接地之间的配线和连接器。如果不正常，更换或修理配线或连接器，否则进入下一个电路检修。但是如果故障码不变，应检查和更换悬架ECU。

三、高度控制阀、排气阀电路检查

一个高度控制阀用于前悬架控制，有两只电磁阀控制左右气压缸，另一高度控制阀用于后悬架控制，也有两只电磁阀控制左右气压缸，该高度控制阀有一个溢流阀，防止产生不正常的压力。

当高度控制阀、排气阀电路出现故障时，ECU存储器中会存入故障码，此时，汽车的高度控制、阻尼力和空气弹簧刚度控制被禁用。高度控制阀、排气阀电路检查流程图如图4-18所示。

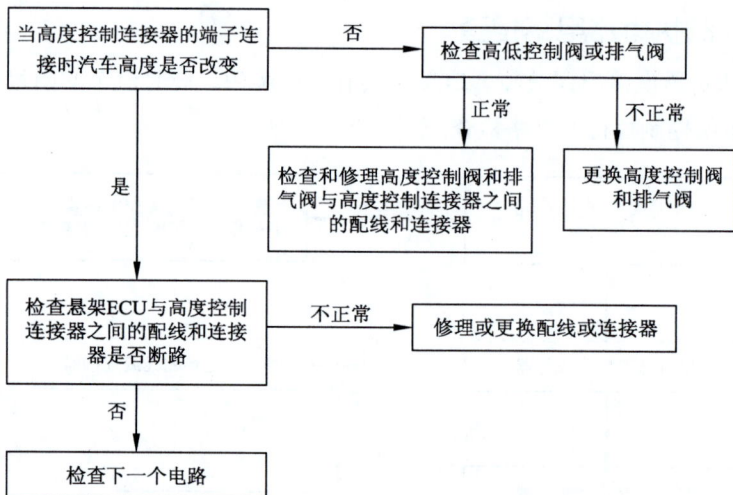

图4-18　高度控制阀、排气阀电路检查流程

四、高度控制继电器电路检查

当高度控制继电器电路出现故障时，ECU存储器中记录故障码，此时，汽车的高度控制、阻尼力和空气弹簧刚度控制被禁用。

（1）脱开悬架ECU连接器。测量悬架ECU端与控制继电器线圈相连的两端子电阻，应为50～100Ω，进入下一个电路检修。否则进入步骤（2）。

（2）拆下高度控制继电器测量继电器线圈电阻，阻值应为50～100Ω，这是检修ECU与继电器之间的配线和连接器，否则更换继电器。

五、压缩机电动机电路检查

当压缩机电动机电路出现故障时，ECU存储器中记录故障码，此时，汽车的高度控制、阻尼力和空气弹簧刚度控制被禁用。需要对以下项目进行检查：

（1）检查压缩机是否运转。

（2）检查悬架ECU是否正常工作。

（3）检查悬架ECU与压缩机之间的配线和连接器是否正常。

（4）检查高度控制继电器。

六、悬架执行器电源电路检查

当悬架执行器电源电路出现故障时，ECU存储器中记录故障码，此时，汽车的阻尼力和空气弹簧刚度控制被禁用。主要检查执行器是否供电，熔丝是否正常。

七、其他传感器检查

（1）转角传感器检查。转角传感器检测转角转向盘方向与角度并输入悬架ECU，当ECU判定转向盘角度和车速大于设定值时，促使阻尼和空气弹簧刚度增加。

（2）车速传感器检查。车速传感器检测的车速信号送至悬架ECU，悬架ECU控制悬架的高度和硬度。

（3）节气门开度信号检查。悬架ECU通过与发动机的ECU之间的通信联系检测气门的开启角度和开启速度。悬架利用这一信号作为防下坐控制的一个工作状态。

步骤六　系统初始化（高度传感器校准）

当更换悬架电控单元或任意个水平高度传感器后，均需运用VAS505 1检测仪进行系统初始化。步骤如下：

（1）连接操作诊断仪，找到地址自适应空气悬架接口。

（2）进入功能10（自适应）。

（3）测量每个车轮从车轮中心到车轮罩下边缘的高度值。

（4）将测量值通过诊断仪逐一传送到控制单元内。

（5）电控单元对比测量值和规定值从而确定出校正系数，以此将车身高度调整到基本高度。

（一）故障现象描述

请描述该车的故障现象_____

_____

_____

（二）分析故障原因

你认为该车出现此故障可能的原因有_____

_____

_____

_____

（三）确定诊断流程

根据由简单到复杂的原则，通过小组讨论，确定诊断流程。

制定的诊断流程是：_____

_____

_____

_____

（四）检测过程

按照制定的诊断流程逐项进行检测，记录各步骤的数据，并对数据进行分析，确定故障原因，进行修复或更换。

检测过程记录如下：_____

_____

_____

_____

_____

（五）诊断结果描述

诊断结果描述为：_____

_____

_____

_____

_____

思考练习

选择题

1. 悬架系统中起缓冲作用，用于抵消不平路面传来振动的元件是（　　）。

 A. 减震器   B. 导向装置

 C. 弹性元件   D. 空气弹簧

2. 当一侧车轮因地面不平而发生跳动时，必然引起另一侧车轮在汽车横向平面内发生摆动，故称（　　）。

 A. 独立悬架   B. 非独立悬架

 C. 整体式悬架   D. 空气悬架

3. 双手用力按下保险杠，释放后回弹超过1次，说明（　　）。

 A. 减振器失效   B. 导向装置失效

 C. 弹性元件失效   D. 高度传感器失效

4. 以下有关电控悬架系统车轮定位步骤的陈述中，（　　）正确？

　　A. 车轮必须具备两种不同的定位设置，一种是用于空载，一种是用于满载

　　B. 在读取定位参数之前，通常关闭控制系统

　　C. 仅考虑前后轮胎缘距设置，因为其他定位设置随悬架改变而改变

　　D. 以上都正确

5. 以下（　　）不是主动悬架汽车车身侧倾过多的原因。

　　A. 螺旋弹簧破裂　　　　　　　　B. 执行器阀门磨损

　　C. 液压电磁阀故障　　　　　　　D. 液压泵有故障

6. 在讨论（安装放过气的空气弹簧时）空气弹簧充气时，技师甲说在弹簧充气之前，应将整个汽车重量作用在弹簧上；技师乙说在弹簧充气之前，应将汽车重量支撑在起重机上，使空气弹簧上作用的载荷较低。（　　）正确。

　　A. 甲正确　　　　B. 乙正确　　　　C. 两人均正确　　　　D. 两人均不正确

7. 在讨论带有电控空气悬架系统汽车上的电控空气悬架系统检修时，可使用保险杠专用千斤顶升起汽车的一个角，以便更换轮胎，技师甲说电控空气悬架开关应处于接通位置；技师乙说应该给汽车所升起角上的空气弹簧放气。（　　）正确。

　　A. 甲正确　　　　B. 乙正确　　　　C. 两人均正确　　　　D. 两人均不正确

8. 在讨论带载敏调高的后空气悬架系统的维修时，技师甲说将扫描检测仪连接到行李厢内的诊断接口上，可获得故障代码；技师乙说如果在控制组件存储器内没有故障，则提供代码。（　　）正确。

　　A. 甲正确　　　　B. 乙正确　　　　C. 两人均正确　　　　D. 两人均不正确

9. 在讨论路敏悬架系统的诊断与维修时，技师甲说在点火开关接通时，同时按下AUTO按钮和DEFOG按钮可进入诊断；技师乙说按下气候控制中心处的HI按钮，可移至测试选项中的下一个参数。（　　）正确。

　　A. 甲正确　　　　B. 乙正确　　　　C. 两人均正确　　　　D. 两人均不正确

10. 在讨论路敏悬架系统的诊断与维修时，技师甲说在输出测试选项中，路敏悬架组件循环切换各种输出；技师乙说过去代码代表间断故障。（　　）正确。

　　A. 甲正确　　　　B. 乙正确　　　　C. 两人均正确　　　　D. 两人均不正确

11. 在讨论路敏悬架系统的诊断与维修时，技师甲说当进入诊断模式时，在段显示过程中，所有仪表板（IPC）段和转向信号指示灯发光；技师乙说在段显示过程中，如果所有IPC段不发光，则可能发生各种系统的错误诊断。（　　）正确。

　　A. 甲正确　　　　B. 乙正确　　　　C. 两人均正确　　　　D. 两人均不正确

12. 在讨论路敏悬架系统的诊断与维修时，技师甲说带有后缀H的诊断故障代码（DTC）代表间断故障；技师乙说带有后缀C的DTC代表间断故障。（　　）正确.

　　A. 甲正确　　　　B. 乙正确　　　　C. 两人均正确　　　　D. 两人均不正确

13. 下列指示灯中，LRC表示的是（　　）选项。

　　A. 高度控制指示灯　　　　　　　B. 刚度阻尼指示灯

　　C. 高度控制照明灯　　　　　　　D. 以上均不正确

14. 下列指示灯中，HEIGHT表示的是下边选项中的（　　　　）。

　　A. 高度控制指示灯　　　　　　　　B. 刚度阻尼指示灯

　　C. 高度控制照明灯　　　　　　　　D. 以上均不正确

填空题

1. 电控悬架系统由以下组成：＿＿＿＿＿＿、＿＿＿＿＿＿、＿＿＿＿＿＿。

2. 电控空气悬架系统的控制功能主要包括以下三方面的控制：＿＿＿＿＿＿＿；＿＿＿＿＿＿；＿＿＿＿＿＿。

3. 汽车悬架系统的作用是使汽车平顺、安全地行驶，并具有＿＿＿＿＿＿和＿＿＿＿＿＿。

4. 在进行汽车悬架系统外观检查时，要检查弹簧＿＿＿＿＿＿，衬套＿＿＿＿＿＿，减振器＿＿＿＿＿＿，稳定杆或衬套是否有故障，以及控制臂或支柱＿＿＿＿＿＿。

5. 电控悬架的功能:＿＿＿＿＿＿、＿＿＿＿＿＿、＿＿＿＿＿＿。

6. 电子控制悬架系统采用的传感器：＿＿＿＿＿＿、＿＿＿＿＿＿、＿＿＿＿＿＿、＿＿＿＿＿＿等。

7. 水平高度传感器常采用的类型：＿＿＿＿＿＿、＿＿＿＿＿＿。

项目五
电子控制助力
转向系统

5

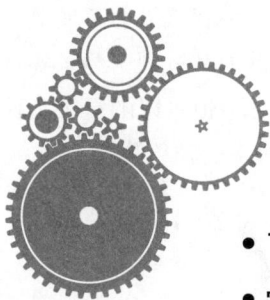

学习目标

- 了解汽车电控助力转向系统的组成及功能。
- 掌握电子控制助力转向系统主要部件的结构及其工作原理。
- 掌握电控助力转向控制原理。
- 能够进行电控助力转向系统维护。
- 能够根据电控助力转向故障现象进行故障检测及分析。

一位新蒙迪欧车主反映，其车行驶11万千米后，发生转向沉重，服务经理要求对其车进行分析和检测，查出故障原因并进行修复，要求记录检测数据，写出工作报告。

要了解电控动力转向系统的发展概况、类型及特点，理解电子控制助力转向系统在低速时减轻转向力，以提高转向系统的操作稳定性；在高速时则可适当加重转向力，以提高操纵稳定性。根据故障现象制定相应的诊断流程，依据诊断流程来逐项检测，查找故障原因，并排除故障。

转向系统一般包括转向盘、转向器、助力机构和转向拉杆等主要部件，如图5-1所示。一般来说，车速越低转向操纵越重，若采用固定的助力倍数，当低速下转向的操纵力减小到比较理想的程度时，则可能导致高速下操纵力过小、手感操纵力不明显，转向不稳定；反之，如果加大高速转向时的操纵力，则低速转向时的操纵力又过大。为了实现在各种转速下转向操纵力的最佳值，电子控制助力转向系统应运而生。它不但可以随行驶条件及时调整转向助力倍数，而且在结构上也远比单纯液力和气压式助力转向系统轻巧简便。

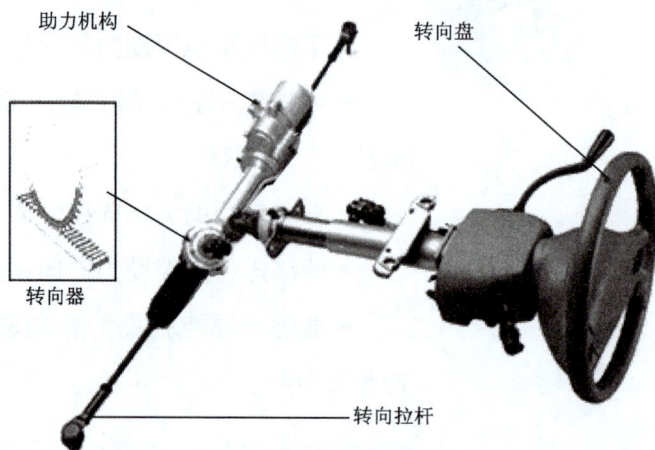

图5-1 转向系统基本组成

助力转向系统分为：机械液压助力转向系统（HPAS）、电控液压助力转向系统（ECHPS）和电控式电动动力转向系统（EPAS/EPS）。

一、机械液压助力转向系统

20世纪50年代之前，汽车上的转向系统大多为机械转向系统，由于机械转向系统不能为驾驶人提供转向助力，因而转向操纵比较沉重，影响转向操纵的轻便性和驾驶的舒适性，目前机械转向系统已逐渐为各种助力转向系统所取代。图5-2为齿轮齿条式机械转向系统示意图。

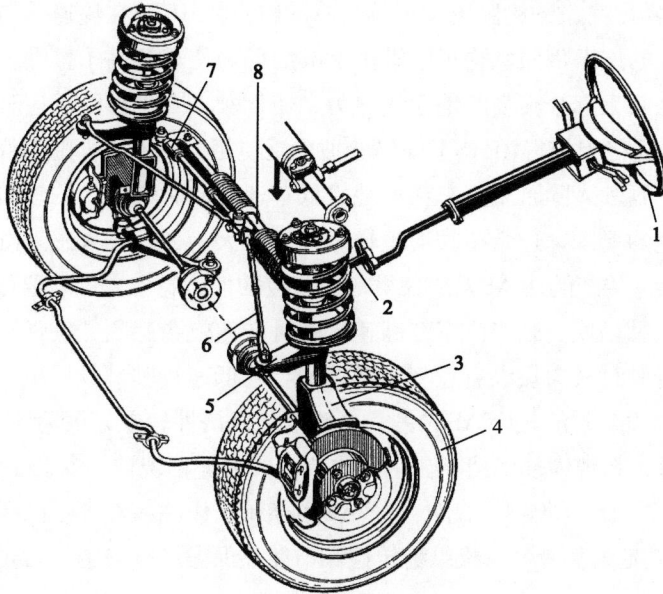

图5-2 机械式转向系统

1—转向盘；2—安全转向轴；3—转向节；4—转向轮；5—转向节臂；
6—转向横拉杆；7—转向减振器；8—齿轮齿条转向器

为了减轻驾驶人转向操纵的负担，提高汽车操纵的安全性和舒适性，20世纪40年代末出现了机械液压助力转向系统（Hydraulic Power Steering，HPAS），并于1951年应用于美国克莱斯勒公司生产的汽车上，1955年在Buick汽车正式采用HPAS之后，HPAS开始迅速普及，目前较为常见的为常流式HPAS。

常流式HPAS的基本结构如图5-3所示，在机械式转向系统的基础上增加一套液压助力装置（一般由助力油泵、转向控制阀、助力油缸、储油罐和油管等器件组成）。转向控制阀的作用是根据驾驶人的转向意图控制油液流动方向，并根据转向盘转矩的大小产生相应的转向辅助力，从而提高转向操纵的轻便性。HPAS按照转向器的机械结构可以分为齿轮齿条式和循环球式，按照转向控制阀的结构类型又可以分为滑阀式和转阀式，目前多为转阀式。

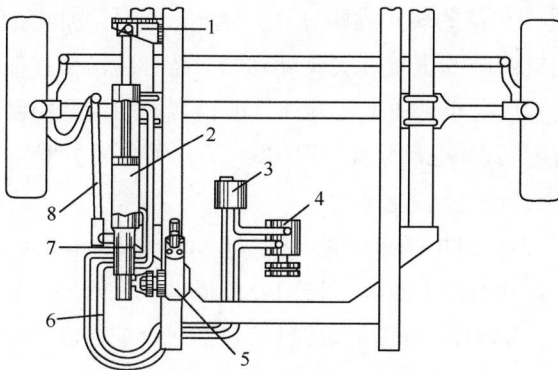

图5-3 HPAS示意图

1—支座；2—转向助力缸；3—储油罐；4—转向油泵；5—转向器；6—油管；7—转向控制阀；8—转向直拉杆

HPAS具有功率密度高，结构紧凑和可靠性高的特点。HPAS在快速转向操纵时，如紧急避障的情况下，高响应的液压伺服机构可以提供足够的助力使车辆易于操纵。另外，液压系统本身的阻尼作用可以补偿大部分突变的地面侧向力，使驾驶人有足够的反应时间把车辆保持在正确的行驶轨迹上。上述优点使得HPAS至今仍然被广泛使用。然而，伴随着高速公路的不断延伸和车速的不断提高，驾驶人除希望汽车在原地或低车速转向时有较小的转向盘转矩，感到转向轻便之外，随着车速的增加，还希望转向盘转矩适当增大，使驾驶人感到汽车行驶比较稳定，给驾驶人一种安全感。传统的HPAS无法获得车速感应的助力特性，即若要保证汽车在低速行驶（或原地）转向时操纵轻便，则当汽车在高速行驶时转向就会感到"发飘"的感觉，反之，若要保证汽车在高速行驶时转向操纵有适度路感，则当其低速行驶（或原地）转向时就会感到转向沉重，两者难以兼顾。常流式HPAS的另一个缺点是经济性较差，因为HPAS是一个"常流"系统，即使不转向时，系统内部仍然存在一定的节流损失。据统计，安装了HPAS后，轿车每行驶100 km要多消耗0.3～0.4 L燃料。此外，HPAS还存在工作油液对环境的污染问题。因此，传统的HPAS已经难以满足人们对汽车操纵稳定性和节能环保方面越来越高的要求。

二、电控液压助力转向系统

20世纪70年代以来，为了改善传统HPAS的性能，出现了多种电控液压助力转向系统（Electric Control Hydraulic Steering，ECHPS）。ECHPS是在传统HPS基础上增加电控装置而构成的，它改善了传统HPS的性能，可以获得速度感应的助力特性，即在低车速时提供大助力使转向轻便舒适，随着车速增加助力减小，高车速时提供很小的助力以保证驾驶人拥有良好的路感。由于速度感应式ECHPS既继承了传统HPS的优点，又可以保证汽车转向的安全性和舒适性，同时还部分解决了节能的问题，所以在部分高级乘用车和商用车上得到应用。ECHPS既能提供足够的助力、工作可靠，又可以通过附加的电子控制装置获得可变的助力特性，使转向操纵力也能随车速而变化，从而满足汽车行驶安全性和舒适性的要求。根据具体控制方式的不同，目前常见的ECHPS可以分为流量控制式、阀灵敏度可变控制式和反力控制式等多种类型，下面将介绍几种典型的ECHPS。

（一）流量控制式ECHPS

流量控制式ECHPS是在传统的转阀式HPS的基础上，通过附加电液控制装置改变通过转阀的流量，进而改变助力油缸两腔的压差来实现可变助力特性。流量控制式ECHPS对传统的HPS改动较小，结构简单，技术风险小，成本较低。目前较常见的流量控制式ECHPS主要有电子可变量孔式（EVO）、旁通流量式和电动泵式（EHPS）等几种主要类型。

1. 电子可变量孔助力转向系统（EVO）

图5-4为福特汽车公司的一种电子可变量孔式（Electronic Variable Orifice，EVO）ECHPS的组成结构示意图。它在低速及停车时为了转向轻便提供较大的助力，而在高速时为了得到合适的路感提供较小的助力。EVO系统的输入传感器包括一个安装在转向管柱下端的转向盘转速传感器和一个安装在变速器上的车速传感器。在转向过程中，EVO系统控制器根据车速和转向盘转速信号控制EVO电磁阀的开度，改变主量孔节流面积，从而改变油泵的输出流量。

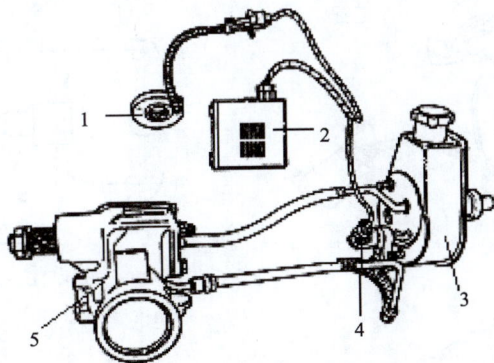

(a) EVO系统组成

1—转向盘转速传感器；2—控制单元；3—转向油泵；4—EVO控制阀；5—转向器

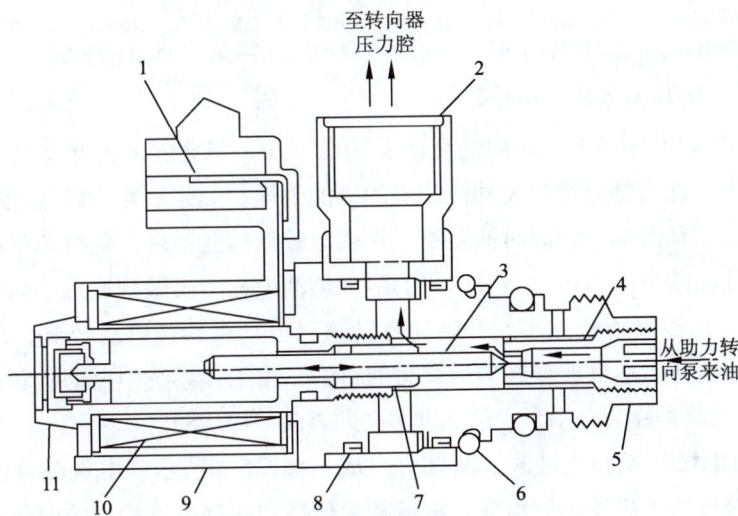

(b) EVO电磁阀

1—端子；2—接头；3—针阀；4—量孔；5—接头；6、8—O型密封圈；
7—管端轴承；9—壳体；10—线圈；11—端盖

图5-4　EVO系统组成结构示意图

当车速低于16 km/h，转向盘转速大于90º/s时，系统提供满负荷的助力。当车速大于40 km/h，转向盘转速低于90º/s时，系统将根据需要逐步减小通向转向器的流量，从而减小助力。而车速超过132 km/h时，系统所提供的助力最小，此时EVO控制阀电磁线圈的电流大约是590 mA。

2. 旁通流量式ECHPS

旁通流量式ECHPS的一个典型例子是蓝鸟轿车所采用的助力转向系统。该系统的构成及原理如图5-5所示，该系统在传统HPS的基础上，增加了转向盘转速传感器4、车速传感器13、流量控制阀8、电磁阀9及电控单元5等。系统中的流量控制阀与转向油泵并联，转向油泵输出的油液，一部分进入液压助力转向器，一部分经旁通流量阀直接回储油罐。电控单元根据采集到的车速和转向盘转速信号，对旁通流量阀的开度进行控制，从而改变了旁通流量。由于转向油泵是定量泵，旁通流量的变化会引起助力转向系统供给流量的变化，从而获得随车速变化而变化的助力特性。

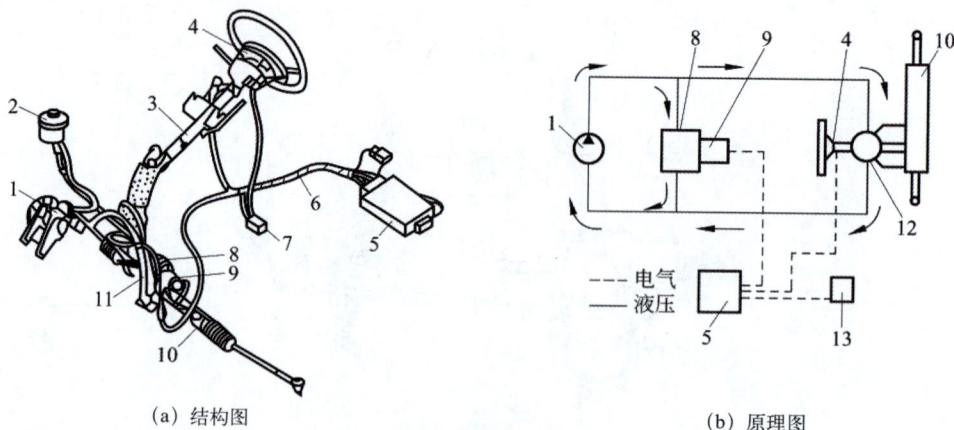

(a) 结构图　　　　　　　　　　　　(b) 原理图

图5-5　旁通流量式ECHPS

1—转向油泵；2—储油罐；3—转向管柱；4—转向盘转速传感器；5—电控单元；6—线束；
7—转速信号处理电路；8—流量控制阀；9—电磁阀；10—转向器；11—油管；12—转向控制阀；13—车速传感器

3. 电动液压助力转向系统（EHPS）

上述旁通流量式ECHPS中，转向油泵由发动机驱动，只要发动机在运转，即使汽车不转向，油泵也在工作，这无疑会增加发动机的附加燃油消耗。如果油泵的转速能随车速和转向盘转速的变化而改变，且汽车不转向时油泵不工作或以较低转速运转，这样不仅能获得随车速而变化的路感，而且能减少助力转向系统造成的附加燃油消耗。要做到这点，只有采用电动机来驱动油泵。此时，由控制器根据车速和转向盘转速对电动机转速进行控制，从而改变流入转向助力系统的油液流量，达到改变转向操纵力的目的。由于该系统中电动机和油泵常制成一体（称为电动泵），因此也称为电动泵式液压助力转向系统（EHPS）。

EHPS一般由电气装置和机械装置两部分组成，如图5-6所示。电气部分由转向盘转向传感器、发动机电控模块、齿轮泵等组成；机械装置包括转向操纵机构、转向传动机构、液压助力转向器（包括转向控制阀和助力缸）及管路等。比较先进的电动泵把齿轮泵（或叶片泵）、ECU、低惯量高功率的直流电动机和油罐集成在一起，组成集成电液动力源，使得整个总成结构紧凑、质量轻及安装的柔性大大增强。

EHPS的工作过程如下：当汽车直线行驶时，转向盘不转动，电动机以很低的转速运转甚至停止运转，因而可以降低能量消耗；当驾驶人开始转动转向盘时，电子控制单元根据检测到的转向盘转速信号、车速信号等，判断汽车的转向状态，向驱动单元发出控制指令，使电动机产生相应的转速以驱动助力油泵输出相应流量的压力油（瞬时流量从ECU中储存的流量通用特性场中读取）。压力油经转阀进入助力油缸，推动活塞产生适当的助力，协助驾驶人进行转向操纵，从而获得理想的转向助力效果。

EHPS有如下特点：一是可以根据车速、转向角速度等不同的状况提供最佳的助力，获得令人满意的转向路感；二是节能，高速时最多能节约85%的附加燃油消耗（相对于传统的由发动机驱动转向油泵的转向助力系统），实际行驶过程中对燃油节约可达到0.2 L/100 km，符合节能与环保的要求；三是结构紧凑，主要部件（电动机、油泵和电子控制单元）可以组合在一起，具有良好的模块化结构，并且采用电动机驱动油泵后使油泵容易布置，从而不必布置在发动机附近。

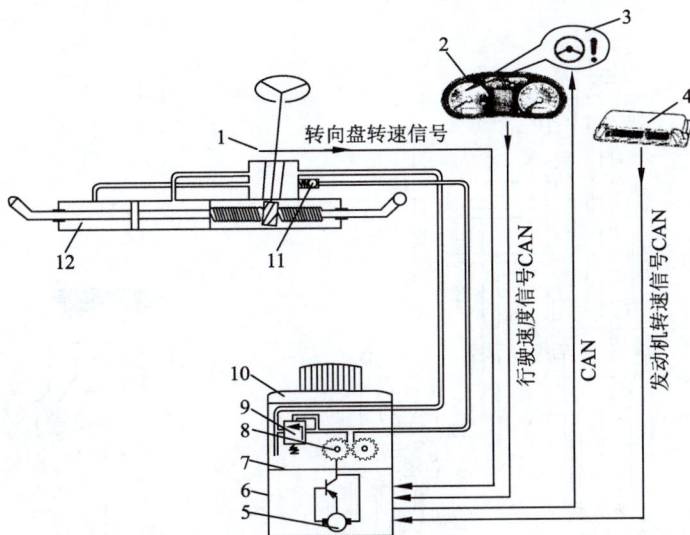

图5-6　EHPS示意图

1—转向盘转速传感器；2—仪表板；3—警示灯；4—发动机电控模块；5—电动机；
6—电动泵总成；7—ECU；8—齿轮泵；9—限压阀；10—储油罐；11—单向阀；12—转向器

国外，EHPS早在20多年前就已经开始开发，日本丰田的MR2轿车是最早应用这种助力转向系统的车型。现在采用EHPS的主要有丰田MR-S，欧宝Astra、Zafira，大众POLO，Mazda3，通用福克斯等中高档车型。DANA公司认为，未来EHPS将取代传统的HPS。

需要指出的是，与EPS类似，EHPS的应用同样受到车载电源和电动机功率的限制，不适合在前轴负荷较大的主流商用车上使用，但电动客车采用EHPS是较为理想的解决方案。

（二）阀灵敏度可变控制式ECHPS

阀灵敏度可变控制式ECHPS，又称为阀特性式ECHPS。它根据车速控制电磁阀，直接改变转向控制阀的压力增益特性（阀灵敏度）以控制助力油缸两腔的压力。与流量控制式ECHPS相比，阀灵敏度可变控制式ECHPS没有改变通过转阀的流量，而是对转阀的工作油路进行控制，将控制阀灵敏度设计成可变的。其转向控制阀液压回路与传统HPS相比变化较大。阀灵敏度可变控制式ECHPS整体结构简单、部件少、价格便宜，而且具有较大的选择转向力矩的自由度，可以获得自然的转向路感和良好的转向特性。

图5-7所示为早期的一种阀灵敏度可变控制式ECHPS，应用于日产89地平线轿车上。该系统采用12槽式转阀，对阀芯的结构进行了改进，并增加了电磁阀、车速传感器和电子控制单元等器件。

转阀阀芯上均布的12个轴向槽被分为两组，1、2为低速节流槽（在较小的转向力矩时即关闭），3为高速节流槽（在较大的转向力矩时才关闭）。在2、3槽之间设置由电磁阀控制的可变节流槽4。在停车或低速转向时，电磁阀完全关闭，油路由1、2槽的节流孔控制，由于1、2槽在较小转向力矩时关闭，因此具有轻便的转向特性，如图5-7（d）所示。高速转向时，电磁阀打开，油液通过槽4流回储油罐形成回路，此时高速节流槽3参与到油路控制中，由于3槽在较大转向力矩时关闭，因此系统助力特性曲线向外扩展，可以减小助力效果，保证高速行驶的转向稳定感，如图5-7（e）所示。控制器根据车速调节电磁阀的开度，可以连续地改变助力特性，如图5-7（c）所示。

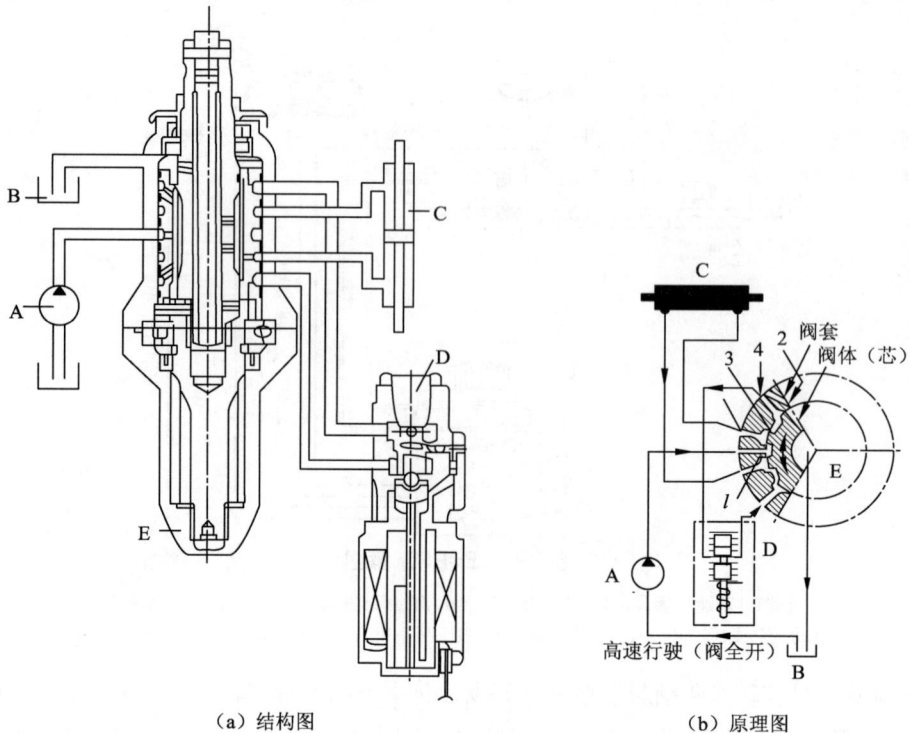

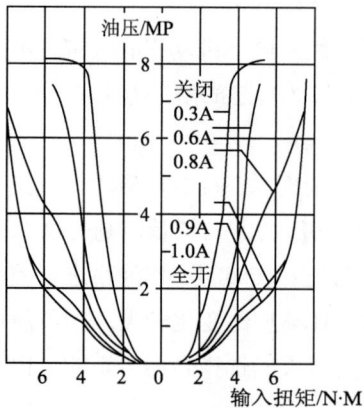

（a）结构图 （b）原理图

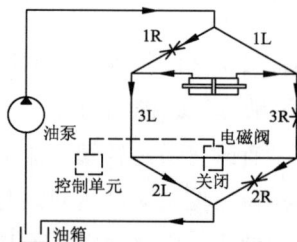

（c）助力特性 （d）低速转向油路示意图 （e）高速转向油路示意图

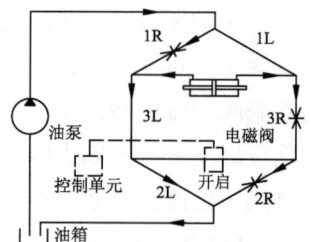

图5-7 日产89地平线轿车的阀灵敏度可变控制式ECHPS

A—转向油泵；B—储油罐；C—动力缸；D—电磁阀；E—转阀

　　阀灵敏度可变控制式ECHPS的结构类型很多，这些系统在转阀阀槽数目、节流口面积变化规律、电磁阀（或电动阀）布置位置，以及节流口和内部油道的排列方式等方面存在一定差异。图5-8是日本KOYO（株）会社在20世纪90年代末期开发的一种具有代表性的阀灵敏度可变控制式ECHPS。

　　该系统中的转阀采用的也是具有12个节流槽的结构，能够降低阀的流动噪声，同时减少了40%的阀体压力变形。转阀阀芯和阀套之间的节流口分成两组，一组是低速（或停车）专用节流口，另一组是高速专用节流口。在高速节流口下游的回油路上，设置有采用步进电动机控制的滑阀（电动阀）。这两组节流口的面积变化规律不同，低速专用节流口在较小的转向力矩作用时关闭，而高速专用节流口在较大转向力矩作用时关闭。控制器根据车速等信号对步进电动机进行控制，从而使电动阀的节流面积随车速而变化，与转阀中高低速节流口一起作用改变转向控制阀的压力增益特性以控制油压。

低车速转向时，电动阀关闭，低速专用节流口工作，高速专用节流口处没有形成液压回路因而不参与作用，见图5-8(d)。在这种情况下，只有低速节流口构成转向控制阀的工作节流面积，由于低速节流口在小转向力矩时即可关闭，因而转向轻便；高车速转向时，电动阀开启，电动阀与高速专用节流口一起构成液压回路，见图5-8（e），这种情况下，电动阀的节流面积与高低速专用节流口共同作用组成了转向控制阀的工作节流面积，从而改变转向控制阀的灵敏度，此时系统可提供较大的转向力矩以增加转向路感。

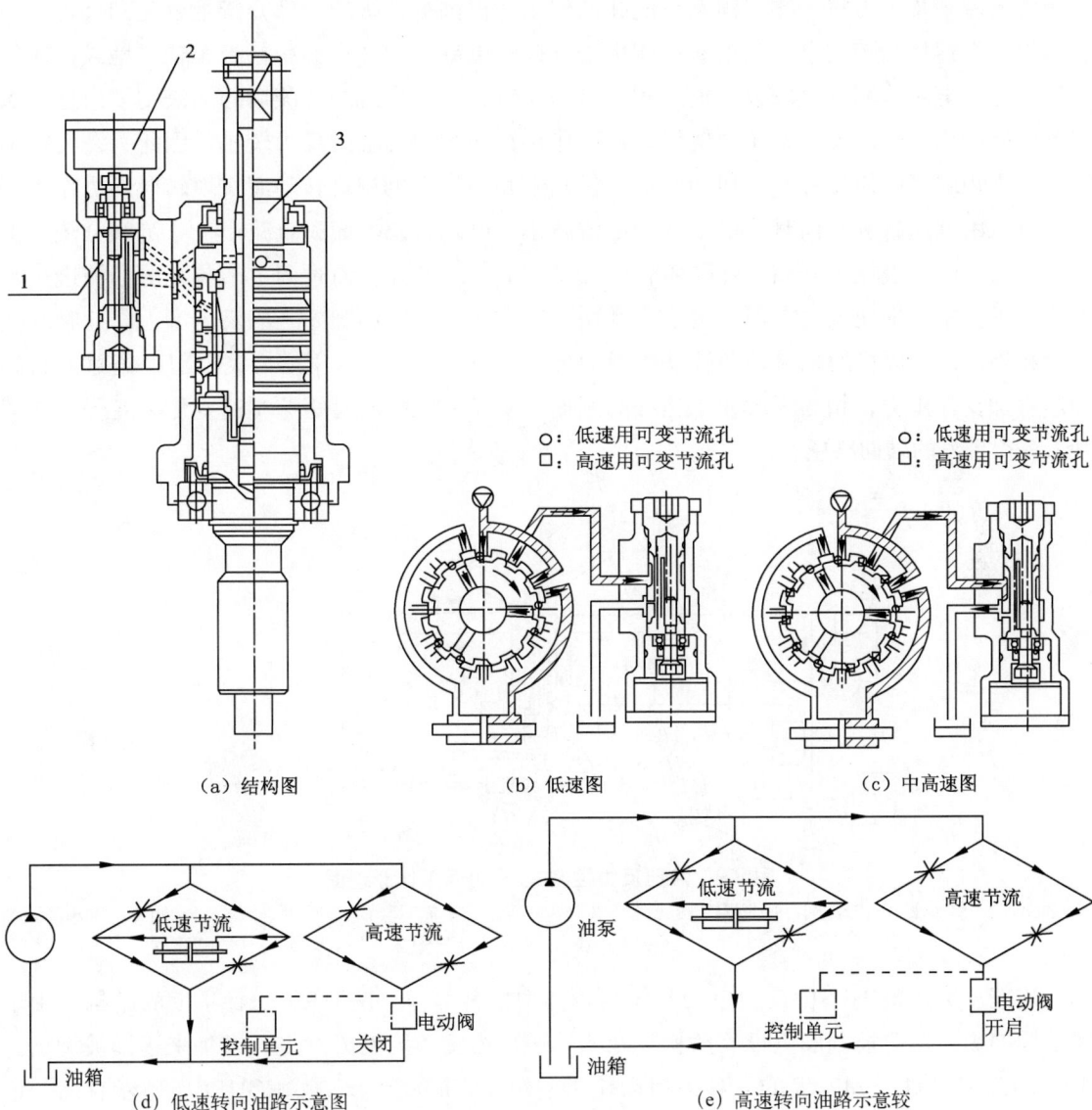

O：低速用可变节流孔
□：高速用可变节流孔

O：低速用可变节流孔
□：高速用可变节流孔

（a）结构图　　　　　（b）低速图　　　　　（c）中高速图

（d）低速转向油路示意图　　　　　（e）高速转向油路示意较

图5-8　KOYO（株）会社新型阀灵敏度可变控制式ECHPS

1—滑阀；2—步进电动机；3—转阀

图5-8中电子控制阀是由步进电动机和滑阀组成的电动阀。相对于图5-7中的电磁阀，电动阀可以更精确地控制滑阀阀芯的位置，从而提高了电子控制阀的稳定性，但是这种设计要求电动阀具有准确的限位机构，以保证滑阀阀芯的位置。

（三）液压反力控制式ECHPS

图5-9所示为液压反力控制式ECHPS的工作原理图。该系统主要由转向控制阀（即阀芯）、分流阀、电磁阀、转向助力缸、转向油泵、储油罐及电子控制单元等组成。其中转向控制阀中增设了油压反力室。

转向操纵中，转向盘的转动不仅要克服扭杆的弹性恢复力矩，而且还要克服反力室中油压所形成的阻力矩。分流阀的作用是把来自转向油泵通向转向控制阀一侧的压力油分流一部分到电磁阀及反力室一侧，固定节流孔的作用是把供给转阀的一部分流量分配到反力室，ECU根据车速信号控制电磁阀电磁线圈电流以改变电磁阀的开口面积。当车辆原地或低速行驶转向时，电磁线圈电流较大，电磁阀开口面积较大，经分流阀分流后的油液主要通过电磁阀返回储油罐，油压反力室压力较低，柱塞作用在转阀阀芯上的反力较小，因此只需要较小的转向力矩就可以使扭杆产生扭转变形，使阀套和阀芯产生相对转动而实现转向助力作用。当车辆在中高速行驶转向时，电磁线圈电流减小，电磁阀开口面积也减小，分流阀分流后供给到反力室的油液压力升高，伴随着转向控制阀油压的升高，通过固定节流孔的油液进一步供给到反力室，促使反力室压力进一步升高，柱塞作用在转阀阀芯上的反力增大，此时要使阀套和阀芯产生同样的相对转角就需要增加转向力矩。可见，液压反力式ECHPS通过对转阀阀芯施加反作用力，相当于改变了扭杆的刚度，从而促使转向力矩随车速变化而变化，使驾驶人获得良好的转向路感。

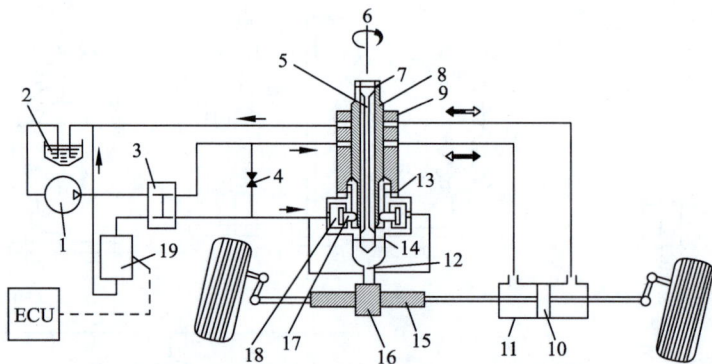

图5-9　液压反力控制式ECHPS工作原理图

1—油泵；2—储油罐；3—分流阀；4—固定节流孔；5—扭杆；6—转向盘；7、13、14—销；8—阀芯；9—阀套；10—活塞；11—助力缸；12—小齿轮轴；15—齿条；16—小齿轮；17—柱塞；18—反力室；19—电磁阀

液压反力式ECHPS中反力室的具体结构类型多种多样，图5-9是一种早期的结构，由于该结构必须在转向控制阀上设置结构复杂的油压反力室，因而成本高，近年来逐渐被淘汰。图5-10为德国ZF公司开发的一种采用齿轮齿条转向器的液压反力式ECHPS原理示意图，该系统被应用在宝马等豪华车型上。

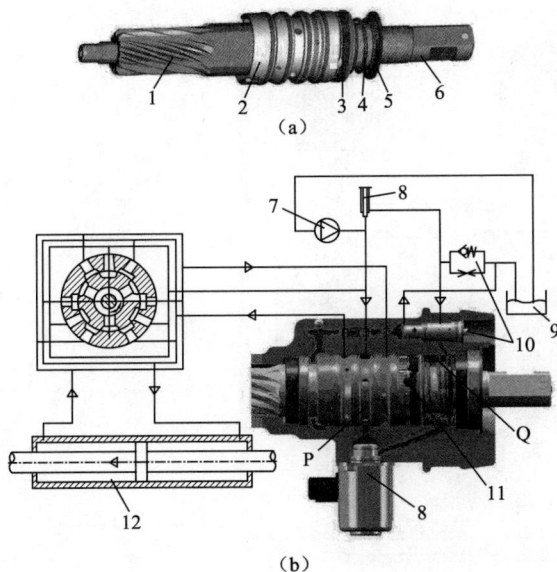

图5-10 ZF液压反力控制式ECHPS（齿轮齿条式）

1—转向小齿轮；2—阀套；3—活塞；4—弹簧；5—挡片；6—阀芯；7—油泵；8—电磁阀；9—储油罐；
10—安全阀；11—钢球；12—转向助力缸；P—进油环槽；Q—反力腔

阀芯6的中下部装有由弹簧4、活塞3和钢球11组成的反力机构。活塞3可相对阀芯6轴向移动，但二者不可相对转动。活塞的下端及阀套2的上端开有V型槽，钢球11置于V型槽中，因而作用在活塞上的轴向力对阀芯和阀套的相对转动起阻碍作用。反力机构位于反力腔Q中，而在进油环槽P和反力腔Q的通道上安装有电磁阀8。该系统工作过程中，转向电控单元根据采集到的车速信号，对电磁阀线圈电流进行控制，通过控制电磁阀来改变反作用腔中的油压，从而使阀芯附加的转动阻力产生变化，获得所需要的路感。汽车行驶速度低时，流经电磁阀线圈的电流大，反力腔与进油腔间的通道被堵塞，反力腔中无法建立油压，转向操纵力较小。随着车速的增加，流过电磁阀线圈的电流减小，反力腔与进油腔之间的节流面积增大，反力腔中压力升高，转向操纵力增加。另外，弹簧4及V型槽中的钢球11还可以提供良好的中间位置路感。

图5-11为ZF公司开发的循环球式液压反力式ECHPS，这种结构与图5-10中所示结构类似，只不过用波纹管弹簧取代图5-10结构中的螺旋弹簧和扭杆，此波纹管弹簧不仅具有扭杆的扭转变形特性，而且具备螺旋弹簧的压缩变形特性，加上V型槽中钢球的存在，从而也可以提供良好的中间位置路感。该系统主要应用于中重型商用车上。

液压反力式ECHPS的优点：转向盘转矩的变化可以通过控制反作用油压的大小变化在液压反力控制阀的许用载荷内任意改变，不存在快速转向反应迟钝问题；选择转向盘转矩有较大的自由度，且转向刚性大；驾驶者能确实感受到路面情况，获得良好的路感，因此是一种很有发展前景的助力转向系统。

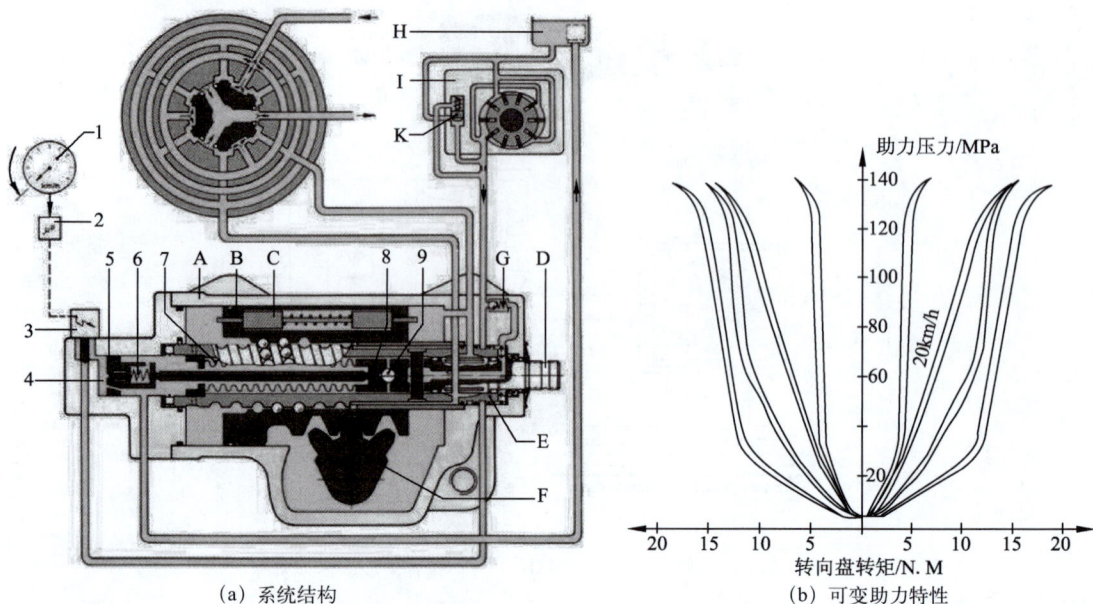

（a）系统结构　　　　　　　　　　　　（b）可变助力特性

图5-11　ZF液压反力控制式ECHPS（循环球式）

1—车速传感器；2—ECU；3—电磁阀；4—反力室；5—反力活塞；6—安全阀；7—波纹管弹簧；8—衬套；9—钢球；
A—转向器壳体；B—助力活塞；C—限位机构；D—输入轴和阀芯；E—阀套；
F—齿扇轴；G—安全阀；H—油罐；I—油泵；K—溢流阀

上述几种典型ECHPS的结构特点及性能对比如表5-1所示。

表5-1　几种主要的ECHPS对比

项　　目	旁通流量式	电动液压式	阀灵敏度可变控制式	液压反力式
对原有HPS结构的改变	增加与转向控制阀并联的旁通油路	助力油泵改由电动机驱动	改变转向控制阀结构，节流孔分为低速用和高速用两种	增加液压反力机构
控制对象	通过转向控制阀的流量	系统的供给流量	转向控制阀的灵敏度特性	转向控制阀扭杆的附加阻力
电液转换装置	电磁阀	电动泵	电磁阀或电动阀	电磁阀或电动阀
结构复杂程度	结构改变小，较简单	一般	整体结构较简单，部件少。但转向控制阀加工较复杂	结构改动大，比较复杂
改造成本	低	较高	一般	最高
助力特性	助力特性变化范围小，高速时流量小，快速转向时可能存在响应滞后问题，但可以通过增加转向盘转速传感器来解决	助力特性变化范围一般，高速时流量小，快速转向时可能存在响应滞后问题，但可以通过增加转向盘转速传感器来解决	助力特性变化范围较宽，路感良好	助力特性变化范围最宽，路感很好，并可提高中间位置路感
节能效果	效果不明显	节能效果好	没有改善	没有改善

（四）ECHPS技术趋势

ECHPS由于保留传统的液压系统，所以能提供较大的转向助力，并可吸收来自路面的冲击，具有优越的转向路感，而且开发成本较低。可以预见，在充分利用现有成熟的液压助力转向和电子控制技术的基础上，ECHPS在一定时期仍具有较大的市场潜力。特别是对于中重型商用车，由于要求助力转向系统能够提供较大的助力且具有较高的可靠性，所以采用ECHPS无疑是当前提高中重型车辆转向路感的合理选择。因此，ECHPS有着广阔的发展前景和研究必要。

目前，国内的汽车及零部件生产厂商、科研机构和一些高校都把研究重点放在了EPS研发上面，做了很多卓有成效的研究工作。相比之下，对ECHPS所做的基础性研究很少，研究局限性较大。当前的研究主要集中在EHPS上，对其他类型的ECHPS涉及很少，造成了国内在此类项目研究上尚有很大的空白。

电子控制式助力转向系统开发的目标就是提供可变的助力特性，以提高车辆的操纵性。电子控制式助力转向系统分为流量控制式、反力控制式和阀灵敏度可变控制式三类，并且分析了这3种不同类型助力转向系统的原理、结构和特点，采用电子控制式助力转向系统后可以将原来的固定转向助力特性改进为随车辆运行工况变化的转向助力特性，从而提高车辆的操纵性，这里提及的都是阀控式液压转向器。同时在对汽车底盘电子液压技术的论述中，也将车速感应助力转向系统分为流量控制式、旁通阀控制式、阀灵敏度可变控制式、油压反作用控制式和电磁助力式5种类型，其中流量控制式即EHPS。有文献在对电控助力转向系统的论述中，特别将流量控制式ECHPS按照电液控制阀在转向控制阀前后的布置位置细分为阀前泄流控制和阀后泄流控制两种控制方式。

有学者在论述转向技术的发展中主要涉及了助力转向器（液压转向器），将转向技术的发展划分为变传动比转向器、依赖车速的变传动比转向器、侧重转向路感和精度的PVF阀转向器、依赖车速和行车状态的助力转向器，以及节能型转向器几个发展阶段。ECHPS即属于依赖车速和行车状态的助力转向系统。由于环保要求的提高，促进了转向系统电控技术的发展，使得ECHPS和EPS成为应用最广泛的助力转向系统，但是EPS的技术瓶颈在于转向助力电动机提供的转矩受到汽车电源及电动机功率的限制，不能输出满足中型或大型车辆使用要求的力矩，因而未来的市场趋势是EPS在中小型车辆中和ECHPS在大中型车辆中的应用会继续增加。

目前，ECHPS的开发面临着几个方面的挑战，也是ECHPS的未来发展技术趋势，一是理想的助力转向特性的研究；二是对传统HPS改进以满足ECHPS的要求；三是降低液压系统的噪声，因为噪声已经成为制约HPS的一个技术瓶颈，成为限制国内厂家向国际市场发展的一个主要障碍。

三、电控式电动动力转向系统

（一）电控式电动动力转向系统的特点

液压式电控动力转向系统EHPAS利用液压缸对转向传动机构加力，其动力由发动机驱动的液压泵供给，用分配阀来控制油液的流动方向；电控式电动动力转向系统简称EPS，它是利用电动机代替了液压缸，电动机由汽车电源供电。当驾驶人转动转向盘时，传感器检测出其运动情况，使电动机产生足够的动力带动转向轮偏转。

电控式电动动力转向系统EPS能根据不同的情况产生适合各种车速的动力转向，不受发动机停止运转的影响，在停车时，驾驶人也可获得最大的转向动力；汽车在行驶过程中，电子控制装置可调整电动机的助力以改善路感；电控式电动动力转向系统EPS的重量可比液压式转向系统轻25%（零部件少，重量轻）；由于该动力转向装置不是发动机直接驱动的，电动机只是在转向时才接通，故可节省燃油。

总之，电控式电动动力转向系统EPS比液压式动力转向系统更轻便、紧凑、可靠。对控制计算机编程，可提供不同程度的动力转向，而且它能与汽车上其他电气设备相连接，有助于四轮转向的实现，并能促进悬架系统的发展。

（二）电控式电动动力转向系统的基本组成

电控式电动动力转向系统EPS的基本组成如图5-12所示，主要由车速传感器、转矩传感器、转向角传感器、ECU、电动机及减速机构等组成。该系统广泛应用于日本日产、三菱、大发、富士重工、铃木等汽车公司的许多车型上。

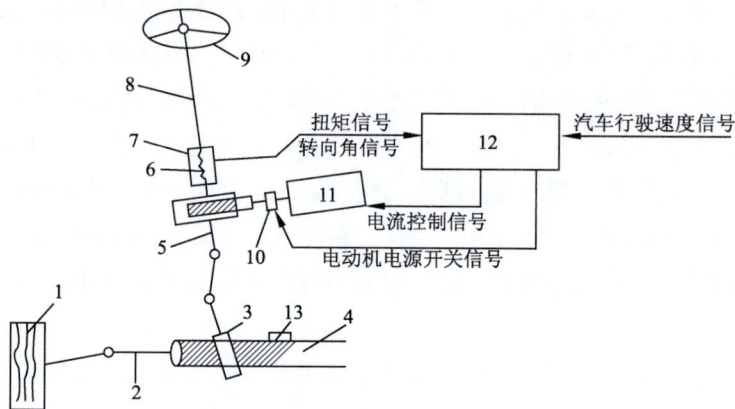

图5-12　电控动力转向系统的基本组成

1—转向车轮；2—横拉杆；3—小齿轮；4—齿条；5—输出轴；6—扭杆；7—转矩传感器；8—转向输入轴；
9—转向盘；10—电磁离合器；11—ECU；12—电动机；13—转向角传感器

1. 电动机

电控式电动动力转向系统EPS所用的电动机与起动发动机用直流电动机原理基本相同，但通常采用永磁磁场。最大电流一般为30 A左右，电压为12 V，额定转矩为10 N·m左右。

图5-13所示为控制直流电动机正反转的控制电路。a_1、a_2为触发信号端。当a_1端得到输入信号时，晶体管VT_3导通，VT_2得到基极电流而导通，电流经VT_2、电动机M、VT_3、搭铁而构成回路，于是电动机正转；当a_2端得到输入信号时，电流经VT_1、M、VT_4、搭铁而构成回路，电动机则因电流方向相反而反转。只要控制触发信号端电流的大小，就可以控制通过电动机电流的大小，即可控制电动机输出转矩的大小。

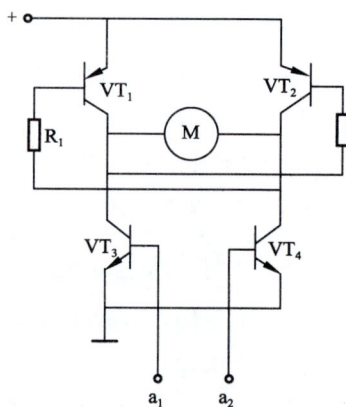

图5-13　电动机正、反转控制电路

2. 电磁离合器

电磁离合器的结构如图5-14所示，主要由电磁线圈、主动轮、从动轴、压板等组成。

工作时，电流通过滑环进入电磁线圈，主动轮便产生电磁吸力，带花键的压板就被吸引，并与主动轮压紧，于是电动机的输出转矩便经过输出轴→主动轮→压板→花键→从动轴，传递给执行机构（蜗轮蜗杆减速机构）。

电磁离合器可保证电动助力只有在预定的车速范围内起作用。当汽车行驶速度超过系统限定的最大值时，电磁离合器便切断电动机的电源，使电动机停转，离合器分离，不起传递转向助力的作用。另外，在不传递助力的情况下，离合器还能消除电动机的惯性对转向的影响；当该动力转向系统发生故障时，离合器还会自动分离，此时又可恢复手动控制转向。

3. 减速机构

减速机构主要由蜗轮9和蜗杆10构成，如图5-15所示。蜗杆的动力来自于电磁离合器和电动机，经蜗轮减速增扭后，传送给转向轴，然后再通过其他部件传送给转向轮，以实现转向助力。

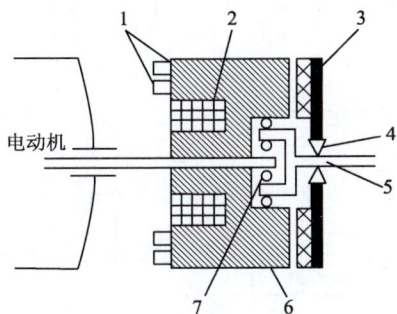

图5-14　电磁离合器
1—滑环；2—电磁线圈；3—压板；4—花键；
5—从动轴；6—主动轮；7—球轴承

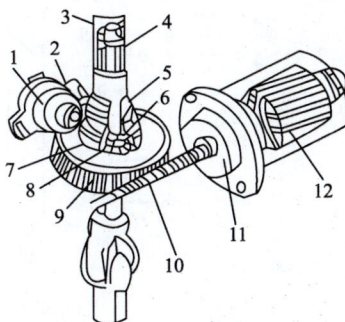

图5-15　减速机构
1—转矩传感器；2—控制臂；3—输入轴；4—扭杆；5—滑块；
6—球槽；7—滑环；8—钢珠；9—蜗轮；
10—蜗杆；11—电磁离合器；12—电动机

4. 转矩及转向传感器

转矩及转向传感器由电位计、集成电路IC部分、电流信号输出部分组成。电位计实质上是一个可变电阻器，其滑动触点在输出轴上，电阻线固定在输入轴上。当操纵转向盘时，滑动触点在电阻线上边滑动边移动，电位计的电阻值随之发生变化。这种电阻值的变化可转换成电压值的变化，经过集成电路IC处理，最终以电流变化的形式，从滑环与电刷构成的电流信号输出部分，把转向盘操纵信号送到计算机中。

从该电流输出信号可判断出转向盘回转方向，即设定值以上为向右旋转，在设定值以下为向左旋转，并以此来决定电动机的回转方向。转向电动机的电流是流向电动机的驱动电流，它可作为监视电动机反转或异常状态的信号。

信号控制器从各个传感器处接收输入信号，并且可判断转向助动力的大小与方向，向电机发出驱动指令。

5. ECU

如图5-16所示，工作时，转向转矩和转向角信号经过A/D转换器被输入到微处理器，微处理器根据这些信号和车速计算出最优化的助力转矩。ECU把已计算出来的参数值作为电流命令值送到D/A转换器并转换为模拟量，再将其输入到电流控制电路；电流控制电路把来自微处理器的电流命令值同电动机电流的实际值进行比较，产生一个差值信号。该差值信号被送到驱动电路，该电路可驱动动力装置并向电动机提供控制电流。也即当转矩传感器和转向角传感器的信号经A/D转换器处理后，微处理器就在其内存中寻找与该信号相匹配的电动机电流值，然后将此值输送给D/A转换器进行数字模拟转换，处理后的模拟信号再送给限流器，由限流器来决定电动机驱动电路电流值的大小。微处理器同时给电动机驱动电路输出另一个信号，即决定电动机（左转或右转）的转动方向。

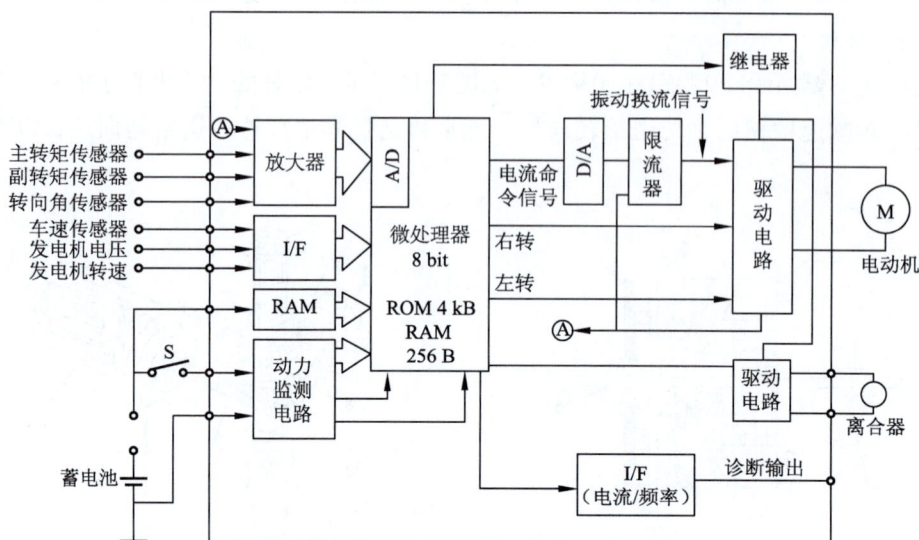

图5-16　电动转向ECU及其控制系统

（三）电动动力转向系统的工作原理

电动式EPS利用电动机作为助力源，根据车速和转向参数等，由ECU完成助力控制。当操纵转向盘时，装在转向盘轴上的转矩传感器不断地测出轴上的转矩信号，该信号与车速信号同时输入到ECU。ECU根据这些输入信号，确定助力转矩的大小和方向，即选定电动机的电流和转向，调整转向辅助动力的大小。电动机的转矩由电磁离合器通过减速机构增扭后，加在汽车的转向机构上，使之得到一个与汽车工况相适应的转向作用力。

当车速为0～45 km/h时，根据车速决定转向助力的大小。当车速高于43～52 km/h时，停止对电动机供电的同时，使电动机内的电磁离合器分离，按普通转向控制方式工作，以确保行车安全；在转向器偏转至最大时，由于此时电动机不能转动，所以注入电动机的电流达到最大值，为了避免持续的大电流使电动机及控制组件发热损坏，每当较大电流连续通过30s后，系统就会控制电流使之逐渐减小。当临界控制状态解除后，控制系统就会再逐渐增大电流，一直达到正常的工作电流值为止。

该系统的ECU具有故障自诊断功能，当ECU检测出系统存在故障时，可显示出相应的故障代码，以便采取相应的措施。当ECU检测到系统的基本部件（如转矩传感器、电动机、车速传感器等）出现故障而导致系统处于严重故障的情况下，系统就会使电磁离合器断开，停止转向助力控制，确保系统安全、可靠。

四、机械液压助力转向系统的故障诊断

（一）转向沉重

1. 故障现象

装有液压动力转向系统的汽车，在行驶中突然感到转向沉重。

2. 故障原因

一般是液压转向动力系统失效或助力不足所造成的，其根本原因在于液压不足，引起转向系统油压不足的主要原因有：

(1) 转向油罐缺油或油液高度低于规定要求。

(2) 液压回路中渗入了空气。

(3) 油泵驱动带过松或打滑。

(4) 各油管接头处密封不良，有泄漏现象。

(5) 油路堵塞或滤清器污物太多。

(6) 油泵磨损、内部泄漏严重。

(7) 油泵安全阀、溢流阀泄漏、弹簧弹力减弱或调整不当。

(8) 动力缸或转向控制阀密封损坏。

3. 诊断与排除

(1) 检查转向油泵驱动部分的情况：

① 用手压下转向油泵的驱动带，检查驱动带的松紧度，若驱动带过松，应调整。

② 起动发动机，使发动机怠速运转，突然提高发动机的转速，检查转向油泵驱动带有无打滑现象，发现问题后应按规定更换性能不良的部件。

(2) 检查转向油罐内的油液质量和液面高度，若油液变质则应重新更换规定油液。若只是液面低于规定高度，应加油使油面达到规定位置。

(3) 检查转向油罐内的滤清器：

① 若发现滤网过脏，说明滤清器堵塞，应清洗。

② 若发现滤网破裂，说明滤清器损坏，应更换。

(4) 检查油路中是否渗入空气，如果发现油罐中的油液有气泡，说明油路中有空气渗入，应检查各油管接头和接合面的螺栓是否松动，各密封件是否损坏，有无泄漏现象，油管是否破裂等。对于出现故障的部位应进行修整和更换，并进行排气操作，最后重新加入油液。

(5) 检查各油管接头等处有无泄漏，油路中是否有堵塞，查明故障后按规定力矩拧紧有关接头或清除污物。

(6) 对转向油泵进行输出油压检查，如果油泵输出压力不足，说明油泵有故障，此时应分解油泵，检查油泵是否磨损或内部泄漏严重、安全阀、溢流阀是否泄漏或卡滞、弹簧弹力是否减弱或调整不当、各轴承是否烧结或严重磨损等。对于叶片泵还应检查转子上的密封环或油封是否损坏，对于齿轮泵应检查齿轮间隙是否过大等，查明故障予以修理，必要时更换油泵。

(二) 异响

1. 故障现象

汽车转向时，转向系统有过大的异响，并影响汽车的转向性能。

2. 故障原因

(1) 转向油罐中液面太低，油泵在工作时容易渗入空气。

(2) 液压系统中渗入空气。

(3) 油罐滤网堵塞，或液压回路中有过多的沉积物。

（4）油管接头松动或油管破裂。

（5）油泵严重磨损或损坏。

（6）转向控制阀性能不良。

3. 诊断与排除

（1）当转向盘处于极限位置或原地慢慢转动转向盘时转向器发出"嘶嘶"声，如果这种异响严重则可能为转向控制阀性能不良，应更换转向控制阀。

（2）当转向油泵发出"嘶嘶"声或尖叫声时，应进行以下检查：

① 检查油罐液面高度，液面高度不够时应查明泄漏部位并修理，然后按规定加足油液。

② 检查转向油泵驱动带是否打滑，若打滑应查明原因更换驱动带或调整驱动带紧度。

③ 查看油液中有无泡沫，若有泡沫，应查找漏气部位并予以修理，然后排除空气。若无漏气，则说明油路有堵塞处或油泵严重磨损及损坏，应予以修复或更换。

（三）左右转向轻重不同

1. 故障现象

汽车行驶时，向左和向右转向操纵力不相等。

2. 故障原因

（1）转向控制阀阀芯（或滑阀）偏离中间位置，或虽然在中间位置但与阀体槽肩的缝隙大小不一致。

（2）控制阀内有污物阻滞，使左右转动阻力不同。

（3）液压系统中动力缸的某一油腔渗入空气。

（4）油路漏损。

（四）直线行驶转向盘发飘或跑偏

1. 故障现象

汽车直线行驶时，难以保持正前方向而总向一边跑偏。

2. 故障原因

（1）油液脏污、转向控制阀回位弹簧折断或变软，使转向控制阀不能及时回位。

（2）转向控制阀阀芯（或滑阀）偏离中间位置，或虽在中间位置但与阀体槽肩的缝隙大小不一致。

（3）流量控制阀卡滞使油泵流量过大或油压管路布置不合理，造成油压系统管路节流损失过大，使动力缸左右腔压力差过大。

3. 诊断与排除

（1）首先检查油液是否脏污。对于新车或大修以后的车辆，如果不认真执行磨合期换油规定，使油液脏污。

（2）对于使用较久的车辆，则可能是流量控制阀或转向控制阀回位弹簧失效所致，此时可在不起动发动机的情况下转动转向盘，凭手感判断控制阀是否开启运动自如，若有怀疑一般应拆卸检查。

（3）最后检查转向油泵流量控制阀是否卡滞和油压管路布置是否合理，发现故障予以修理。

（五）转向时转向盘发抖

1. 故障现象

发动机工作时转向，尤其是在原地转向时滑阀共振，转向盘抖动。

2. 故障原因

（1）油罐液面低。

（2）油路中渗入空气。

（3）转向油泵驱动带打滑。

（4）转向油泵输出压力不足。

（5）转向油泵流量控制阀卡滞。

3. 诊断与排除

（1）检查油罐液面是否符合规定，否则按要求加注转向油液。

（2）排放油路中渗入的空气。

（3）检查转向油泵驱动带是否打滑或其他驱动类型的齿轮传动等有无损坏，发现问题后应按规定调整驱动带紧度或更换性能不良的部件。

（4）对转向油泵输出压力进行检查。压力不足时应分解油泵，检查油泵是否磨损或内部泄漏严重、安全阀及流量控制阀是否泄漏或卡滞、弹簧弹力是否减弱或调整不当、各轴承是否烧结或严重磨损等。对于叶片式转向油泵还应检查转子上的密封环或油封是否损坏。对于齿轮式油泵应检查齿轮间隙过大等。查明故障予以修理，必要时更换油泵。如果泵轴油封泄漏也应更换转向油泵。

五、电控液压助力转向系统的故障诊断

（一）电控机械液压转向系统检测

主要涉及电控液压系统油压检测和电控部件检测两大部分。分述如下：

1. 电控液压系统油压检测

检查系统管路和油面高度，确认管路无泄漏，油面高度正常。将压力表与动力转向泵与转向控制阀的压力管连接，将压力表的阀门完全开启，发动机启动并使其怠速运转，将转向盘在左、右极限位置之间连续转动3～4次后转向油液温度升高且系统内的空气被排除，当转向油液温度升至80 ℃以上，液面高度确保正常时，检测发动机怠速时转向泵输出油压应为3 MPa以上。将转向盘转至极限位置，拔下电磁阀插接器，然后启动发动机，使其转速稳定在1000 r/min，测量动力转向泵的输出油压，其最低压力应为7 MPa以上。否则，分析转向器内部是否存在泄漏或电磁阀有故障。

2. 电控部件的检测

电磁阀的检测电磁阀是一个执行元件，随着电磁阀的针阀开启，油道中的电磁阀起旁路作用，进而转向助力发生变化。电磁阀线圈短路及其针阀的位置不当是电磁阀的常见故障。其诊断步骤为：①检测电磁阀电磁线圈的电阻：首先拆下线束插接器，然后使用欧姆表测量两端子之间的电阻，其阻值应为6.0～11 Ω，否则，应更换存在故障的电磁阀；②检测电磁阀的工作情况：先拆下电磁阀的转向器，然后将蓄电池的正极接电磁阀SOL+端子，负极接SOL−端子，此

时缩回电磁阀的针阀至2 mm，否则，应更换存在故障的电磁阀。

电子控制单元（ECU）的检测。顶起汽车并稳固地支承，启动发动机；发动机怠速运转情况下，测量ECU的SOL-端子和GND端子之间的电压，然后，挂上挡使车轮以60 km/h的车速转动，测量ECU的SOL-端子和GND端子之间的电压，电压应比原来增加0.07～0.22 V。当上述测量无电压时，应更换ECU重试，便于确诊。

（二）电控机械液压转向系统的故障诊断实践

1. 故障现象

行车怠速或低速时转向沉重；行驶高速时转向太灵敏。

2. 故障原因

动力撞向系统机械及油路故障；动力转 向的ECU-IG熔丝被烧断；动力转向的ECU插接器接触不良；车速传感器线束存在短路；动力转向电磁阀线圈存在断路或短路；动力转向ECU有故障。

3. 诊断方法

首先，将点火开关置于ON位置，ECU-IG熔丝被检查。如果熔丝被烧毁，更换新的熔丝重新检查，如果熔丝继续被烧断，则表明此熔丝与ECU的+B端子之间的电路有搭铁存在，应拔下动力转向的ECU插接器，检查ECU插接器的+B端子与车身搭铁处之间的电压使用万用表，该值应为10～14 V，如果没有电压，则线束存在断路；其次，检测动力转向ECU插接器的GND端子与车身搭铁处之间的电压如果为零，则存在GND端子连线断路或接触不良故障；将汽车一侧的前轮顶起并让它转动，用欧姆表测量ECU插接器SPD端子和GND端子之间的电阻，转动车轮时，正常的电阻值应在0～∞之间交替变化，否则ECU的SPD端子与车速传感器之间的线束有断路或短路故障，或车速传感器有故障；最后，检查动力转向ECU插接器的SOL+端子或SOL-端子与GND端子之间是否 导通，如果导通，则表明SOL+端子或SOL-端子与GND端子之间的线路有短路，或电磁阀存在故障，用欧姆表检查SOL+端子与SOL-端子之间的电阻用欧姆表，其正常值应为6～11 Ω。如果电阻值不正常则说明两端子之间的线路发生断路或电磁阀存在故障；如果电阻值正常，则可能是动力转向ECU故障，应检查并替换ECU。

六、电控式电动动力转向系统的故障诊断

（一）转向盘自由行程过大、左右轻重不同

（1）转向盘自由行程过大，如果汽车在行驶过程中出现了转向沉重的问题，多是由于工作油压不足而造成的，通常表现为以下两方面：①汽车液压系统中有空气存在或油液中存有乳化气泡。②汽车动力转向系统内部安全阀或溢流阀故障，出现泄漏现象。

（2）左右转向轻重不同：①滑阀台肩不平衡、滑阀两端预留缝隙不相同或偏离中间位置都会导致转向盘左右轻重不同的问题。②汽车动力系统内助力缸活塞的一侧有空气存在。③滑阀连接助力缸侧出现高压油管接头漏损或油管堵塞等问题。

（二）怠速时原地转动转向盘抖动、停车骤间转向盘抖动

怠速或停车骤间出现转向盘抖动的问题通常是由于汽车工作油压过低而导致的，一般造成油压过低的原因主要有以下几种：①油液中有空气存在，储液罐中存有气泡。②储液罐内油液

量过少。③液泵传动带沾有油液或过于松散。④压力系统内溢流阀卡滞。通常溢流阀在泵体内应该保证其良好的滑动性，如果出现了卡滞现象，应该立即使用砂纸进行打磨。同时还对溢流阀侧部螺栓松动情况加以检查。⑤安全阀中弹簧损坏或出现阀球卡在开放状态。⑥滑阀磨损较为严重。⑦转向系统结构出现外部泄漏问题导致的泵压不足现象。

总之，在对汽车动力转向系统外部泄漏点的检查当中，必须要彻底的清除掉动力转向系统外部的油污痕迹，并仔细地对软管接头加以检查，如有松动，及时紧固。

（三）行驶中动力转向泵内有异响声

（1）液压泵内存有空气或构成真空状态。通常来说，如果油液量过少，油液中存有气泡都会导致泵内存有空气的问题，进而导致滤油器堵塞的问题，甚至会在汽车中高速行驶的过程中不能持续供油，并形成真空。

（2）传动带沾有油渍或过松而造成传动带打滑，在汽车转向过程中出现异响。

项目实施

步骤一　转向储油罐液面高度的检查及油液的更换

一、液面检查

转向储油罐的功用是储存、滤清、冷却动力转向系统工作油液，其表面有不同方式表示的液面高度要求。如果液面高度太低，将使动力转向系渗入空气，造成汽车转向操作不稳，忽轻忽重或有噪声。

二、转向储油罐液面的检查

（1）将车辆停放在平坦的地面上，使前轮处于直行位置。

（2）起动发动机，并使其达到正常的工作温度。

（3）使发动机怠速运转大约2 min，左、右打几次转向盘，使油温达到40~80℃，关闭发动机。

（4）观察储油罐的液面，此时液面应处于MAX（上限）与MIN（下限）之间，液面低于MIN时，应加至MAX，如图5-17所示。

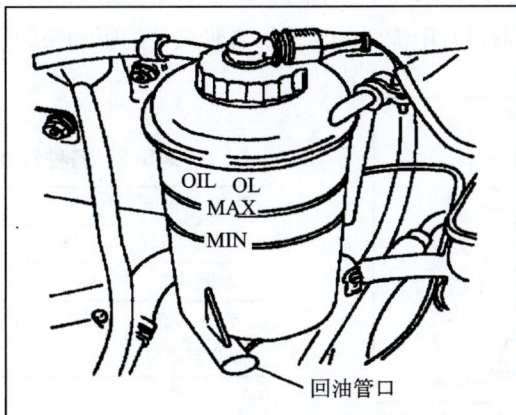

图5-17　转向储油罐油面的检查

（5）对于用油尺检查的汽车：拧下带油尺的封盖，用布将油位标尺擦净，将带油尺的封盖插入储油罐内拧好，然后重新拧出，观察油尺上的标记，应处于MAX与MIN之间，必要时将转向油加至MAX处。

三、转向油液的更换

1. 放油

（1）支起汽车前部，使两前轮离开地面。

（2）拧下转向储油罐盖，拆下转向油泵回油管，然后将转向油放入容器中。

（3）发动机怠速运转，在放转向油的同时，左右转动转向盘。

2. 加油与排气

（1）向转向储油罐内加注符合规定的转向油（桑塔纳2000转向油型号为PENPOSIN CHF 11S（PL-VW521 46）；奥迪轿车转向油型号为G 002 000）。

（2）停止发动机工作，支起汽车前部，并用支架支撑，连续从左到右转动转向盘若干次，将转向系统中多余空气排出。

（3）检查转向储油罐中油面高度，视需要加至Max标记处。

（4）降下汽车前部，起动发动机怠速运转，连续转动转向盘，注意油面高度的变化，当油面下降时就应不断加注转向油，直到油面停留在Max处，并在转动转向盘后，储油罐中不再出现气泡为止。

步骤二　转向油泵驱动带张紧力的检查与调整

一、驱动带张紧力的检查

方法一：汽车停在干燥路面上，运转发动机使油液上升到正常温度，左右转动转向盘，此时驱动带负荷最大，如果驱动带打滑，说明驱动带张紧度不够或油泵内有机械损伤。这种方法为快速、经验法。

方法二：关闭发动机，用手以约100 N的力从驱动带的中间位置按下，驱动带应有约10 mm挠度为合适，否则必须调整。

方法三：有条件时可使用如图5-18所示的驱动带紧度测量表。将测量表安装在驱动带上，然后测量驱动带产生标准变形量时所需力的大小。各种尺寸的驱动带的张紧度要求如表5-2所示。

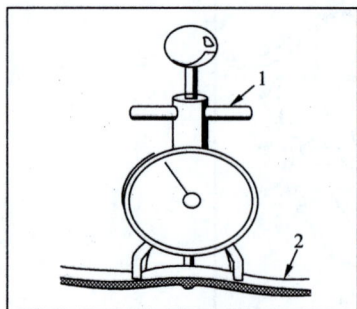

图5-18　皮带张紧度测量仪
1—测量仪；2—皮带

表5-2　各种尺寸的驱动带的张紧度

宽度	驱动带宽度/mm		
驱动带	8.0	9.5	12.0
新驱动带	最大350N	最大620N	最大750N
旧驱动带	最大200N	最大300N	最大400N
带齿驱动带	最大250N		

提示：汽车每行驶15 000 km时，应检查皮带的张紧力，必要时更换。

二、驱动带张紧力的调整

以桑塔纳2000型为例进行介绍。

（1）松开转向油泵支架上的后固定螺栓，如图5-19所示。

（2）松开张紧螺栓的螺母，如图5-20所示。

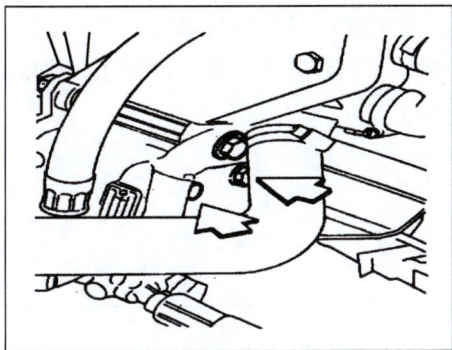

图5-19　松开后固定螺栓

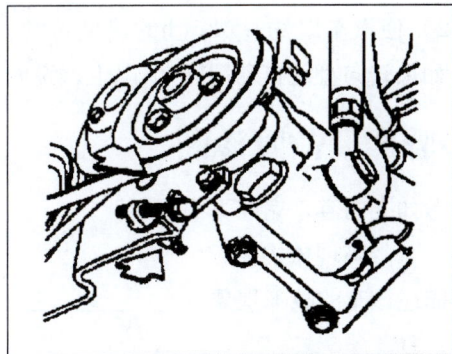

图5-20　松开张紧螺栓的螺母

（3）通过张紧螺栓把驱动带绷紧，如图5-21所示。当用手以约100 N的力从皮带的中间位置按下，驱动带约有10 mm挠度为合适。

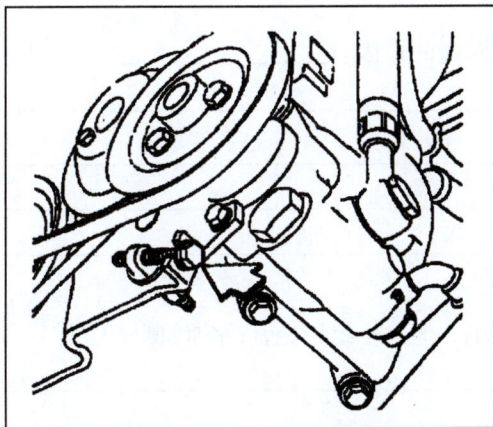

图5-21　张紧驱动带

（4）拧紧张紧螺栓的螺母。拧紧转向油泵支架上的固定螺栓。

步骤三　转向盘的检查

一、检查转向操纵力

（1）检查转向操纵力时，将汽车停放在水平干燥的路面上，油液温度达到40~80℃，轮胎气压正常，并使前轮处于直线行驶位置。

（2）发动机怠速运转，将一弹簧秤钩在转向盘边缘上，拉动转向盘，检查转向盘左右转动一圈所需拉力变化。一般来说，如果转向操纵力超过44.5 N，说明动力转向工作不正常，应检查有无驱动带打滑或损坏、转向油泵输出油压或油量是否低于标准、油液中是否渗入空气、油管是否有压瘪或弯曲变形等故障。

二、转向盘回位检查

检查时，一面行驶一面查看下列各项：

（1）缓慢或迅速转动转向盘，检查两种情况下的转向盘操纵力有无明显的差别，并检查转向盘能否回到中间位置。

（2）使汽车以约3.5 km/h的速度行驶，将转向盘顺时针或逆时针转动90°，然后放开手1~2 s，如果转向盘能自动回转70°以上，说明工作正常，否则应查明故障原因并予以排除。

步骤四　故障诊断

参考如上内容，完成下面问题。

（一）故障现象描述

请描述该车的故障现象_____

_____

_____

_____

（二）分析故障原因

你认为该车出现此故障可能的原因有_____

_____

_____

_____

（三）确定诊断流程

根据由简单到复杂的原则，通过小组讨论，确定诊断流程。

制定的诊断流程是：_____

_____

_____

_____

（四）检测过程

按照制定的诊断流程逐项进行检测，记录各步骤的数据，并对数据进行分析，确定故障原因，进行修复或更换。

检测过程记录如下：_____

_____

_____

_____

_____

（五）诊断结果描述

诊断结果描述为：_____

_____

_____

_____

_____

✿ 思考练习 ✿

填空题

1. 汽车转向系统可按转向的能源不同，分为_____和_____。

2. 动力转向系统按控制方式不同，可分为_____和_____。

3. 电子控制动力转向系统，根据动力源不同可分为_____和_____。

4. 传统液压动力转向系统主要由_____、_____和_____等组成。

5. 整体式和半分开式液压动力转向系统，按照转向控制阀的形式不同可分为_____、_____和_____等几种结构形式。

6. 根据控制方式不同，液压式电子控制动力转向系统可分为_____、_____和_____3种形式。

7. 电动式动力转向系统需要控制电动机电流的方向和_____。

8. 电动式动力转向系统基本上是由_____、_____、_____和减速机组成。

9. 液压式EPS是在传统的液压动力转向系统的基础上增设了_____、车速传感器和_____。

选择题

1. 整体式液压动力转向系统是将（　　　）。

   A. 转向器、转向动力缸、转向控制阀三者分开布置

   B. 转向动力缸和转向控制阀组合制成一个整体

   C. 转向器、转向动力缸、转向控制阀三者组合成一个整体

   D. 以上都不正确

2. 半分开式液压动力转向系统是将（　　　）。

   A. 转向器、转向动力缸、转向控制阀三者分开布置

   B. 转向动力缸和转向控制阀组合制成一个整体

   C. 转向器、转向动力缸、转向控制阀三者组合成一个整体

   D. 以上都不正确。

3. 分开式液压动力转向系统是将（　　　）。

    A. 转向器、转向动力缸、转向控制阀三者分开布置

    B. 转向动力缸和转向控制阀组合制成一个整体

    C. 转向器、转向动力缸、转向控制阀三者组合成一个整体

    D. 以上都不正确

判断题

1. 为了有更好的"路感"，要求在低速行驶时应有较大的转向力，在高速时有较小的转向力。（　　　）

2. 当动力转向系统发生故障或失效时，应保证通过人力能够进行转向操纵。（　　　）

3. 转向液压泵的作用是将发动机产生的机械能转变为驱动转向动力缸工作的液压能，再由转向动力缸驱动转向车轮。（　　　）

4. 转向动力缸是将转向液压泵提供的液压能，转变为驱动转向车轮的转向助力执行元件。（　　　）

5. 汽车直线行驶时，动力转向机构处于工作状态。（　　　）

简答题

1. 对转向系统有哪些要求？

2. 四轮转向汽车在低速和中高速时的转向特性是怎样的？

参考文献

[1] 李培军. 汽车底盘电控技术[M]. 北京：人民邮电出版社，2011.

[2] 沈锦. 汽车底盘构造与检修 [M]. 北京：机械工业出版社，2007.

[3] 张宏伟. 汽车底盘构造及维修 [M]. 2 版. 北京：高等教育出版社，2007.

[4] 张士江. 汽车底盘电控系统维修 [M]. 北京：机械工业出版社，2010.

[5] 尹力. 汽车电子控制技术 [M]. 天津：天津科学技术出版社，2010.

[6] 丛树林. 汽车底盘维修实训教程 [M]. 北京：人民交通出版社，2008.

[7] 关文达. 汽车构造 [M]. 北京：清华大学出版社，2009.

[8] 姚焕新. 汽车底盘电控系统检修 [M]. 北京：人民邮电出版社，2009.

[9] 王盛良. 汽车底盘及车身电控技术与检修 [M]. 北京：机械工业出版社，2009.

[10] 李淑英. 汽车底盘电控系统结构检修 [M]. 天津：天津科学技术出版社，2011.

[11] 李春明. 汽车底盘电控技术 [M]. 2 版. 北京：机械工业出版社，2012.

[12] 刘映凯. 汽车底盘电控原理与维修实务 [M]. 北京：北京大学出版社，2012.

[13] 闵思鹏. 汽车底盘电控系统检修 [M]. 北京：人民交通出版社，2015.

[14] 李栓成. 汽车电子控制装置实用维修技术 [M]. 北京：金盾出版社，2005.

[15] 郑劲. 汽车底盘构造与维修 [M]. 北京：化学工业出版社，2012.

[16] 陈家瑞. 汽车构造 [M]. 北京：人民交通版社，2009.

[17] 李晓. 汽车底盘构造与维修 [M]. 北京：北京邮电大学出版社，2006.

[18] 梁新成，黄志刚，朱亭，等. 汽车悬架的发展现状和展望 [J]. 北京工商大学学报（自然科学版），2006.3 24（2）:30—33.

[19] 孙建民，孙风英. 汽车悬架系统的发展及控制技术研究现状 [J]. 黑龙江工程学院学报，2001,15（1）:57—60.

[20] 张建文，庄德军，林逸，等. 汽车用空气弹簧悬架系统综述 [J]. 公路交通科技，2002，19（6）151—155.

[21] 王国丽，顾亮，孙逢春. 车辆主动悬架技术的现状和发展趋势 [J]. 兵工学报，2000，21（增刊）：80—82.